JN040544

ぶ人は、
変えて
ゆく人
だ。

目の前にある問題はもちろん、

人生の問いや、

社会の課題を自ら見つけ、

挑み続けるために、人は学ぶ。

「学び」で、

少しずつ世界は変えてゆける。

いつでも、どこでも、誰でも、

学ぶことができる世の中へ。

旺文社

TOEIC® L&Rテスト 英単語・熟語 ワードツリー

野村知也 著

旺文社

はじめに

　TOEIC L&Rテスト（以下TOEIC）に頻出する単熟語をできるだけ効率良く覚えたい！　本書はそんな学習者の願いにこたえるために作ったボキャブラリー本です。

関連性のある単熟語をまとめて覚えるから効率が良い！

　TOEICに出題される単熟語を効率良く覚えるためには、目標スコアレベル別に羅列されたものをバラバラに覚えるのではなく、共通性や関連性がある単熟語を「つながりを意識しながらまとめて覚える」ことが大事です。本書では、TOEICに頻出する単熟語を共通性・関連性の観点でグループ化し、そのグループ（カテゴリー）の中でつながりを意識しながらまとめて覚えられるように工夫しました。

厳選された単熟語を頻出コロケーションと例文で覚えるから効果的！

　Chapter 1では、スコアアップに欠かせない約2,000の単熟語を厳選して収録。特に大事な単熟語には、TOEICに頻出する約1,600の「コロケーション（フレーズ）」と「例文」を付けました。また、「語源（一部イラスト付き）」や知っておくと役立つ「補足情報」も掲載。多角的な視点で単熟語に関する重層的な知識を身に付けることができるようになっています。Sectionの最後にある「復習テスト」では、学習内容の理解度と記憶の定着度を確認することができます。

TOEICに頻出する言い換え表現も学べる！

　Chapter 2は、「言い換え」にフォーカスしています。TOEICでは、本文と設問・選択肢の間で語句がよく言い換えられます。その言い換えパターンに慣れておくこともスコアアップには欠かせません。本書では、「上位語・下位語」、「パラフレーズ（語句の言い換え）」、「同義語」の3つの切り口で具体例を紹介。TOEIC攻略の要である「言い換え」を瞬時に見抜く力を養います。

スコアアップに役立つ口語表現もしっかりカバー！

　Chapter 3では、スコアアップのために押さえておくべき112の「口語表現」を紹介。That's a shame.やI'll walk you through it.などの口語表現は、簡単な単語で構成されているにもかかわらず意味が取りづらいという特徴があります。本書であらかじめTOEICに頻出する（または今後TOEICで出題が予想される）口語表現の意味を押さえておくことで、会話やテキストメッセージの内容を理解しやすくなり、発言や書き込みの意図も汲み取りやすくなります。

　本書を読み進めていくと、さまざまな気付きや学びがあると思います。そうした気付きや学びが、皆さんの頭の中にある「ボキャブラリーの木」を育てます。ぜひ、その枝葉が広がっていく感覚を楽しみながら学習してみてください。

　本書による学習が皆さんのスコアアップにつながることを心より願っています。

野村知也

もくじ

Chapter 1 英単語・熟語

🍃 **Chapter** 2　言い換え表現・同義語

🍃 **Chapter** 3　口語表現 ━━━━━━━━━━━━━ 372

編集協力：斉藤敦、Jason A. Chau、渡邉真理子
組版：株式会社 創樹
装丁・本文デザイン：株式会社 ごぼうデザイン
イラスト：大野文彰
録音：ユニバ合同会社
ナレーション：Peter Gomm、Jenny Skidmore、
　　　　　　　Jack Merluzzi

本書の構成

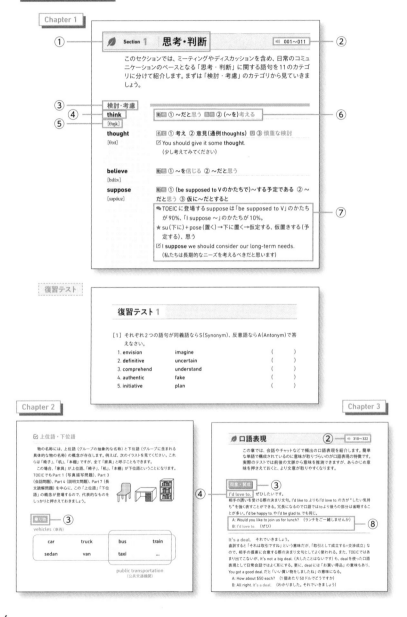

Chapter 1

① ② **Section 1　思考・判断**　◁) 001〜011

このセクションでは、ミーティングやディスカッションを含め、日常のコミュニケーションのベースとなる「思考・判断」に関する語句を11のカテゴリに分けて紹介します。まずは「検討・考慮」のカテゴリから見ていきましょう。

③ **検討・考慮**

④ **think**
⑤ [θɪŋk]

⑥ 動他 ① 〜だと思う　動自 ② (〜を)考える

thought
[θɔːt]

名他 ① 考え　② 意見(通例 thoughts)　動 ③ 慎重な検討
☑ You should give it some **thought**.
(少し考えてみてください)

believe
[bɪliːv]

動他 ① 〜を信じる　② 〜だと思う

suppose
[səpóuz]

動他 ① (be supposed to V のかたちで)〜する予定である　② 〜だと思う　③ 仮に〜だとすると

⑦ ● TOEIC に登場する suppose は「be supposed to V」のかたちが90%、「I suppose 〜」のかたちが10%。
★ su(下に)＋pose(置く)→下に置く→仮定する、仮置きする(予定する)、思う
☑ I **suppose** we should consider our long-term needs.
(私たちは長期的なニーズを考えるべきだと思います)

復習テスト

復習テスト 1

[1] それぞれ2つの語句が同義語なら S(Synonym)、反意語なら A(Antonym)で答えなさい。

1. envision	imagine	(	)
2. definitive	uncertain	(	)
3. comprehend	understand	(	)
4. authentic	fake	(	)
5. initiative	plan	(	)

Chapter 2

☑ 上位語・下位語

　物の名称には、上位語(グループの抽象的な名称)と下位語(グループに含まれる具体的な物の名称)の概念が存在します。例えば、次のイラストを見てください。これらは「椅子」、「机」、「本棚」ですが、全て「家具」と呼ぶこともできます。
　この場合、「家具」が上位語、「椅子」、「机」、「本棚」が下位語ということになります。TOEIC でも Part 1(写真描写問題)、Part 3(会話問題)、Part 4(説明文問題)、Part 7(長文読解問題)を中心に、この「上位語」「下位語」の概念が登場するので、代表的なものをしっかりと押さえておきましょう。

③ **乗り物**
vehicles (車両)

car	truck	bus	train
sedan	van	taxi	...

public transportation
(公共交通機関)

Chapter 3

✎ **口語表現**　② ◁) 310〜322

　この章では、会話やチャットなどで頻出の口語表現を紹介します。簡単な単語で構成されているのに意味が取りづらいのが口語表現の特徴です。実際のテストでは前後or文章から意味を推測できますので、あらかじめ意味を押さえておくと、より文章が取りやすくなります。

③ **簡単・賛成**
④ **I'd love to.** ぜひしたいです。
相手の誘いを受ける際の決まり文句。I'd like to. よりも I'd love to. の方が"したい気持ち"を強く表すことができる。冗長になるので口語では to より後ろの部分は省略することが多い。I'd be happy to. や I'd be glad to. でも同じ。
⑧ A: Would you like to join us for lunch? (ランチをご一緒しませんか)
B: I'd love to. (ぜひ)

It's a deal. それで決まりでしょう。
直訳すると「それは取引です」という意味だが、「取引として成立する＝交渉成立」なので、相手の提案に合意する際の決まり文句としてよく使われる。また、TOEIC ではあまり出てこないが、It's not a big deal. (大したことないです)も、deal を使った口語表現として日常会話ではよく耳にする。更に、deal には「お買い得品」の意味もあり、You got a good deal. だと「いい買い物をしました」の意味になる。
A: How about $50 each? (1個あたり50ドルでうですか)
B: All right. It's a deal. (わかりました、それでいきましょう)

6

TOEICでの出題傾向に沿った押さえておきたい語句の意味、語源知識やコロケーション・例文などをまとめています。

復習テスト

学習した単熟語の確認ができるチェックテストです。記憶があいまいだったものは、各ページに戻って復習しましょう。

Chapter 2

TOEICに頻出する言い換え表現を紹介しています。

Chapter 3

TOEICによく出る口語表現をまとめています。

① **Section**：よく出る単熟語をセクションにまとめています。
② **音声トラック番号**：該当部分のトラック番号です。
③ **カテゴリ**：各セクションの中をさらに細分化してカテゴリで示しています。
④ **見出し語・表現**：覚えておきたい単語・熟語・表現です。
⑤ **発音記号**：見出し語の発音の仕方を表す記号です（詳細はp.10参照）。
⑥ **語義**：カテゴリに対応する語義を色文字にしています。
⑦ **例文・コロケーション・補足説明・語源など**：見出し語に関連するさまざまな情報を記載しています。
⑧ **表現の用例**：対話や文の中での表現の用例を示しています。

表記について

動動詞	名名詞	形形容詞	副副詞	接接続詞	前前置詞	代代名詞
自自動詞	他他動詞	C可算名詞	U不可算名詞	単単数形	複複数形
✍例文	≻コロケーション	★語源	●補足説明
①発音　発音注意	❶アクセント　アクセント注意	(P000)　参照ページ

A, B ／ A, Bに異なる語句が入る
one's, *oneself* ／ 人称代名詞の所有格、再帰代名詞が入る
S ／ 主語（subject）、V ／ 動詞（verb）、N ／ 名詞（noun）が入る
Ving ／ 動名詞が入る

本書のChapter 1、Chapter 3に掲載されている以下の音声を、スマートフォン等でお聞きいただけます。

収録内容

① 見出し語・見出し表現（英語）
② コロケーション・例文（英語）

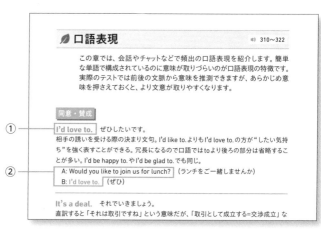

音声のご利用方法

2種類の方法で本書の音声をお聞きいただけます。

パソコンで音声データ(MP3)をダウンロード

① 以下のURLから、Web特典にアクセス
https://service.obunsha.co.jp/tokuten/toeicwt/

② 本書を選び、以下の利用コードを入力してダウンロード

shbjma ※全て半角アルファベット小文字

③ ファイルを展開して、オーディオプレーヤーで再生
音声ファイルは zip 形式にまとめられた形でダウンロードされます。
展開後、デジタルオーディオプレーヤーなどで再生してください。

※音声の再生にはMP3を再生できる機器などが必要です。
※ご利用機器、音声再生ソフト等に関する技術的なご質問は、
　ハードメーカーもしくはソフトメーカーにお願いいたします。
※本サービスは予告なく終了することがあります。

公式アプリ「英語の友」(iOS／Android)で再生

① 「英語の友」公式サイトより、アプリをインストール
https://eigonotomo.com/

左の2次元コードから読み込めます。

② アプリ内のライブラリより本書を選び、「追加」ボタンをタップ

※本アプリの機能の一部は有料ですが、本書の音声は無料でお聞きいただけます。
※詳しいご利用方法は「英語の友」公式サイト、あるいはアプリ内のヘルプを
　ご参照ください。
※本サービスは予告なく終了することがあります。

発音記号表

母音

発音記号	例
[iː]	eat [iːt]
[i]	happy [hǽpi]
[ɪ]	sit [sɪt]
[e]	bed [bed]
[æ]	cat [kæt]
[ɑː]	palm [pɑːlm]
[ʌ]	cut [kʌt]
[əːr]	bird [bəːrd]
[ə]	above [əbʌ́v]
[ər]	doctor [dá(ː)ktər]
[ɔː]	law [lɔː]
[ʊ]	pull [pʊl]

発音記号	例
[u]	casual [kǽʒuəl]
[uː]	school [skuːl]
[eɪ]	cake [keɪk]
[aɪ]	eye [aɪ]
[ɔɪ]	boy [bɔɪ]
[aʊ]	house [haʊs]
[oʊ]	go [goʊ]
[ɪər]	ear [ɪər]
[eər]	air [eər]
[ɑːr]	heart [hɑːrt]
[ɔːr]	morning [mɔ́ːrnɪŋ]
[ʊər]	poor [pʊər]

※母音の後の[r]は、アメリカ英語では直前の母音がrの音色を持つことを示し、イギリス英語では省略されることを示す。

子音

発音記号	例
[p]	pen [pen]
[b]	book [bʊk]
[m]	man [mæn]
[t]	top [tɑ(ː)p]
[t̬]	water [wɔ́ːt̬ər]
[d]	dog [dɔ(ː)g]
[n]	name [neɪm]
[k]	cake [keɪk]
[g]	good [gʊd]
[ŋ]	ink [ɪŋk]
[tʃ]	chair [tʃeər]
[dʒ]	June [dʒuːn]
[f]	five [faɪv]

発音記号	例
[v]	very [véri]
[θ]	three [θriː]
[ð]	this [ðɪs]
[s]	sea [siː]
[z]	zoo [zuː]
[ʃ]	ship [ʃɪp]
[ʒ]	vision [víʒən]
[h]	hot [hɑ(ː)t]
[l]	lion [láɪən]
[r]	rain [reɪn]
[w]	wet [wet]
[hw]	white [hwaɪt]
[j]	young [jʌŋ]

※[t̬]はアメリカ英語で弾音（日本語のラ行に近い音）になることを示す。
※斜体および[( )]は省略可能であることを示す。

Chapter 1
英単語・熟語

この章では、TOEICによく出る英単語・熟語を22のセクションに分けて学びます。各セクションはさらに細かいカテゴリに分けられていて、そのカテゴリにとくにつながりの深い語句が並んでいます。例文やコロケーション、関連知識や語源などの情報も手掛かりにして、単語や熟語を関連付けながら覚えていきましょう。

思考・判断

◄) 001〜011

このセクションでは、ミーティングやディスカッションを含め、日常のコミュニケーションのベースとなる「思考・判断」に関する語句を11のカテゴリに分けて紹介します。まずは「検討・考慮」のカテゴリから見ていきましょう。

検討・考慮

think
[θɪŋk]

動他 ① 〜だと思う 自他 ② (〜を)考える

thought
[θɔːt]

名C ① 考え ② 意見(通例 thoughts) U ③ 慎重な検討

☑ You should give it some **thought**.
(少し考えてみてください)

believe
[bɪlíːv]

動他 ① 〜を信じる ② 〜だと思う

suppose
[səpóuz]

動他 ① (be supposed to V のかたちで)〜する予定である ② 〜だと思う ③ 仮に〜だとすると

● TOEIC に登場する suppose は「be supposed to V」のかたちが 90%、「I suppose 〜」のかたちが 10%。

★ su(下に)+ pose(置く)→下に置く→仮定する、仮置きする(予定する)、思う

☑ I **suppose** we should consider our long-term needs.
(私たちは長期的なニーズを考えるべきだと思います)

assume
[əsjúːm]

動他 ① 〜だと想定する、推測する ② 〜を前提とする ③ (責任など)を負う、引き受ける

★ as(〜の方へ)+ sume(取る)→考えられる方に取る→想定する

☑ He **assumes** that the daily planner belongs to Ms. Mills.
(彼は、その手帳はミルズさんのものだと推測しています)

☑ Some prior experience working with accounting software is **assumed**.
(会計ソフトウェアの使用経験があることを前提としています)

1
思
考
・
判
断

assumption
[əsʌ́mpʃən]

名C ① 想定、推測、思い込み U ② 引き受け

☑ There's a common **assumption** that young entrepreneurs are less experienced.
(若い起業家は経験が浅いという一般的な思い込みがあります)

guess
[ges]

動自他 ① (〜を)推測する ② (〜を)言い当てる ③ 〜だと思う

imagine
[ɪmǽdʒɪn]

動他 〜を想像する

envision
[ɪnvíʒən]

動他 (将来起こりそうなこと)を思い描く

💬 良いことについて言うことが多い。

★ en (中で) + vis (見る) + ion → 頭の中で見る → 思い描く

☑ I **envision** this product selling well online.
(この製品はオンラインでよく売れると思います)

consider
[kənsídər]

動自他 ① (〜を)検討する、考慮する 他 ② 〜だと考える、見なす

★ con (完全に) + sider (星) → 完全に星を見る → しっかり見る → 検討する、考慮する

☆
sider
(=star)
con

➤ **consider** attending a seminar
(セミナーへの出席を検討する)

☑ We **consider** previous work experience in the salary offer.
(給与の提示にあたっては、これまでの職務経験を考慮します)

➤ **consider** the plan feasible （その計画を実行可能と考える）

☑ This information is **considered** confidential.
(この情報は機密と見なされています)

considering
[kənsídərɪŋ]

前接 〜を考慮すると

☑ I think the price is quite reasonable, **considering** its quality.
(品質を考えると、かなり手頃な価格だと思います)

consideration
[kənsìdəréɪʃən]

名U ① 考慮、検討 ② 思いやり

➤ under **consideration** （検討中で）

> take the matter into **consideration** （その件を考慮する）

> in **consideration** of his skill （彼のスキルを考慮して）

reflect [rɪflékt]	動他 ① （光など)を反射させる ② ～を反映させる 自他 ③ （～を)慎重に考える

💬 ③は reflect on（～を慎重に考える）のかたちで使うことが多い。

★ re（元に）+ flect（曲げる）→光を曲げ戻す→反射させる→繰り返し考える

📝 Let me **reflect** on the situation before making a decision.
（決断を下す前に状況をじっくり検討させてください）

review [rɪvjúː]	動他 ① ～を再検討する、見直す ② ～の批評を書く ③ ～を復習する 名 C U ① 再検討 C ② 批評、評価

★ re（再び）+ view（見る）→再度見る→見直す

> **review** a timeline （予定表を見直す）

> under **review** （再検討中で）

go over	① ～を検討する、見直す ② ～を超える

> **go over** a report （報告書を見直す）

given [gívən]	前 接 ～を考慮すると 形 与えられた、既定の 名 C 既知の事実、当たり前のこと

📝 The decrease in sales has surprised many, **given** the popularity of the product.
（製品の人気を考えると、売り上げの減少は多くの人を驚かせています）

📝 **Given** her outstanding negotiation skills, Ms. Kearns was named the new sales manager. （卓越した交渉力が考慮されて、カーンズさんは新たに営業部長に任命されました）

allow for	① ～を考慮する ② ～を可能にする

📝 We should always **allow for** any contingencies.
（私たちは常に不測の事態を考慮に入れる必要があります）

in light of	① 〜の観点から ② 〜を考慮して
	⟩ in light of the demand　（需要に照らして、要望を踏まえて）
in view of	〜を考慮すると
	⟩ in view of this　（この点を考慮すると）
for *one's* reference	〜の参考までに
	☑ I will attach our brochure for your future reference.
	（今後の参考のため、当社のパンフレットを添付します）

議論・討論

discuss
[dɪskʌs]

動他 ① 〜を議論する ② 〜について詳しく述べる

★ dis（離れて、〜ない）+ cuss（quash = 砕く）→ 叩き砕いて離す → 詳細を検討する → 議論する

⟩ discuss the hiring process　（採用プロセスを議論する）

⟩ discuss the publication of a book　（本の出版について話し合う）

argue
[ɑ́ːrgjuː]

動自 ① 口論する、論争する 自他 ② （〜を）主張する、（〜を）述べる

argument
[ɑ́ːrgjʊmənt]

名 C U ① 議論、討論 C ② 論拠、主張

brainstorm
[bréɪnstɔ̀ːrm]

動自他 （議論を通じて）意見を出し合う、（考え）を引き出す

名 C 妙案、ひらめき

★ brain（脳）+ storm（嵐）→ 頭の中で嵐のように考えをめぐらす

☑ Let's brainstorm some ideas for our presentation.

（プレゼンテーションに向けて意見を出し合いましょう）

考え・アイディア

idea
[aɪdíːə]

名 C ① 考え C U ② 知識、（知識に基づく）理解

thought
[θɔːt]

名 C ① 考え、意見 U ② 慎重な検討

afterthought
[ǽftərθɔ̀ːt]

名 C 後知恵、後からの思い付き

☑ The last sentence seems to have been added as an afterthought.

（最後の文は後からの思い付きで追加されたように見えます）

concept [ká(:)nsèpt]	名C 概念、考え ★ con (共に) + cept (取る) → 共につかんでいるもの → 概念
brainchild [bréɪntʃàɪld]	名単 独創的な考え、発案物 ☑ This musical is the **brainchild** of Arthur Chun. (このミュージカルはアーサー・チュンの発案によるものです)
brainstorm [bréɪnstɔ̀ːrm]	動自他 (議論を通じて) 意見を出し合う、(考え) を引き出す 名C 妙案、ひらめき ★ brain (脳) + storm (嵐) → 頭の中で嵐のように考えをめぐらす → 意見を出し合う → 妙案、ひらめき
devise [dɪváɪz]	動他 (新しい方法など) を考案する 💬 device (装置) と混同しないように注意 ☑ The customer support team **devised** the new equipment. (カスタマーサポートチームが新しい機器を考案しました)
invent [ɪnvént]	動他 〜を発明する、考案する ★ in (中に) + vent (行く、来る) → 中に来る → 頭の中に入ってく る → ひらめく → 〜を発明する
invention [ɪnvénʃən]	名U 発明、考案 C 発明品
notion [nóʊʃən]	名C 考え、意見 ★ (k)no (知る) + tion → 知識 → 考え
come up with	(アイディアなど) を考え出す ☑ Could you **come up with** some ideas to improve our referral rate? (紹介率を改善するためのアイディアをいくつか考 え出していただけますか)

賛成・反対・拒否

approve [əprúːv]	動他 ① 〜を承認する 自 ② 良いと思う、支持する ★ a(p) (〜の方へ) + prove (試す、証明する) → 証明する方へ ➤ **approve** of his suggestion (彼の提案を支持する)

1

思考・判断

in favor of	〜に賛成して、〜を支持して
	≻ **in favor of** the plan （その計画に賛成して）

stand behind	〜を支持する
	≻ **stand behind** your services （貴社のサービスを支持する）

dispute	動他 ① 〜に異議を唱える ② 〜について論争する
[dɪspjúːt]	★ dis（離れて）+ pute（考える）→考えが離れている
	≻ **dispute** the opinion （意見に異議を唱える）

oppose	動他 〜に反対する
[əpóuz]	★ o（〜に向かって）+ pose（置く）→〜に向かって置く
	≻ **oppose** a plan （計画に反対する）

opposition	名U 反対
[à(ː)pəzíʃən]	

object to	〜に反対する
	★ ob（〜の方に）+ ject（投げる）→〜の方へ投げつける
	☑ He **objected to** the terms of the contract.
	（彼は契約条件に反対しました）

deny	動他 ① 〜を否定する ② （…に）〜を拒む
[dɪnáɪ]	☑ The firm was **denied** permission to construct a new plant.
	（その会社は新しい工場を建設する許可を与えられなかった）

decline	動自 ① 減少する 自他 ② （〜を）拒む 名U 減少
[dɪkláɪn]	★ de（下に）+ cline（傾く）→下に傾く→減少する、〜を断る

refuse	動自 ① （依頼などを）断る 自他 ② （〜を）拒む
[rɪfjúːz]	★ re（再び）+ fuse（注ぐ）→注ぎ返す→断る、拒む

turn down	① （音量など）を下げる、弱める ② （提案など）を却下する
	☑ Mr. Karim was **turned down** for a position at Millway Hotel. （カリム氏はミルウェイ・ホテルでの職を断られました）

decide
[dɪsáɪd]

動自他 ① (〜を)決める 他 ② 〜を決定づける

★ de (完全に) + cide (切る) →決める、決心する

decision
[dɪsíʒən]

名U 決めること、決断(力) C 決めたこと、決定事項

determine
[dɪtə́ːrmɪn]

動他 ① 〜を決める、判断する ② (事実など)を突き止める ③ 〜を決定づける

★ de (完全に) + term (限界) →終わらせて完全に切り離す

>> determine a price (価格を決める)

>> determine the feasibility of the plan
(計画の実現可能性を見極める)

☑ How hard you work now will **determine** how you perform in the future.
(今どれだけ頑張るかで、将来のパフォーマンスが決まります)

determination
[dɪtə̀ːrmɪnéɪʃən]

名CU ① (公的な)決定 U ② 決意、決断(力)

definitive
[dɪfínətɪv]

形 ① この上ない、最高の ② 決定的な

★ de (離れて) + fin (終わる) + tive →あやふやな状態を終えて離れた→定まった、決定した→決定版の→最高の

>> definitive agreement (正式契約〔決定的な合意〕)

confirm
[kənfə́ːrm]

動他 ① 〜を確認する ② 〜を確定する ③ (確定したこと)を知らせる

★ con (完全) + firm (しっかりした) →完全にしっかりとさせる

>> confirm a job offer (仕事の依頼を確定させる)

☑ Please **confirm** your attendance no later than this Friday.
(遅くとも今週の金曜日までに出欠を確定させてください)

move
[muːv]

名C ① 動き ② 引っ越し、移転 ③ 異動、転職 ④ 決断
動自他 ① 動く、〜を動かす ② 引っ越す、〜を移す ③ 異動する、〜を異動させる 他 ④ 〜を感動させる (P325)

☑ We believe this merger was a good **move** for both companies. (この合併は両社にとって良い決断だったと思います)

call [kɔːl]	名 C ① 電話 ② 訪問 ③ 要求 ④ 決断 動 自 他 ① (〜に)電話する 自 ② 訪問する ③ 要求する 他 ④ 〜を呼ぶ ⑤ (会議など)を催す (P328)

> tough **call** to make （辛い決断）

意図・趣旨

intend [ɪnténd]	動 他 ① 〜するつもりである、〜を意図している ② (be intended for のかたちで)〜に向けられた

★ in (中に) + tend (伸ばす、延ばす) →中に手を伸ばす→〜する気持ちになる→〜するつもりである

intention [ɪnténʃən]	名 C U 意図

> have every **intention** of 〜 （〜しようと心に決めている）

intentionally [ɪnténʃənəli]	副 意図的に、故意に

deliberately [dɪlíbərətli]	副 ① 意図的に、故意に ② 慎重に

📝 I **deliberately** omitted the incorrect figures from the data. （私は誤った数値をデータから意図的に省きました）

imply [ɪmplái]	動 他 〜を暗に意味する、ほのめかす

★ im (中に) + ply (満たす、重ねる) →中に重ねる→わからないように中に折り重ねる→暗に示す

implication [ìmplɪkéɪʃən]	名 C U ① 暗示、言外の意味 C ② (将来引き起こされるであろう)結果、影響 (通例 implications)

to the effect that	〜という趣旨の

📝 I made a speech **to the effect that** ingenuity is important. （私は創意工夫が大事だという趣旨のスピーチをしました）

優先順位

prioritize [praɪɔ́(ː)rɪtàɪz]	動 他 ① 〜を優先する ② 〜に優先順位を付ける

★ pri (前) + or (より) + tize →〜よりも前にする

📝 We have **prioritized** your inquiry as you are a valued customer. （お客様は大切なお客様であるため、お問い合わせを優先させていただきました）

priority
[praɪɔ́(ː)rəṭi]

名 **C** **U** ① 優先事項 **U** ② 優先すること

prior
[práɪər]

形 前の、事前の

> **prior** notice （事前通知）

☑ Some **prior** experience working with accounting software is assumed.
（会計ソフトウェアの使用経験があることを前提としています）

真偽・正誤

correct
[kərékt]

形 正しい 動 他 〜を正す

★ co（完全に）＋rect（まっすぐ、導く）→完全にまっすぐにする

correction
[kərékʃən]

名 **C** ① 訂正 **U** ② 訂正作業

incorrect
[ìnkərékt]

形 誤った

incorrectly
[ìnkəréktli]

副 誤って、間違って

☑ The e-mail was sent **incorrectly** to a client.
（そのメールは誤って顧客に送信されました）

authentic
[ɔːθénṭɪk]

形 ① （やり方が）伝統的な、（料理の作り方が）本場の ② （作品などが）本物の

authentication
[ɔːθènṭɪkéɪʃən]

名 **U** 認証

> biometric **authentication** （生体認証）

authenticity
[ɔ̀ːθentísəṭi]

名 **U** 信びょう性、真正性

☑ This feature ensures the **authenticity** of the artwork.
（この特徴により絵画の真正性が保証されます）

genuine
[dʒénjuɪn]

形 ① 心からの ② 本物の ③ 誠実な

理解・解釈

understand
[ʌ̀ndərstǽnd]

動 自 他 ① （〜を）理解する ② （〜を）知る、知っている

understanding	名U 理解(力) 形 理解力のある
[ʌ̀ndərstǽndɪŋ]	❯ on the **understanding** that ～ （～という理解〔条件〕のもとで）
	❯ **understanding** supervisor （理解力のある管理者）

understandably

[ʌ̀ndərstǽndəbli]

副 理解できるほどに、当然のことながら

☑ **Understandably,** he had difficulty in running his restaurant.

（当然のことながら、彼はレストランの経営に苦労しました）

☑ She is disappointed with the result, and **understandably** so.

（彼女は結果に落胆しているのですが、それは理解できます）

comprehend

[kà(:)mprɪhénd]

動自他 (難しいことや複雑なことを)理解する

🗨 can't や cannot と共に使うことが多い。

★ com (完全に) + pre (前) + hend (= hand) (つかむ) →目の前で完全につかみ取る→～を理解する

☑ I can't fully **comprehend** the cause of the problem.

（問題の原因を完全に把握することができていません）

comprehensive	形 包括的な、全体的な
[kà(:)mprɪhénsɪv]	❯ **comprehensive** analysis （総合的な分析）

appreciate

[əprí:ʃièɪt]

動他 ① (重要性や価値など)を理解する ② (人の行為)に感謝する ③ (芸術作品など)を鑑賞する

★ a(p) (～の方へ) + preci (= price) + ate →～の方へ値段を付ける→(価値があるものとして)理解する

☑ We **appreciate** that customer satisfaction is more important.

（顧客満足度がより重要であるということは理解しております）

follow

[fɑ́(ː)loʊ]

動 自 他 ① (〜の)後に続く ② (〜を)理解する 他 ③ (規則など)に従う

✓ I didn't **follow** what she was saying.

（彼女が話していた内容を理解できませんでした）

figure out

〜を理解する、〜がわかる

✓ I'm trying to **figure out** what would best suit your needs.

（私は何があなたのニーズに最も適しているのか見つけようとしています）

accessible

[əksésəbl]

形 ① アクセス可能な ② 利用可能な ③ 入手可能な ④ 会いやすい、話しやすい ⑤ 理解しやすい　　　　　　　　　　(P324)

★ a(c)(〜の方へ)＋cess(行く)＋ible→〜の方へ行きやすい

✓ You can check the findings in an **accessible** format.

（調査結果はわかりやすい構成でご確認いただけます）

予定・計画

plan

[plæn]

名 C ① 計画 ② 平面図

★ plan(平らな)→平面図→計画

➢ business **plan**　（事業計画）

➢ floor **plan**　（間取り図）

planner

[plǽnər]

名 C ① スケジュール帳、手帳 ② 計画者

➢ daily[day] **planner**　（手帳）

initiative

[ɪníʃɪəṭɪv]

名 C ① (問題解決のための)計画、取り組み U ② 率先、主導権

★ in(中に)＋it(行く)＋ative→中に入って行く→何かを解決するための取り組み、自分で決めて物事を始める力

➢ government **initiative**

（政府の取り組み）

✓ Our company's record profits resulted from the **initiative** to strengthen online sales.

（当社の過去最高益は、オンライン販売強化の取り組みのおかげです）

plot

[plɑ́(ː)t]

名 C ① 策略 ② (映画や物語の)筋

schedule

[skédʒuːl, ʃédjuːl]

❶ 発音

名 C ① 予定 ② 時刻表、料金表

> ahead of **schedule** （予定より早く）
> on **schedule** （予定通りに）
> behind **schedule** （予定より遅れて）

---

timeline

[táɪmlàɪn]

名 C 予定(表)

★ time（時間）+ line（線）→時間ごとに線で区切ったもの

---

shift

[ʃɪft]

名 C （交代勤務制の）勤務時間枠

> work an early **shift** （早番で勤務する）

---

be due to

① ～する予定である ② ～が原因である、～のおかげである
③ ～に当然与えられるべきである (P314)

★ du(e)（負う、借りる）→（be due to のかたちで）～する義務を
負っている→～することになっている→～する予定である

✍ Your package has shipped and **is due to** arrive on
December 10.
（あなたの荷物は発送され、12月10日に到着予定です）

---

be supposed to

① ～する予定になっている ② ～すべきである ③ ～（が本当）
だと言われている (P330)

✍ The meeting **was supposed to** take place on Monday.
（会議は月曜日に行われる予定でした）

---

be slated to

～する予定である

✍ Construction **is slated to** begin in November.
（建設は11月に始まる予定です）

---

available

[əvéɪləbl]

形 ① 利用可能な ② 入手可能な ③ （予定などが）空いている
(P317)

★ a（～の方に）+ vail（力、価値）+ able →～の方に力を発揮で
きる状態で

✍ Please let me know when you're **available**.
（ご都合の良い日を教えてください）

availability 名U ① 利用できる度合い ② 入手できる可能性 ③ 都合
[əvèɪləbíləti]

unavailable 形 ① 利用できない ② 入手できない ③ 都合がつかない
[ʌnəvéɪləbl]

work 動自他 ① 働く、働かせる ② (機械などが) 稼働する 自 ③ うまく
[wə:rk] いく、役立つ、効果がある ④ (日時などの) 都合がつく
名U ① 仕事 C ② 作品 (P328)
✍ Please let me know if this date **works** for you.
(この日にちで都合がつくかお知らせください)

opening 名C ① 開店、初日 ② 求人、仕事の空き ③ 日程の空き ④ 冒
[óʊpənɪŋ] 頭 形 初めの、開会の (P326)
✍ We have an **opening** on January 14.
(1月14日に日程の空きがあります)

scheme 名C ① (公的な) 計画、構想 ② 仕組み、体系、配列
[ski:m] ≻ business **scheme** (事業計画)

soon-to-be- 形 間もなく発売 [公開] 予定の
released ≻ **soon-to-be-released** film (近日公開予定の映画)

期待・熱望・欲求

expect 動他 ～を期待する
[ɪkspékt] ★ ex (外に) + spect (見る) →外を見る→～を期待する、予期する

expectation 名CU 期待
[èkspektéɪʃən]

desire 名CU 望み 動他 ～を望む
[dɪzáɪər]

desirable 形 望ましい
[dɪzáɪərəbl]

aspire
[əspáɪər]

動自 熱望する

★a(〜の方に)+spire(息)→〜の方に息をする→〜を熱望する

☑ We **aspire** to make our services more convenient for our customers.
（私たちは、より便利なサービスをお客様に提供したいと望んでおります）

aspiring
[əspáɪərɪŋ]

形 (成功などを)熱望している、熱意のある、〜志望の

≻ **aspiring** musician （音楽家志望の人）

eager
[íːgər]

形 切望して

☑ He is **eager** to explore the newly opened trails.
（彼は新しく開通した山道を探索したがっています）

long for

(すぐには起こらないようなこと)を切に望む

need
[niːd]

名単 ① 必要性 U ② 欲望 C ③ 要望(通例needs) 動他 〜を必要とする

appetite
[ǽpɪtàɪt]

名C U ① 食欲 C ② 欲求

★a(p)(〜の方に)+pet(求める)+ite→〜の方に求める→何かを満たす方向に体が求める

☑ Do you have an insatiable **appetite** for knowledge?
（あなたは知識欲が旺盛ですか）

ambition
[æmbíʃən]

名C ① 野心 U ② (成功する)決意

★amb(周囲)+it(行く)+ion→周囲を行くこと→何かを求めて動き回る→野心

ambitious
[æmbíʃəs]

形 野心的な

keen
[kiːn]

形 ① 熱望して ② 熱心な ③ (関心などが)強い ④ (感覚が)鋭い ⑤ (競争が)激しい

☑ He told me that he was **keen** to work overseas.
（彼は海外勤務を熱望していると私に話しました）

復習テスト 1

[1] それぞれ 2 つの語句が同義語なら S (Synonym)、反意語なら A (Antonym) で答えなさい。

1. envision	imagine	(	)
2. definitive	uncertain	(	)
3. comprehend	understand	(	)
4. authentic	fake	(	)
5. initiative	plan	(	)

[2] それぞれの語句の説明が正しければ T (True)、間違っていれば F (False) で答えなさい。

6. **planner**　a book for recording appointments　　　(　)
7. **allow for**　to take something into account when you make a decision

　　　　　　　　　　　　　　　　　　　　　　　　　(　)
8. **figure out**　to understand　　　　　　　　　　　(　)
9. **devise**　a piece of equipment made for a particular purpose (　)
10. **scheme**　a record of what is said and decided at a meeting　(　)

[3] 以下の文の空所に当てはまる語句を語群の中から選んで答えなさい。

11. Details about the competition are (　　　) on our Web site.
12. I (　　) omitted the incorrect figures from the data.
13. He told me that he was (　　) to work overseas.
14. She is disappointed with the result, and (　　) so.
15. We have (　　) your inquiry as you are a valued customer.

a. deliberately　　b. prioritized　　c. keen
d. understandably　　e. available

[4] 指定された文字で始まる語句を書き入れて、それぞれの文を完成させなさい。

16. Your package has shipped and is (**d**   ) to arrive on December 10.
   あなたの荷物は発送され、12月10日に到着予定です。

17. We (**c**   ) the plan effective and feasible.
   この計画は有効であり、実現可能であると考えました。

18. I can't fully (**c**   ) the cause of the problem.
   問題の原因を完全に把握することができていません。

19. We (**a**   ) that customer satisfaction is more important.
   顧客満足度がより重要であるということは理解しております。

20. The decrease in sales has surprised many, (**g**   ) the popularity of the product.
   製品の人気を考えると、売り上げの減少は多くの人を驚かせています。

[5] 括弧内の語句を並べ替えて、それぞれの文を完成させなさい。

21. We updated our Web page (**of / in / comments / light / your**).
   (   )

22. The (**open / to / is / restaurant / slated**) on September 10.
   (   )

23. I made a speech (**that / to / effect / the**) ingenuity is important.
   (   )

24. You (**give / thought / should / some / it**).
   (   )

25. The last sentence seems to have (**an / as / added / afterthought / been**).
   (   )

[解答]

1. S 2. A 3. S 4. A 5. S 6. T 7. T 8. T 9. F (→device) 10. F (→minutes) 11. e
12. a 13. c 14. d 15. b 16. due 17. considered 18. comprehend 19. appreciate
20. given 21. in light of your comments 22. restaurant is slated to open 23. to the effect
that 24. should give it some thought 25. been added as an afterthought

Section 2 | **意識・感情** 🔊 012〜024

人と人のコミュニケーションには、人の意識や感情が大きく関わっています。このセクションでは、そうした「意識・感情」に関する語句を13のカテゴリに分けて紹介します。まずは、TOEICに頻出のattention、caution、precaution、profileなどを含む「意識・注意」のカテゴリから見ていきましょう。

意識・注意

conscious
[ká(:)nʃəs]

形 意識して、自覚して

☑ I am **conscious** of your cost concerns.
（私はあなたの費用に関する懸念を認識しています）

consciousness
[ká(:)nʃəsnəs]

名 C U 意識、自覚

attention
[əténʃən]

名 U 注意、関心

★ a(t)（〜の方へ）+ tend（伸ばす、延ばす）+ tion →〜の方へ意識を持っていくこと

≫ pay **attention** to the monitor （画面に注意を払う）

☑ **Attention**, passengers. （乗客の皆様へお知らせいたします）

attentive
[əténṭɪv]

形 注意して、よく気が付く

attentively
[əténṭɪvli]

副 注意深く

≫ listen **attentively** （注意深く聞く）

alert
[əlɚːrt]

形 注意して、警戒して 動他 〜に警告する 名 C 警告

☑ I'll have to be **alert** while driving a late-night bus.
（深夜バスの運転中は気を付けなければなりません）

cautious
[kɔ́ːʃəs]

形 用心深い

caution
[kɔ́ːʃən]

名 U ① 用心 C ② 警告 動自他 （〜に）警告する

≫ use **caution** （用心する）

☑ I **cautioned** him against the use of the broken equipment.
（私はその壊れた機器を使わないよう彼に警告しました）

28

precaution
[prɪkɔ́ːʃən]

名C 予防措置

★ pre（前に）+ caution（注意）→ 事前の注意

➢ as a **precaution** （予防措置として）

➢ security[safety] **precaution** （安全対策）

note
[noʊt]

名C ① メモ ② 注釈 動他 ① ～に気付く、注意する ② ～に言及する

★(k)no（知る）+ te → 知っておく → 注意する

➢ see **note** below （下記の注釈を参照）

☑ Please **note** that shops are open from 10 A.M.
（お店は午前10時からの営業ですのでご注意ください）

conspicuous
[kənspíkjuəs]

形 目立つ、人目を引く

★ con（共に）+ spic（見る）+ uous → 皆が見る

profile
[próʊfaɪl]

名C ① 紹介、略歴 ② 注目度、目立ち具合 動他 ～を紹介する

➢ have a high **profile** （知名度が高い）

take care of

① （問題など）に対処する ② （人・動植物など）の世話をする

安全・安心

secure
[sɪkjúər]

動他 ① ～を確保する ② ～を安全にする 形 安全な

★ se（離れた）+ cure（注意、世話）
→ 注意から離れた → 注意する必
要がない → 安全な

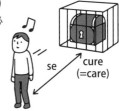

securely
[sɪkjúərli]

副 安全に

insecure
[ìnsɪkjúər]

形 ① （建物などが）安全ではない ② 不安な

認識・認知

acknowledge
[əkná(ː)lɪdʒ]

動他 ① ～を認める、受け入れる ② ～を認識する ③ ～に感謝する ④ ～を知らせる　　　　　　　　　　　　　　　　　　　（P322）

★ ac（～の方へ）+ knowledge（知識）→ 知識の方へ → 認知の方へ

> acknowledge *one's* mistake （～の誤りを認める）

☑ Your contribution to the project was very favorably **acknowledged**.
（あなたのプロジェクトへの貢献は非常に好意的に受け止められました）

☑ We **acknowledge** that your workstyle will be affected by these changes.
（これらの変更により、皆さんのワークスタイルが影響を受けることを私たちは認識しています）

acknowledgement
[əknɑ́(:)lɪdʒmənt]

名 C U ① 承認 ② 謝意、謝辞 ③ （受け取りの）通知

recognize
[rékəgnàɪz]

動 他 ① （人や物）を認識する ② （事実や業績など）を認める
③ （人）を評価する、表彰する

★ re（再び）+ co（共に、完全に）+ gn(o)（知る）+ ize →再び完全に知る→認識する、認める

☑ Mr. Fitzpatrick has long been **recognized** as an expert on zoology.
（フィッツパトリック氏は、長きにわたって動物学の専門家として認められています）

recognition
[rèkəgníʃən]

名 U ① 認識 ② （功績などを）認めること、評価

> public **recognition** （一般認識）

☑ In **recognition** of your contribution, you will be given a special bonus.
（あなたの貢献を認めて〔称えて〕、特別ボーナスを与えます）

admit
[ədmít]

動 自 他 （～を）認める

★ ad（～の方に）+ mit（送る）→自分の方に送る→受け入れる→認める

aware
[əwéər]

形 気付いて

★ a（～の方へ）+ ware（見る）→～の方を見る

awareness
[əwéərnəs]

名 U ① 意識、認識 ② （商品などの）認知度

> public **awareness** （公衆の意識）

realize
[ríːəlàɪz]

動他 ～に気付く、～を悟る

publicity
[pʌblísəti]

名U ① 宣伝、広告 ② 注目、評判

★ publ（人々）＋ ic ＋ ity →人々の目に触れるようにすること

> generate **publicity** （話題になる、評判を生む）

> **publicity** campaign （宣伝キャンペーン）

visibility
[vìzəbíləti]

名U ① 視界、可視性 ② 認知度

★ vis（見る）＋ ible（できる）＋ ity →見ることができること

> raise[increase] *one's* **visibility** （～の認知度を上げる）

心配・懸念

anxious
[ǽŋkʃəs]

形 心配して

concern
[kənsə́ːrn]

動他 ① ～に関係する ② ～を心配させる 名U ① 心配
C U ② 関心事、懸念事項

> express **concern** about security （安全性について懸念を示す）

concerned
[kənsə́ːrnd]

形 ① 関係して ② 心配して

★ con（共に）＋ cern（ふるいにかける、分ける）＋ ed →共に心を分けて→心配りをして→心配して

✎ I'm **concerned** that the item might crack since it's fragile.
（壊れやすい商品なので、割れないか心配です）

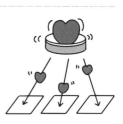

感謝・お礼

appreciate
[əpríːʃièɪt]

動他 ① （重要性や価値など）を理解する ② （人の行為）に感謝する ③ （芸術作品など）を鑑賞する

★ a(p)（～の方へ）＋ preci（＝price）＋ ate →～の方へ値段を付ける→（価値があるものに）感謝する

✎ I really **appreciate** it.
（本当にありがとうございます）

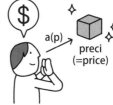

appreciation
[əprìːʃiéiʃən]

名 C U ① 理解　U ② 感謝　③ 鑑賞

➤ in **appreciation** of your loyalty　（お客様のご愛顧に感謝して）

gratitude
[grǽtətjùːd]

名 U 感謝

★ grat(i)（喜び）＋tude →喜びに満ちて→感謝

☑ I wish to express my **gratitude** to you for your continued support.
（お客様の変わらぬご支援に感謝申し上げます）

acknowledge
[əknά(ː)lidʒ]

動 他 ① ～を認める、受け入れる　② ～を認識する　③ ～に感謝する　④ ～を知らせる　(P322)

★ ac（～の方へ）＋knowledge（知識）→知識の方へ→認知の方へ

➤ **acknowledge** a coworker　（同僚に感謝する）

☑ Ms. Luo **acknowledged** the support from individual sponsors.
（ルオさんは個人のスポンサーからの支援に感謝しました）

grateful
[gréitfəl]

形 感謝して

★ grat(e)（喜び）＋ful →喜びに満ちて→感謝して

☑ We are **grateful** for your support as a longtime customer.
（お客様の長年のご愛顧に感謝申し上げます）

好き・好意

prefer
[prifə́ːr]

動 他 ～をより好む

★ pre（前に）＋fer（運ぶ）→好きなものを自分の前に運ぶ

☑ I **prefer** outdoor activities to indoor ones.
（私は室内での活動よりも屋外での活動の方が好きです）

preferable
[préfərəbl]

形 より望ましい

preferably
[préfərəbli]

副 望ましくは、できれば

☑ To stay fit, you'd better get some exercise, **preferably** outdoors.
（健康を保つためには、できれば屋外で運動した方が良いです）

preference
[préfərəns]

名 C U ① (他と比較した上での)好み ② 優先権

> customer **preference** （顧客の好み）

☑ **Preferences** for work locations will be taken into consideration.
（勤務地の希望は考慮いたします）

favor
[féɪvər]

動他 ① ～を好む ② ～をひいきにする ③ ～を支持する
名 C ① 親切な行為 U ② 愛顧、ひいき ③ 支持

favorable
[féɪvərəbl]

形 ① 好意的な ② 好ましい、好都合の

favorably
[féɪvərəbli]

副 ① 好意的に ② 都合良く、有利に

☑ Many of them have responded **favorably** in online surveys.
（彼らの多くがオンライン調査で好意的に回答しています）

満足・不満

satisfy
[sǽtɪsfàɪ]

動他 ① ～を満足させる、満たす ② ～を確信させる

☑ The program is designed to **satisfy** the needs of advanced learners.
（このプログラムは、上級学習者のニーズを満たすように設計されています）

satisfactory
[sæ̀tɪsfǽktəri]

形 満足のいく

satisfaction
[sæ̀tɪsfǽkʃən]

名 C U 満足

> customer **satisfaction** （顧客満足(度)）

content
[名 ká(:)ntent,
形 kəntént]

名 C ① 内容、中身(通例 contents) U ② (電子的な)内容
形 満足して

☑ Nevertheless, the mayor is **content** with the outcome.
（それでも、市長は結果に満足している）

complain
[kəmpléɪn]

動自他 (～に)苦情を言う

complaint
[kəmpléɪnt]

名 C U 苦情、不満

> file a **complaint** （苦情を申し立てる）

残念・後悔

regret
[rɪgrét]

動他 ① 〜を後悔する ② 〜を残念に思う 名 C U 後悔

> express **regret** about missing an opportunity
> （好機を逃したことを後悔する）

☑ We **regret** to inform you that our company outing has been canceled.
（残念ながら社員旅行が中止になったことをお知らせします）

regrettable
[rɪgrétəbl]

形 遺憾な、残念な

regrettably
[rɪgrétəbli]

副 残念ながら

熱意・やる気

enthusiasm
[ɪnθjúːziæ̀zm]

名 U 熱意、熱狂

★ en（中に）＋thus(i)（神）＋asm →中に神がいる状態→神に鼓舞されている状態

> express **enthusiasm** （熱意を示す）

☑ I recommend her for the job with great **enthusiasm**.
（私は熱意をもって彼女をその仕事に推薦します）

enthusiastic
[ɪnθjùːziǽstɪk]

形 熱意のある

☑ We are seeking **enthusiastic** individuals to join our team.
（私たちのチームに入ってくれる熱意ある人を探しています）

passion
[pǽʃən]

名 C U 情熱

★ pas（感じる、痛む）＋sion →感じること→感情、情熱

passionate
[pǽʃənət]

形 情熱的な

keen
[kiːn]

形 ① 熱望して ② 熱心な ③（関心などが）強い ④（感覚が）鋭い ⑤（競争が）激しい

> hire a **keen** photographer （熱心な写真家を雇う）

hesitate
[hézɪtèɪt]

動 自 ためらう

hesitant [hézɪtənt]	形 ためらって ☑ The management is **hesitant** about cutting budgets. （経営陣は予算の削減にためらいを感じています）
hesitation [hèzɪtéɪʃən]	名 C U 躊躇、ためらい ➤ without **hesitation** （躊躇なく）

2
意識・感情

喜怒哀楽・驚き

delighted [dɪláɪtɪd]	形 喜んで
pleased [pli:zd]	形 喜んで ☑ We are **pleased** to announce that the renovation is now completed. （改装が完了したことを喜んでお知らせします）
flattered [flǽtərd]	形 嬉しく思って、光栄に思って
disappointed [dìsəpɔ́ɪntɪd]	形 ① (人が)失望して、落胆して ② (期待や希望が)くじかれた、当てが外れた ★ dis (〜ない) + a(p) (〜の方へ) + point (指す) + ed → 指されない → 指名されない → がっかりして ➤ **disappointed** audience （がっかりした聴衆） ☑ You won't be **disappointed** with their services. （彼らのサービスに失望することはないでしょう） ➤ his **disappointed** hopes （彼のくじかれた希望）
disappointing [dìsəpɔ́ɪntɪŋ]	形 失望させるような、期待外れの ➤ **disappointing** results （不本意な結果）
miss [mɪs]	動 自 他 ① (〜を)逃す 他 ② 〜し損なう ③ 〜が(い)なくて寂しく思う 名 C 失敗 ➤ **miss** working with her （彼女と一緒に働けなくて寂しく思う）
savor [séɪvər]	動 他 (経験や味など)を楽しむ ➤ **savor** quiet moments （静かなひと時を楽しむ）

savory
[séɪvəri]

形 いい味[香り]を楽しめる

☑ We serve **savory** fares to our guests.
（私たちはお客様においしい料理を提供しています）

relish
[rélɪʃ]

動他 (経験や味など)を楽しむ 名U 楽しむこと

➣ **relish** the dining experience （食事の経験を楽しむ）

stunned
[stʌnd]

形 (声が出ないほど)驚いて、衝撃を受けて

stunning
[stʌ́nɪŋ]

形 驚くほどの、驚くほど素晴らしい

➣ **stunning** location （見事な立地）

amazed
[əméɪzd]

形 非常に驚いて

★ a (〜の方へ) + maze (迷う) + ed →戸惑う方へ→驚いて

amazing
[əméɪzɪŋ]

形 驚くほどの、驚くほど素晴らしい

astonished
[əstá(:)nɪʃt]

形 非常に驚いて

★ as (外の) + ton (音、雷) + ish + ed →外の雷の音を聞いた

☑ I was **astonished** to hear the news.
（私はその知らせを聞いて非常に驚きました）

astonishing
[əstá(:)nɪʃɪŋ]

形 驚くほどの

五感・感覚

visible
[vízəbl]

形 目に見える

★ vis (見る) + ible (できる) →見ることができる

☑ The sign must be **visible** from a distance.
（表示は遠くから見えるようにしておく必要があります）

visibility
[vìzəbíləʈi]

名U ① 視界、可視性 ② 認知度

texture
[tékstʃər]

名C U ① 手触り ② 食感

★ text (織る、編む) + ure →生地を織ること→生地の手触り

➣ different colors and **textures** （異なる色と肌触り）

sense [sens]	名単 ① 認識力 C ② 感じ、印象 U ③ 分別、道理 動他 ～を感じる
	▷ make **sense** （意味をなす、理にかなう）

sensitive [sénsətɪv]	形 敏感な

興味・関心

intrigue [ɪntríːg]	動他 ～の興味をかき立てる
intrigued [ɪntríːgd]	形 興味をかき立てられて
	✍ I was **intrigued** to know what you have in mind. （あなたの考えを知り、興味をかき立てられました）
intriguing [ɪntríːgɪŋ]	形 興味をかき立てるような、面白い
	▷ propose an **intriguing** plan （面白い計画を提案する）
disregard [dìsrɪgáːrd]	動他 ～を無視する
	★ dis（～ない）＋ re（完全に、後ろを）＋ gard（見る）→完全に見ない

尊敬・敬意

respect [rɪspékt]	動他 ～を尊敬する 名 U ① 尊敬、敬意 ② (特定の)点
	★ re（後ろに）＋ spect（見る）→後ろを見る→振り返って崇める
well respected	① 非常に尊敬されて ② とても評判の良い
respectful [rɪspéktfəl]	形 敬意を表した
	💬 respective（それぞれの）と混同しないように注意
admire [ədmáɪər]	動他 ① ～に敬服する、感心する ② ～に見とれる
	★ ad（～の方へ）＋ mire（驚く）→～を見て驚く
tribute [tríbjuːt]	名 C U 賛辞
	★ tribe（3つの部族）が納めた年貢→貢物→賛辞
	▷ pay **tribute** to someone （人に敬意を表する）

復習テスト 2

[1] それぞれ 2 つの語句が同義語なら S(Synonym)、反意語なら A(Antonym)で答えなさい。

1. attentive	alert	(	)
2. prefer	dislike	(	)
3. astonished	amazed	(	)
4. insecure	unsafe	(	)
5. relish	savor	(	)

[2] それぞれの語句の説明が正しければ T(True)、間違っていれば F(False)で答えなさい。

6. precaution	something you do to prevent bad things from happening	(	)
7. publicity	the attention that someone or something gets	(	)
8. grateful	extremely good	(	)
9. respective	showing respect	(	)
10. intriguing	very interesting	(	)

[3] 以下の文の空所に当てはまる語句を語群の中から選んで答えなさい。

11. I wish to express my (　　　　) to you for your continued support.

12. To stay fit, you'd better get some exercise, (　　　　) outdoors.

13. Many of them have responded (　　　　) in online surveys.

14. (　　　　) for work locations will be taken into consideration.

15. I recommend her for the job with great (　　　　).

a. preferences	b. enthusiasm	c. gratitude
d. preferably	e. favorably	

[4] 指定された文字で始まる語句を書き入れて、それぞれの文を完成させなさい。

16. I (c   ) him against the use of the broken equipment.

    私はその壊れた機器を使わないよう彼に警告しました。

17. The management is (h   ) about cutting budgets.

    経営陣は予算の削減にためらいを感じています。

18. Ms. Luo (a   ) the support from individual sponsors.

    ルオさんは個人のスポンサーからの支援に感謝しました。

19. The program is designed to (s   ) the needs of advanced learners.

    このプログラムは、上級学習者のニーズを満たすように設計されています。

20. We are seeking (e   ) individuals to join our team.

    私たちのチームに入ってくれる熱意ある人を探しています。

[5] 括弧内の語句を並べ替えて、それぞれの文を完成させなさい。

21. (of / contribution / in / your / recognition), you will be given a special bonus.

    (   )

22. Please (shops / open / that / from / are / note) 10 A.M.

    (   )

23. I (ones / to / activities / indoor / outdoor / prefer) as I like feeling sunshine on my skin.

    (   )

24. Nevertheless, (is / with / the / the / outcome / content / mayor).

    (   )

25. The (visible / distance / be / a / sign / from / must).

    (   )

[解答]

1. S 2. A 3. S 4. S 5. S 6. T 7. T 8. F (→excellent) 9. F (→respectful) 10. T
11. c 12. d 13. e 14. a 15. b 16. cautioned 17. hesitant 18. acknowledged
19. satisfy 20. enthusiastic 21. In recognition of your contribution
22. note that shops are open from 23. prefer outdoor activities to indoor ones
24. the mayor is content with the outcome 25. sign must be visible from a distance

Section 3 | 能力・可能性　　🔊 025〜029

このセクションでは、「能力・可能性」に関する語句を5つのカテゴリに分けて紹介します。TOEICでは、特にPart 7（長文読解問題）の求人広告やビジネスメールの中で「能力・可能性」に関する語句が頻出します。

能力・才能

expertise
[èkspə(ː)rtíːz]
❶ アクセント

名U 専門知識、専門スキル
☑ Mr. Mitra is a skilled worker with a range of expertise.
（ミトラ氏は幅広い専門知識〔スキル〕を持つ熟練工です）

capability
[kèɪpəbíləti]

名C ① 能力、性能 ② 可能性
★ cap（つかむ、頭）+able（できる）+ity →つかむことができること
➢ manufacturing capability （生産能力）
☑ All meeting rooms are equipped with audio capabilities.
（全ての会議室にはオーディオ機能が備わっています）

aptitude
[ǽptɪtjùːd]

名CU 能力、適性
➢ aptitude tests （適性試験）
☑ He had a remarkable aptitude for accounting.
（彼は会計に関して驚くべき才能〔適性〕を持っていました）

capacity
[kəpǽsəti]

名単 ① 容量 ② 役割 CU ③ 能力
★ cap（頭、つかむ）+city →つかむ能力、役割、器の大きさ
➢ operate at (full) capacity （フル稼働する）
☑ As a sales representative, Mr. McNeilly has an enormous capacity for hard work. （営業担当者として、マクニーリー氏は激務に耐える能力を持っています）

talent
[tǽlənt]

名CU ① 才能 U ② (才能ある)人物

gift
[ɡɪft]

名C ① 贈り物 ② (天賦の)才能

facility
[fəsíləti]

名C ① 施設、設備 単 ② 才能
★ facili（容易）+ty →活動を容易にする場所や能力

> show **facility** in computer programming
（コンピューター・プログラミングの才能を発揮する）

discretion [dɪskréʃən]	名 U 裁量、決定権

> at the **discretion** of a manager （管理者の裁量で）

insight [ínsàɪt]	名 C U 洞察（力）、見識

★ in（中に）+ sight（見る）→中を見ること

☑ We always try to gain **insight** into consumer trends.
（当社は常に消費者動向についての見識を得ようとしています）

proficiency [prəfíʃənsi]	名 U （能力や技能の）熟達、熟練

★ pro（前に）+ fic(i)（作る）+ ency →目の前にすぐ作り出せること

☑ Successful candidates must have a high level of
proficiency in English.
（採用される者は英語が非常に堪能である必要があります）

proficient [prəfíʃənt]	形 熟達した、熟練の

versed [vɚːrst]	形 精通した

★ vers（回る）+ ed →繰り返しページをめくった→精通した

☑ She is well **versed** in ergonomics.
（彼女は人間工学に非常に精通しています）

literacy [lítərəsi]	名 U ① 読み書きの能力 ② （特定の分野の）知識

> computer **literacy** （コンピューターの知識）

機能・役割

function [fʌ́ŋkʃən]	名 C U ① 機能 C ② 行事 動 自 機能する

★ func（行う）+ tion →遂行されるもの→機能、役割

> key **functions** of the new software
（新しいソフトウェアの主な機能）

☑ Rest assured that the equipment is now **functioning**
properly. （現在、機器は正常に機能していますのでご安心ください）

functional [fʌ́ŋkʃənəl]	形 ① 機能的な ② きちんと動作する

sophisticated

[səfístɪkèɪṭɪd]

形 ① 人生経験が豊かで判断力のある、洗練された ② 高機能の

★ sophist（詭弁家）+ ic + ate + ed →巧みな弁論術を身に付けた→教養と経験を身に付けた→洗練された→高機能の

☑ We need to replace our printers with more **sophisticated** ones.　（印刷機をより高機能のものに交換する必要があります）

capacity

[kəpǽsəṭi]

名単 ① 容量 ② 役割 C U ③ 能力

☑ I interviewed a dozen candidates for a full-time position in my **capacity** as a recruiter.　（採用担当者という立場で、私は数多くの正社員の候補者と面接をしました）

資格・権利

entitled

[ɪntáɪṭld]

形 権利を与えられた、有資格の

★ en（中に）+ title（権利）+ ed →権利の中に入った

💬「be entitled to V」（〜する権利がある）または「be entitled to N」（〜に対して資格を有する）のかたちで頻出する。

☑ Full-time employees are **entitled** to receive a bonus.
（正社員は賞与を受け取る権利があります）

eligible

[élɪdʒəbl]

❗ アクセント

形 資格のある

★ e（外に）+ lig(i)（選ぶ、集める、法）+ ble →外に選び出す

💬「be eligible for N」（〜の資格がある）、「be eligible to V」（〜する資格がある）、または「eligible N」（資格のある〜）のかたちで頻出する。

☑ You will be **eligible** for a discounted rate.
（お客様は割引料金でお買い求めいただけます）

eligibility

[èlɪdʒəbíləṭi]

名 U 適任性

qualified

[kwá(:)lɪfàɪd]

形 資格要件を満たした、適任の

💬「be qualified for N」（〜の資格がある、〜に適任である）、「be qualified to V」（〜する資格がある）、または「qualified N」（適任の〜）のかたちで頻出する。

> **qualified** applicants （資格要件を満たす応募者）

✍ The candidate I interviewed last is best **qualified** for the position. （私が最後に面談した候補者が最もその職に適任です）

| **qualification**
[kwà(ː)lɪfɪkéɪʃən] | 名C 資格、資質（通例 qualifications） |

| **certified**
[sə́ːrtɪfàɪd] | 形 有資格の、認定を受けた |

★ cert（ふるいにかける、分ける）＋ify ＋ed→ふるいにかけられた→（試験を経て）認定された、免許状を与えられた

> **certified** staff
（資格を持ったスタッフ）

✍ This work will be conducted by our **certified** plumber.
（この作業は当社の認定配管工によって行われます）

| **privileged**
[prívəlɪdʒd] | 形 ① 特権のある ② 光栄な |

★ privi(private)＋leg(e)（選ぶ、集める、法）＋ed→個人に法が適用された→特権を与えられた→光栄な

| **privilege**
[prívəlɪdʒ] | 名CU ① 特権、役得 単② 幸運な機会、栄誉 |

★ privi(private)＋leg(e)（選ぶ、集める、法）→個人に適用される法→特権→栄誉

| **trademark**
[tréɪdmàːrk] | 名C ① 商標 ② 特徴 |

★ trade（商売）＋mark（印）→商売の印

> study **trademark** law （商標法を学ぶ）

✍ Our company name and logo are registered **trademarks**.
（当社の社名およびロゴは登録商標です）

| **patent**
[pǽtənt] | 名CU 特許(権) 形 特許の |

| **patented**
[pǽtəntɪd] | 形 特許取得済みの |

> **patented** product （特許製品）

証書・証明書

badge
[bǽdʒ]

名 C ① 記章、バッジ ② (社員証などの)IDカード

diploma
[dɪplóʊmə]

名 C ① 卒業証書 ② 修了証

★ di (2つ) + plo (重ねる、折る) + ma → 2つに折るもの

≫ school **diploma** (学校の卒業証書)

degree
[dɪgríː]

名 C ① 学位 C U ② 程度

≫ bachelor's **degree** (学士号)

≫ master's **degree** (修士号)

≫ doctor's[doctorate] **degree** (博士号)

receipt
[rɪsíːt]
🔴 発音

名 U ① 受領 C ② 領収書、レシート

★ re (元に) + ceipt (つかむ) → 手元に受け取るもの

≫ submit **receipts** for purchases (購入品の領収書を提出する)

certificate
[sərtífɪkət]

名 C 証明書

★ cert (ふるいにかける、分ける) + ify + cate → ふるいにかけられたことを示すもの

☑ The winners will receive **certificates** from the event organizer. (受賞者にはイベント主催者から賞状が贈られます)

≫ gift **certificate** (商品券)

certification
[sə̀ːrtɪfɪkéɪʃən]

名 C U 認定(証)

credentials
[krədénʃəlz]

名 複 ① 資格、経歴 ② 証明書

★ cred (信頼、信用) + ence (こと) + tial → 信用できるもの

≫ excellent **credentials** (優れた資格)

≫ academic **credentials** (学歴)

可能・可能性

allow for

① ～を考慮する ② ～を可能にする

☑ The new system will **allow for** more efficient production. (新しいシステムによって更に効率的な生産が可能になります)

feasible	形 実行可能な
[fíːzəbl]	≻ feasible plan （実行可能な計画）

viable	形 実行可能な
[váɪəbl]	≻ viable options （実行可能な選択肢）

available
[əvéɪləbl]

形 ① 利用可能な ② 入手可能な ③ (予定などが)空いている

(P317)

★ a (〜の方に) + vail (力、価値) + able →〜の方に力を発揮できる状態で

☑ You still have spaces **available** for rent, don't you?
（まだ利用可能なレンタルスペースがありますよね?)

☑ Details about the competition are **available** on our Web site. （コンテストの詳細は当社のウェブサイトでご覧いただけます)

accessible
[əksésəbl]

形 ① アクセス可能な ② 利用可能な ③ 入手可能な ④ 会いやすい、話しやすい ⑤ 理解しやすい

(P324)

★ a(c) (〜の方へ) + cess (行く) + ible →〜の方へ行きやすい

☑ The video editing software is readily **accessible** from our Web site.
（ビデオ編集ソフトは当社のウェブサイトから簡単に入手いただけます)

possible	形 ① 可能な ② 可能性のある
[pá(ː)səbl]	

probable	形 起こりそうな、あり得そうな
[prá(ː)bəbl]	

potential
[pəténʃəl]

形 ① 潜在的な ② 見込みのある

★ potent (力のある) + ial →力のある→〜になる可能性のある

≻ **potential** clients （潜在顧客）

promising
[prá(ː)məsɪŋ]

形 将来有望な

★ promise (約束) + ing →約束できるほど見込みのある

≻ **promising** candidate （有望な候補者）

up-and-coming

形 将来有望な、新進気鋭の

≻ **up-and-coming** author （将来有望な著者）

3
能力・可能性

復習テスト 3

[1] それぞれ2つの語句が同義語ならS(Synonym)、反意語ならA(Antonym)で答えなさい。

1. aptitude	ability	(	)
2. sophisticated	poor	(	)
3. functional	operational	(	)
4. eligible	unsuitable	(	)
5. certificate	diploma	(	)

[2] それぞれの語句の説明が正しければT(True)、間違っていれば F(False)で答えなさい。

6. **proficiency**   a job that needs a high level of education and training

                            (   )

7. **trademark**   something that is noticeable such as a tall building

                            (   )

8. **patented**   given the legally protected right to make or sell a product

                            (   )

9. **badge**   a small card to show who you are and what organization you belong to   (   )

10. **credentials**   evidence of someone's ability to do something   (   )

[3] 以下の文の空所に当てはまる語句を語群の中から選んで答えなさい。

11. I interviewed a dozen candidates for a full-time position in my (   ) as a recruiter.

12. He had a remarkable (   ) for accounting.

13. The candidate I interviewed last is best (   ) for the position.

14. We always try to gain (   ) into consumer trends.

15. This work will be conducted by our (   ) plumber.

a. aptitude	b. capacity	c. insight
d. certified	e. qualified	

[4] 指定された文字で始まる語句を書き入れて、それぞれの文を完成させなさい。

16. Rest assured that the equipment is now (f   ) properly.
現在、機器は正常に機能していますのでご安心ください。

17. Full-time employees are (e   ) to receive a bonus.
正社員は賞与を受け取る権利があります。

18. The winners will receive (c   ) from the event organizer.
受賞者にはイベント主催者から賞状が贈られます。

19. You will be (e   ) for a discounted rate.
お客様は割引料金でお買い求めいただけます。

20. She is well (v   ) in ergonomics.
彼女は人間工学に非常に精通しています。

[5] 括弧内の語句を並べ替えて、それぞれの文を完成させなさい。

21. Mr. Mitra is a (range / skilled / with / a / expertise / worker / of).
(   )

22. Successful candidates (of / have / a / in / proficiency / high / must / English / level).
(   )

23. Our company name (are / registered / logo / and / trademarks).
(   )

24. All meeting (equipped / audio / rooms / are / capabilities / with).
(   )

25. We need (our / more / printers / ones / to / sophisticated / replace / with).
(   )

[解答]
1. S 2. A 3. S 4. A 5. S 6. F (→ profession) 7. F (→ landmark) 8. T 9. T 10. T
11. b 12. a 13. e 14. c 15. d 16. functioning 17. entitled
18. certificates 19. eligible 20. versed 21. skilled worker with a range of expertise
22. must have a high level of proficiency in English 23. and logo are registered trademarks
24. rooms are equipped with audio capabilities 25. to replace our printers with more
sophisticated ones

このセクションでは、「意思疎通」に関する語句を12のカテゴリに分けて紹介します。社内ミーティングや顧客へのプレゼンテーション、メールや電話での連絡、依頼、指示、問題点の共有など、ビジネスを行う上で人と人との意思疎通は極めて大事です。TOEICでも、Part 3（会話問題）やPart 4（説明文問題）、Part 7（長文読解問題）を中心に「意思疎通」に関する語句が頻出します。

発話・発言

address
[ədrés]

图C ① 住所 ② 演説　動他 ① 〜に演説する ② 〜に対処する
③ 〜に向ける

★ ad（〜の方へ）+ dress（まっすぐに）→聴衆にまっすぐ向ける

☑ Could you give an **address** on the opening day of the conference? （会議の初日に演説をしていただけますか）

➢ **address** a meeting （会議で演説する）

mention
[ménʃən]

動他 〜について述べる、言及する　图C U 言及

remark
[rɪmɑ́ːrk]

動他 〜を述べる　图C 意見

★ re（完全）+ mark（印）→はっきり印すこと

line
[laɪn]

图C ① 線 ② 列 ③ 路線 ④ （商品の）ラインナップ、シリーズ
⑤ 台詞　動他 〜を一列に並べる

➢ tag **line** （（テレビやラジオ広告の）最後の決め台詞、（商品を連想させる）キャッチフレーズ）

storytelling
[stɔ́ːritèlɪŋ]

图U 読み聞かせ

➢ **storytelling** session （本の読み聞かせの時間）

連絡・通知

remind
[rɪmáɪnd]

動他 （人）に思い出させる、知らせる

🗩 相手が既に知っている内容について、忘れないように再度知らせるニュアンス。

★ re（再び）+ mind（心）→再び心に訴える

🗩 「remind〈人〉of〈事〉」、「remind〈人〉about〈事〉」、「remind〈人〉that S V」、「remind〈人〉to V」のいずれかの

かたちで使うことが多い。

☑ This is to **remind** employees about a planned power outage. （これは従業員に対する計画停電のお知らせです）

☑ I'm writing to **remind** you that our winter sale ends on February 10.
（冬のセールが2月10日に終了することをお知らせします）

☑ Please **remind** shoppers to sign up for our membership program.
（当店の会員プログラムに登録するよう買い物客に知らせてください）

4
意思疎通

---

reminder
[rɪmáɪndər]

名C（注意喚起や催促の）お知らせ

---

notify
[nóʊṭəfàɪ]

動他（人）に知らせる

🍃 既に起こった出来事またはこれから起こる出来事について、正式に知らせるニュアンス。

★ (k)no（知る）＋tify→知らせる

🍃「notify〈人〉of〈事〉」、「notify〈人〉about〈事〉」、「notify〈人〉that S V」のいずれかのかたちで使うことが多い。

☑ I asked Meiying to **notify** you of the due date.
（あなたに期日を知らせるようメイインに依頼しました）

☑ Thank you for **notifying** us about the upcoming convention.
（来たる会議についてお知らせいただきありがとうございます）

☑ This is to **notify** you that your membership will expire next month.
（お客様の会員資格が来月切れることをお知らせいたします）

---

inform
[ɪnfɔ́:rm]

動他（人）に知らせる

🍃 情報を正式に知らせるニュアンス。

★ in（中に）＋form（形、型）→頭の中に形づくらせる→人に知らせる

🍃「inform〈人〉of〈事〉」、「inform〈人〉about〈事〉」、「inform〈人〉that S V」のいずれかのかたちで使うことが多い。

❯ **inform** him of a policy （彼に方針を伝える）

☑ I'm pleased to **inform** you about a new training course.
(新しい研修コースについてお知らせいたします)

☑ The technician **informed** Ms. Stanton that her laptop needs repairing.
(技術者はスタントンさんにノートパソコンの修理が必要だと伝えました)

informed
[ɪnfɔ́ːrmd]

形 ① (情報を)知らされて ② 情報通の

➢ keep someone **informed** （人に最新情報を知らせる）

➢ make an **informed** decision （情報に基づいて決断を下す）

☑ She's well **informed** about the aviation industry.
(彼女は航空業界についてよく知っています)

informative
[ɪnfɔ́ːrmətɪv]

形 (情報などが)役に立つ

➢ **informative** seminar （有益なセミナー）

confirm
[kənfɔ́ːrm]

動他 ① ～を確認する ② ～を確定する ③ (確定したこと)を知らせる

★ con (完全) + firm (しっかりした) → 完全にしっかりとさせる

➢ **confirm** receipt of the letter （手紙を受け取ったことを知らせる）

☑ I am pleased to **confirm** that your marketing plan has been approved.
(あなたのマーケティング計画が承認されたことを喜んでお知らせいたします)

post
[poust]

動他 ① ～を投稿する ② ～を掲示する ③ ～に最新情報を知らせる 名C ① 役職 ② 柱 ③ (インターネットへの)投稿 U ④ 郵便

☑ I'll keep you **posted** on the progress.
(また進捗状況をお伝えするようにします)

warn
[wɔːrn]

動他 ① ～に警告する ② ～に知らせる

☑ I **warned** him against using the broken equipment.
(私は彼にその壊れた機器を使用しないよう忠告しました)

warning
[wɔ́ːrnɪŋ]

名C U 警告、通知

➢ with little **warning** （ほとんど警告なしに）

alert
[əlɚ́ːrt]

形 注意して、警戒して 動他 ～に警告する 名C 警告

alarm
[əlɑ́ːrm]

動他 ① ～を怖がらせる ② ～に警告する 名C ① 警報装置
② 目覚まし時計

★a（～の方へ）+arm（武器、腕）→武器を取れの警報

acknowledge
[əknɑ́(ː)lɪdʒ]

動他 ① ～を認める、受け入れる ② ～を認識する ③ ～を感謝
する ④ ～を知らせる　　　　　　　　　　　　　　　　(P322)

★ac（～の方へ）+knowledge（知識）→知識の方へ→認知の方
へ

≻ **acknowledge** completion of the office renovation
（オフィスの改装が完了したことを知らせる）

☑ This is to **acknowledge** receipt of your letter dated
February 17.
（これは2月17日付の手紙を受領したことを知らせるものです）

directory
[dəréktəri]

名C ① 名簿 ② 案内板 ③ (コンピューター上の)フォルダー
≻ floor **directory**　（(デパートの)売り場案内）

voicemail
[vɔ́ɪsmèɪl]

名U ボイスメール
🐟 文字の代わりに音声でやり取りする電子メールのこと。
★voice（声）+mail（郵便）→声の郵便

notice
[nóʊṭəs]

名U ① 通知 C ② 通知文、通知文書
★(k)no（知る）+tice→知らせるもの→通知
≻ on short **notice**　（急な通知で）
≻ give ～ two weeks' **notice**　（～に2週間前に通知する）
≻ until further **notice**　（追って通知があるまで）
☑ **Notices** informing residents of this rule will be posted
next week.
（住民にこのルールを知らせる通知文は来週掲載されます）

note
[noʊt]

名C ① メモ ② 注釈 動他 ① ～に気付く、注意する ② ～に言
及する
★(k)no（知る）+te→知らせる→言及して注意を促す

extend

[ɪksténd]

動自他 ① (〜を)延長する 他 ② 〜を与える、伝える

★ ex (外へ) + tend (伸ばす、延ばす)
　→外へ伸ばす

ex
tend

≻ **extend** an invitation　（招待する）

☑ We **extend** discounts for organizations ordering more than 100 units.
（100個以上ご注文いただける組織には割引を提供いたします）

☑ We want to **extend** my sincere appreciation to our sponsors.
（スポンサーの皆様に心より感謝申し上げます）

---

get in touch with

〜と連絡をとる

☑ I'll **get in touch with** them first thing in the morning.
（朝一番に、彼らに連絡してみます）

---

check in

① (ホテルのフロントで)宿泊手続きをする、(空港のカウンターで)搭乗手続きをする、(建物の窓口で)入館手続きをする ② (荷物)を預ける ③ (with 〜) (〜に)連絡する　(P329)

☑ Let me **check in** again around 4:00 P.M.
（午後4時頃にまた連絡させてください）

☑ I wanted to **check in** with you about the updates.
（最新情報についてあなたに連絡したいと思っておりました）

---

pass on

(情報など)を伝える

≻ **pass on** a message　（メッセージを伝える）

---

correspond

[kɔ̀(:)rəspá(:)nd]

動自 ① (correspond to のかたちで)〜と一致する、〜に対応する ② (correspond with のかたちで)〜と文通する

★ co (共に) + re (元に) + spond (誓う、応じる) →共に応じる

≻ **correspond** with a friend　（友達と文通する）

---

correspondence

[kɔ̀(:)rəspá(:)ndəns]

名U ① 通信文、手紙 ② 文通

☑ All **correspondence** will be addressed to our new location.
（全ての書簡は新住所宛てに送られます）

公開・公表

publicize

[pʌ́blɪsàɪz]

動他 ～を公表する

★ publ(人々)＋ic＋ize →人々の目に触れるようにする

> **publicize** an event （イベントを告知する）

---

release

[rɪlíːs]

名 C U ① 発表、公表 C ② 発売 動他 ① ～を公表する ② (曲、ゲームなど)を発売する

★ re(元に)＋lease(緩める) →占有状態を緩めて元の状態に戻す

> press **release** （報道発表）

> FOR IMMEDIATE **RELEASE** （即日発表）

☑ Alanaga Institute has just **released** its analysis of the global market.

（アラナガ研究所は、先ほど世界市場の分析を発表しました）

---

publish

[pʌ́blɪʃ]

動他 ① ～を出版する ② ～を公表する(通例 be published)

★ publ(人々)＋ish →人々の目に触れるようにする

---

published

[pʌ́blɪʃt]

形 ① (本などが)出版された ② (情報などが)公表された ③ (人が)出版歴のある

> **published** data （公表されたデータ）

---

publication

[pʌ̀blɪkéɪʃən]

名 U ① 出版 ② 公表 C ③ 出版物

☑ All company policies will be extensively reviewed by the board before **publication**. （全ての会社方針は、公表前に取締役会によって広範囲に検討されます）

---

unveil

[ʌ̀nvéɪl]

動他 ① ～のベール〔覆い〕を取る ② ～を公開する

★ un(～ない)＋veil(ベール) →ベールで覆わない

> **unveil** a new logo

（新しいロゴを公表する）

☑ The blueprint of the structure will be **unveiled** this afternoon.

（今日の午後、その構造物の設計図が公開される予定です）

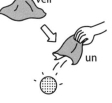

reveal

[rɪvíːl]

動他 ～を明らかにする、公開する

★ re(反対に)+ veil(ベール)→ ベールで覆わない

≻ reveal the cause （原因を明らかにする）

disclose

[dɪsklóuz]

動他 ～を公開する、公表する

★ dis(～ない)+ close(閉じる)→ 閉じない→ 公開する

disclosure

[dɪsklóuʒər]

名 C U 公開、公表

uncover

[ʌnkávər]

動他 ～を公開する、公表する

★ un(～ない)+ cover(覆う)→ 覆わない

conceal

[kənsíːl]

動他 ～を隠す

★ con(完全に)+ ceal(覆う、隠す)→ 完全に覆う→ 隠す

反応・応答

reply

[rɪplái]

動自他 (～と)返答する

★ re(再び)+ ply(満たす、重ねる)→ (言葉を)重ね返す

≻ reply in the negative （否定の返事をする）

respond

[rɪspá(:)nd]

動自 ① 反応する 自他 ② (～と)返答する

★ re(元に)+ spond(誓う、応じる)→ 応じ返す

🐦 他動詞として使うのは「respond that S V」(～だと返答する)の場合のみ。それ以外は自動詞として「respond to N」(～に反応〔返答〕する)のかたちで使う。

≻ respond to an inquiry （問い合わせに応じる）

response

[rɪspá(:)ns]

名 C U ① 反応 C ② 応答

meet with

① (人)に会う ② (反応など)にあう、～を受ける

≻ meet with enthusiastic response （熱狂的な反応にあう）

☑ The planning committee has **met with** little appreciation from the public.
（計画委員会は一般の人々からほとんど感謝されていません）

相談・助言

consult
[kənsʌ́lt]

動 自 他 ① (〜に)相談する 他 ② 〜を調べる

★ con (共に) + sult (集める) →意見を伺うために上院議員を呼び集める→相談する

\> consult (with) a doctor　(医者にかかる)

4

意思疎通

consultation
[kà(:)nsəltéɪʃən]

名 C U 相談、協議

advise
[ədváɪz]

動 自 他 (〜を)助言する

advice
[ədváɪs]

名 U 助言

★ ad (〜の方に) + vise (見る) →相手の方を見る→相手の方を見てかける言葉

\> specialist advice　(専門家による助言)

指示・命令

order
[ɔ́:rdər]

動 自 他 ① (〜を)注文する 他 ② (人)に命令する 名 C ① (in order to V のかたちで)〜するために ② 注文 ③ 注文品 ④ 命令 C U ⑤ 順番 U ⑥ 正常な状態　(P318)

★ ord (順番) + er →順番に並ぶもの→注文、命令

💬 客が順番に依頼するものが注文、上司が順番に依頼するものが命令。

direction
[dərékʃən]

名 C ① 方向、道順 ② 指示(書) (通例 directions)

direct
[dərékt]

動 他 ① 〜を(…に)向ける ② 〜を道案内する ③ 〜に(…を)指示する 自 他 ④ (〜を)監督する 形 直接の

★ di (離れて) + rect (まっすぐ、導く) →離れた方向に導く

依頼・要求

require
[rɪkwáɪər]

動 他 ① 〜を必要とする ② 〜を要求する

★ re (再び) + quire (求める) →再び求める

request
[rɪkwést]

名 C ① 要求、要望 ② 要望書 動 他 〜を要求する

★ re (再び) + quest (求める) →要求する

enlist

[ɪnlíst]

動他 (協力など)を求める

★ en(中に)＋list(名簿)→名簿の中に入れる→軍隊に入隊させる→協力を求める

＞ enlist *one's* support
（〜の支援を求める）

solicit

[səlísət]

動自他 (お金や助けを)請う

★ sol(i)(全部、完全)＋cit(e)(呼び起こす)→(相手の気持ちを)完全に呼び起こす

＞ solicit donations （寄付を請う）

☑ The e-mail was sent to **solicit** participation in the campaign.
（キャンペーンへの参加を募るためにメールが送られました）

call

[kɔːl]

名C ① 電話 ② 訪問 ③ 要求 ④ 決断 動自他 ① (〜に)電話する 自② 訪問する ③ 要求する 他④ 〜を呼ぶ (P328)

＞ call for technical support （技術サポートを求める）

demand

[dɪmǽnd]

動他 ① 〜を要求する ② 〜を必要とする 名U ① 需要 C ② 要求

demanding

[dɪmǽndɪŋ]

形 ① (能力や努力が)求められる ② 骨の折れる

★ de(完全に)＋mand(＝hand(手の))＋ing→完全に手で指示する→いろいろと求められる

laborious

[ləbɔ́ːriəs]

形 多くの労力を要する、骨の折れる

★ labor(i)(労働)＋ous→労働の→骨が折れる

insist

[ɪnsíst]

動自他 ① (〜を)(強く)主張する ② (〜を)要求する

☑ Management had **insisted** that departmental restructuring be necessary.
（経営陣は部門の再編が必要だと主張していました）

insistent [ɪnsístənt]	形 ① (人が) (主張や要求において) 断固とした ② (要求などが) しつこい

★ in (上に) + sist (立つ) + ent → 上に
立って物申す → 主張して譲らない
→ 断固とした

4
意思疎通

(as) per your request	ご要望通り

☑ **As per your request,** the results of the survey are attached. (ご要望通り、調査結果を添付しました)

説得

persuade [pərswéɪd]	動他 ～を説得する、納得させる

persuasive [pərswéɪsɪv]	形 説得力のある

convince [kənvíns]	動他 ～を説得する、納得させる

★ con (完全に) + vince (征服する、勝利する) → 完全に征服する

convincing [kənvínsɪŋ]	形 説得力のある

pitch [pɪtʃ]	名C 売り込み　動他 ① ～を投げる ② ～を売り込む

➢ sales **pitch** (売り込み文句、セールストーク)

☑ I need some convincing figures to make better sales **pitches**.
(より良い売り込みを行うには、説得力のある数字が必要です)

質問・問い合わせ

inquire [ɪnkwáɪər]	動自他 (～について) 尋ねる

★ in (中に) + quire (求める) → 頭の中に情報を求める

➢ **inquire** about a policy
(方針について尋ねる)

➢ **inquire** into the problem
((調査目的で) その問題について尋ねる)

☑ I am writing to **inquire** whether

☑ 例文　➢ コロケーション　★ 語源　💬 補足説明　**57**

you might be able to work a night shift.
（夜勤が可能かどうかお伺いしたくて書いております）

inquiry
[ínkwəri]

名 C U 質問、問い合わせ

query
[kwíəri]

名 C 質問

questionnaire
[kwèstʃənéər]

名 C アンケート

★ question（質問）＋ aire（関係すること）→質問に関係するもの

交流

interact
[ìnt̬ərǽkt]

動 自 交流する

★ inter（間）＋ act（行う、動く）→間で動く→交流する

interaction
[ìnt̬ərǽkʃən]

名 C U 交流、意思疎通

social
[sóuʃəl]

形 社交的な 名 C （社交的な）集まり、パーティー

＞ social event （社交的な行事）

＞ ice cream social （アイスクリームパーティー）

networking
[nétwə̀ːrkɪŋ]

名 U 人脈作り

☑ Should we go to the **networking** seminar or the
marketing workshop?
（人脈作りのセミナーとマーケティングの研修会のどちらに行くべきですか）

interpersonal
[ìnt̬əːrpə́ːrsənəl]

形 対個人の、人間関係の

☑ Applicants should be enthusiastic and have strong
interpersonal skills.
（応募者は、熱心で対人能力が高い必要があります）

説明・言及

describe
[dɪskráɪb]

動 他 ～を述べる、説明する

★ de（下に）＋ scribe（書く）→下に書きとめる

description
[dɪskrípʃən]

名 C U 記述、説明

＞ match the **description** （記述に合う、説明と合致する）

explanation
[èksplənéɪʃən]

名 C U ① (理由の)説明 C ② (理解を手助けする)説明

★ ex(外に)＋plain(平らな、明らかな)＋tion→(疑問を排して)まっさらな状態にする

☑ See the notes below for an **explanation** of additional charges.

(追加料金の説明については、以下の注釈を参照してください)

set forth

～を説明する

➤ **set forth** a policy　(方針を説明する)

detail
[díːteɪl]

名 U ① (集合的に)詳細 C ② (個々の)詳細 動他 ～を詳しく述べる

☑ The report **details** the progress of this project.

(レポートには当プロジェクトの進捗が詳述されています)

specify
[spésəfàɪ]

動他 ～を詳細に述べる、明記する

elaborate
[動 ɪlǽbərèɪt,
形 ɪlǽbərət]

動自他 (～を)詳しく述べる 形 ① 精巧な ② 念入りな

★ e(外に)＋labor(労働)＋ate→労働を外に出す

cite
[saɪt]

動他 ① (例として)～を引き合いに出す ② ～を引用する

➤ **cite** a comment　(コメントを引き合いに出す)

discuss
[dɪskʌ́s]

動他 ① ～を議論する ② ～について詳しく述べる

☑ What does the memo **discuss**?

(メモにはどのようなことが書かれていますか)

aforementioned
[əfɔ̀ːrménʃənd]

形 前述の

➤ **aforementioned** phone number　(前述の電話番号)

statement
[stéɪtmənt]

名 C ① 声明 ② 明細書

➤ tax **statement**　(納税証明書)

➤ electronic **statements**　(電子明細書)

➤ **statement** of interest　(志望動機書)

prescription

[prɪskrípʃən]

名C ① 処方箋 ② 処方薬 ③ 規定

★ pre (前に) + script (書く) + ion →
(医者が) 前もって書くもの

☑ This **prescription** is good for
two months.
(この処方箋は2カ月有効です)

≻ **prescription** eyeglasses
(度付き眼鏡)

🗨 患者の視力に合わせて作られた〔処方された〕眼鏡。

outline

[áutlàɪn]

動他 ～の概要を述べる 名CU 概要

★ out (外に) + line (線) →外側の線→輪郭→概要

≻ **outline** a policy （方針の概要を述べる）

recount

[rɪkáunt]

動他 ～を詳しく話す

★ re (再び) + count (考える、数える) →何度もよく考えて話す

☑ Tim **recounted** how he launched his business.
(ティムはどのように事業を始めたのか詳しく述べました)

reference

[réfərəns]

名C ① 推薦状、推薦文 CU ② 言及 U ③ 参照 C ④ 参考文献、
出典

★ re (後ろに) + fer (運ぶ) + ence →
後ろに目線や意識を運ぶこと

account

[əkáunt]

名C ① 口座 ② 取引(情報) ③ 顧客 ④ 説明 ⑤ (コンピューター
の)アカウント U ⑥ 考慮 動自 (account for のかたちで) ① (割
合)を占める ② ～の説明となる　　　　　　　　　　　　(P320)

★ a(c) (～を) + count (考える、数える) →お金を数える→勘定
→口座、報告、説明、(取引口座を持つ) 顧客、アカウント

≻ by all **accounts** （皆に聞いた話〔説明〕によると）

☑ How do you **account** for the sales increase this quarter?
(あなたは今期の売上増をどのように説明しますか)

quote
[kwóut]

名C ① 見積もり ② (名言などの)引用 動他 ～を見積もる

> a **quote** from the mayor's speech
（市長のスピーチからの引用）

note
[nout]

名C ① メモ ② 注釈 動他 ① ～に気付く、注意する ② ～に言及する

☑ He **noted** that the event went remarkably well.
（彼はイベントが驚くほどうまくいったと述べました）

4
意思疎通

表現・主張

represent
[rèprɪzént]

動他 ① (組織など)を代表して話す ② ～を表現する ③ (数字などが)～を表す

signify
[sígnɪfàɪ]

動他 ～を示す

★ sign (印) + ify → 印を付けて知らせる → 示す

claim
[kleɪm]

動他 ① ～を主張する ② (権利として)～を要求する

☑ He **claimed** responsibility for missing the delivery deadline.
（彼は納期に間に合わなかった責任が自分にあると主張しました）

voice
[vɔɪs]

動他 ～を表明する 名CU ① 表明 ② 意見 単 ③ 代弁者

> **voice** concern(s) about[over] security
（安全性について懸念を表明する）

insist
[ɪnsíst]

動自 ① (強く)主張する ② 要求する

argue
[á:rgju:]

動自 ① 論争する、口論する 自他 ② (～を)主張する、(～を)述べる

☑ Most of the residents **argued** that the construction noise was disturbing.
（住民のほとんどは、工事の騒音が気になると主張しました）

復習テスト 4

[1] それぞれ2つの語句が同義語ならS(Synonym)、反意語ならA(Antonym)で答えなさい。

1. reveal   conceal   (   )
2. respond   react   (   )
3. informative   useless   (   )
4. persuade   convince   (   )
5. remark   comment   (   )

[2] それぞれの語句の説明が正しければT(True)、間違っていればF(False)で答えなさい。

6. **proficiency**   a job that needs a high level of education and training

                                                                    (   )
7. **unveil**   to hide something carefully   (   )
8. **check in with**   to talk with someone to pass on information   (   )
9. **correspondence**   communication by letters   (   )
10. **enlist**   to give someone courage   (   )

[3] 以下の文の空所に当てはまる語句を語群の中から選んで答えなさい。

11. This is to (   ) receipt of your letter dated February 17.
12. We want to (   ) my sincere appreciation to our sponsors.
13. How do you (   ) for the sales increase this quarter?
14. I am writing to (   ) whether you might be able to work a night shift.
15. Please (   ) shoppers to sign up for our membership program.

a. acknowledge	b. remind	c. account
d. inquire	e. extend	

[4] 指定された文字で始まる語句を書き入れて、それぞれの文を完成させなさい。

16. I'll keep you (p　　　　) on the progress.
また進捗状況をお伝えするようにします。

17. The blueprint of the structure will be (u　　　　) this afternoon.
今日の午後、その構造物の設計図が公開される予定です。

18. The e-mail was sent to (s　　　　) participation in the campaign.
キャンペーンへの参加を募るためにメールが送られました。

19. I need some convincing figures to make better sales (p　　　　).
より良い売り込みを行うには、説得力のある数字が必要です。

20. Applicants should be enthusiastic and have strong (i　　　　)
skills.
応募者は、熱心で対人能力が高い必要があります。

[5] 括弧内の語句を並べ替えて、それぞれの文を完成させなさい。

21. This is (membership / your / that / to / you / will / expire / notify) next
month.
(　　　　　　　　　　　　　　　　　　　　　　　　　　　)

22. I warned (using / equipment / him / the / against / broken).
(　　　　　　　　　　　　　　　　　　　　　　　　　　　)

23. (request / per / as / your), the results of the survey are attached.
(　　　　　　　　　　　　　　　　　　　　　　　　　　　)

24. The planning committee has met (from / little / with / public /
appreciation / the).
(　　　　　　　　　　　　　　　　　　　　　　　　　　　)

25. Management (necessary / departmental / that / had / be / insisted /
restructuring).
(　　　　　　　　　　　　　　　　　　　　　　　　　　　)

[解答]
1. A　2. S　3. A　4. S　5. S　6. F (→profession)　7. F (→conceal)　8. T　9. T
10. F (→encourage)　11. a　12. e　13. c　14. d　15. b　16. posted　17. unveiled
18. solicit　19. pitches　20. interpersonal　21. to notify you that your membership will
expire　22. him against using the broken equipment　23. As per your request　24. with
little appreciation from the public　25. had insisted that departmental restructuring be
necessary

このセクションでは、「ビジネス」に関する語句を23のカテゴリに分けて紹介します。まずはPart 7（長文読解問題）のarticle（記事）などでよく登場する「創立・創設」「経営・運営」「合併・統合」の3つのカテゴリの語句を取り上げます。

創立・創設

found
[faʊnd]

動他 〜を設立する

★ found（底、基盤）→基盤を築く

☑ The company was **founded** five years ago.
（その会社は5年前に設立されました）

foundation
[faʊndéɪʃən]

名C ① 基礎、土台 ② 財団 U ③ 設立、創業

founding
[fáʊndɪŋ]

名U 設立、創業

establish
[ɪstǽblɪʃ]

動他 ①（会社など）を設立する ②（関係）を築く ③（事実など）を立証する、明らかにする ④（日程など）を設定する

★ e（外に）+ stablish（立てる）→外に立てる

➤ **establish** a training program （研修プログラムを創設する）

establishment
[ɪstǽblɪʃmənt]

名U ① 設立、創業 C ② 事業所、店舗

institute
[ínstɪtjùːt]

動他（仕組みや規則など）を設ける 名C 研究所、機関

➤ **institute** a system （制度を設ける）

institution
[ìnstɪtjúːʃən]

名C ① 機関、協会 ② 制度 U ③ 制定

inaugurate
[ɪnɔ́ːɡjərèɪt]

動他 ① 〜の就任式を行う ②（建物）の落成式を行う、（建物）の使用を開始する ③（組織など）を創設する

➤ **inaugurate** a company （会社を創設する）

inauguration
[ɪnɔ̀ːɡjəréɪʃən]

名CU ① 就任 ②（建物や組織などの）創設

経営・運営

own
[oʊn]

動他 ① ～を所有する ② ～を経営する 形 自らの

run
[rʌn]

動自 ① 走る ② 続く ③ (run out ofのかたちで)～を使い果たす ④ (run intoのかたちで)～に直面する ⑤ (run forのかたちで)～に立候補する 自他 ⑥ (～を)運行する ⑦ (～を)稼働する ⑧ (～を)掲載する 他 ⑨ ～を経営する、運営する　(P329)

> run a grocery store （食料雑貨店を経営する）

head
[hed]

動自 ① 向かう 他 ② ～を率いる 名C ① 頭 ② 先頭、先端 ③ 代表、リーダー

manage
[mǽnɪdʒ]

動他 ① ～を経営する、管理する 自 ② (manage to Vのかたちで)何とか～する

★ man (手の)＋age →手で動かす→～を管理する

management
[mǽnɪdʒmənt]

名U ① 経営、管理 ② 経営陣

operate
[á(:)pərèɪt]

動自 ① (機械などが)稼働する ② 営業する 他 ③ (機械など)を操作する ④ (会社など)を運営する

operation
[à(:)pəréɪʃən]

名CU ① 運営 U ② (機械などの)稼働

operational
[à(:)pəréɪʃənəl]

形 ① 操作可能な ② 運営の

(a)round-the-clock

形 24時間営業の

24/7

副 24時間週7日、年中無休で

🗨 24 hours a day, 7 days a week の略。

合併・統合

merge
[mə:rdʒ]

動自他 (～を)合併する、統合する

merger

[mə́ːrdʒər]

名C 合併、統合

★ merge(浸す)+r→同じ水の中に浸すこと

> **merger** proposal （合併案）

> **merger** and acquisition
（合併吸収、M&A）

acquire

[əkwáɪər]

動他 ① ～を獲得する ② ～を買収する

★ ac(～の方に)+quire(求める)→
～を求めて得る方へ

acquisition

[æ̀kwɪzíʃən]

名U ① 獲得 ② 買収

integrate

[íntəgrèɪt]

動自他 (～を)統合する

integration

[ìntəgréɪʃən]

名U 統合

事業・業務・職務

venture

[véntʃər]

名C 投機的事業

★ vent(行く)+ure→進んでいくこと→冒険→冒険的事業

> joint **venture** （共同事業）

undertaking

[ʌ̀ndərtéɪkɪŋ]

名C ① (仕事をする)約束、(仕事を)引き受けること ② (引き受けた)仕事

★ under(下に)+take(取る)+ing→自分の下に取って来たもの

☑ I really appreciate your cooperation during this
undertaking.
(本事業にご協力いただき、誠にありがとうございました)

mission

[míʃən]

名C ① 任務 ② 目的 ③ 使節団

★ mit(送る)+sion→送り出されること→任務

assignment
[əsáinmənt]

图 C U ① (割り当てられる)仕事 U ② (仕事などの)割り当て
★ assign(割り当てる)＋ment→割り当てられたもの
❯ on assignment　(業務で、任務で)

paperwork
[péipərwə̀ːrk]

图 U ① 文書作業 ② 書類
❯ too much paperwork to do　(対応すべき膨大な量の文書作業)

errand
[érənd]

图 C 用事、お使い
❯ run an errand　(使いに走る、用事を済ます)
❯ on an errand　(お使いの最中で)

宣伝・広告

advertisement
[æ̀dvərtáizmənt,
ədvə́ːtismənt]

图 C 宣伝、広告
★ ad(～の方へ)＋vert(向ける)＋ise＋ment→顧客の方へ向ける

advertise
[ǽdvərtàiz]

動 他 ～を宣伝する

promotion
[prəmóuʃən]

图 C U ① 宣伝、販売促進 ② 昇進
★ pro(前に)＋mote(動く)＋ion→前に動かすこと
☑ This flyer includes information about our special promotions.
(このチラシには当社の特別販促に関する情報が含まれています)

promote
[prəmóut]

動 他 ① ～を宣伝する、販売促進する ② ～を昇進させる
★ pro(前に)＋mote(動く)→前に動かす

promotional
[prəmóuʃənəl]

形 ① 宣伝の、販売促進の ② 昇進の
❯ promotional code　(販売促進用のコード)

5
ビジネス

testimonial	名C (商品やサービスを利用した)お客様の声、推薦の言葉
[tèstɪmóuniəl]	★ test (証言する) + mon (示す、警告) 　+ ial → 証言して示すこと

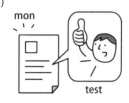

> testimonials from our clients
（当社の顧客からの推薦文）

☑ You must check out our client **testimonials** in the "Shopping" tab.
（「ショッピング」タブにあるお客様の声をぜひご確認ください）

販売・取引

launch	動他 ① (活動など)を開始する ② (製品など)を発売する
[lɔ:ntʃ]	名C ① 開始 ② 発売

☑ This gain was driven by the **launch** of our new line of products.
（この増加は、当社の新製品ラインの発売によって押し上げられました）

release	名CU ① 発表、公表 C ② 発売 動他 ① ～を公表する ② (曲、
[rɪlíːs]	ゲームなど)を発売する

★ re (元に) + lease (緩める) → 占有状態を緩めて元の状態に戻す

> **release** of the new smartphone （新型スマートフォンの発売）

roll out	(新商品など)を市場に投入〔展開〕する

> **roll out** a new product （新製品を発売する）

rollout	名CU (新商品などの)市場への投入〔展開〕
[róulàut]	★ roll (回る、巻く) + out (外に) → 外 　に転回する → ～を展開する

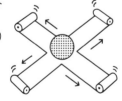

> product **rollout** （製品の市場投入）

outsell	動他 ～より多く売れる
[àʊtsél]	★ out（外に）+ sell（売れる）→想定外に売れる

🗨 sell out（～を売り切る、完売する）と混同しないように注意。outsell に「～を売り切る」という意味はない。

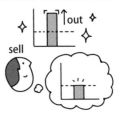

📝 Our chocolates have **outsold** those of our competition.
（当社のチョコレートは、競合他社の製品よりも売れています）

unsold	形 売れ残りの
[Ànsóʊld]	

➤ **unsold** products （売れ残った製品）

retail	名U 小売り 動自 ①（小売りで）販売される 他 ②（小売りで）～を販売する
[ríːteɪl]	★ re（再び）+ tail（切る）→何度も切り売りする→小売り

➤ **retail** store （小売店）

wholesale	名U 卸売り 形 卸売りの
[hóʊlsèɪl]	★ whole（全体）+ sale（売る）→まとめて売る→卸売り

transact	動自他 （～を）取引する
[trænzǽkt]	★ trans（越えて）+ act（行う、動く）→間を越えて取引する

transaction	名C ① 商取引 U ② 処理
[trænzǽkʃən]	

pitch	名C 売り込み 動他 ① ～を投げる ② ～を売り込む
[pɪtʃ]	

➤ sales **pitch** （売り込み文句、セールストーク）

📝 I need some convincing figures to make better sales **pitches**.
（より良い売り込みを行うには、説得力のある数字が必要です）

credit	名U ① 信用取引 ② 功績に対する賞賛、映画のクレジット（功績を認めて製作者一覧に名前を載せること） 動他 ①（銀行口座など）に入金する ② ～のおかげだとする、功績とする
[krédət]	

➤ **credit** approval （与信承認）

> line of **credit** （融資限度）

> merchandise **credit** （商品クレジット）

🐝 商品の返品時に現金の代わりに受け取る、返品した商品と同額の金券〔ポイント〕。

> store **credit** （ストアクレジット）

🐝 商品の返品時に現金の代わりに受け取る、その店でのみ使用可能な金券〔ポイント〕。

☑ Store **credit** is good for 30 days from the issued date.

（ストアクレジット〔金券〕は、発行日から30日間有効です）

見積・注文

quote

[kwóut]

名**C** ① 見積もり ② (名言などの)引用　動**他** ～を見積もる

> get a **quote** （見積もりをとる）

☑ The price **quoted** by the printer is just an approximate cost.

（印刷業者が提示する見積価格は、単なる概算費用です）

estimate

[名éstɪmət,
動éstɪmèɪt]

名**C** 見積もり　動**他** ～を見積もる

> cost **estimate** （費用の見積もり）

budget

[bʌ́dʒət]

名**C** 予算　形 ① 予算の ② 格安の　動**自他** (～の)予算を立てる

> on a **budget** （限られた予算内で）

> **budget** proposal （予算の提案）

☑ We need to **budget** carefully not to spend more than we can afford.

（限度を超えた支出をしないようにするために、私たちは慎重に予算を立てる必要があります）

order

[ɔ́ːrdər]

動**自他** ① (～を)注文する　**他** ② (人)に命令する　名**C** ① (in order to Vのかたちで)～するために ② 注文 ③ 注文品 ④ 命令 **C****U** ⑤ 順番 **U** ⑥ 正常な状態 (P318)

> place an **order** （注文する）

> put in an **order** （注文する）

> bulk **order** （大口発注、大量注文）

> mail **order** （通信販売）

> **order** confirmation （注文確認）

☑ I'll let you know as soon as your **order** has arrived.

（あなたの注文品が届き次第お知らせいたします）

back(-)order
[bæ̀kɔ́ːrdər]

名 C 取り寄せ注文　動 他 ～を取り寄せ注文する

★ back（後ろ）+ order（注文）→後で
仕入れる注文→取り寄せ注文

> **backorder** the merchandise
（商品を取り寄せ注文する）

> on **backorder**　（入荷待ちの状態で）

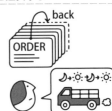

値引き

discount
[dískaʊnt]

名 C 値引き　動 他 ～を値引く

★ dis（～ない）+ count（考える、数える）→最大の利益を考えない

deduction
[dɪdʌ́kʃən]

名 C U 値引き

★ de（下に）+ duct（引く）+ ion →差し引くこと

deduct
[dɪdʌ́kt]

動 他 ～を値引く

同意・約束

agree
[əgríː]

動 自 他 ① (～に)合意する、同意する　自 ② 一致する

★ a（～の方へ）+ gree（喜び）→喜びの方へ→同意する

agreeable
[əgríːəbl]

形 ① 同意できる、賛同的な　② (人が)感じの良い、愛想のある
③ (気候が)穏やかな、心地良い

★ a（～の方へ）+ gree（喜び）+ able →喜びの方へ

📝 Management appeared **agreeable** to the merger plan.
（経営陣は合併計画に賛成しているように思えました）

agreement
[əgríːmənt]

名 C ① 協定、取り決め　U ② 合意、同意

> confidentiality **agreement**　（機密保持契約）

consent
[kənsént]

名 U 同意

★ con（共に）+ sent（感じる）→共に感じる→同意、同意する

engagement

[ɪngéɪdʒmənt]

名C ① 約束 U ② 関与

★ en(中に)+gage(誓約)+ment→誓約の中に入ること

‣ speaking **engagement** （講演の約束〔仕事〕）

commitment

[kəmítmənt]

名C ① 確約 U ② 関与、献身

★ com(完全に)+mit(送る)+ment→
完全に送ること→全てを委ねること

☑ We worked hard to meet our
commitments to clients.
（私たちは、お客様との約束を果たすた
めに懸命に働きました）

commit

[kəmít]

動自他 (～に)確約する

undertaking

[ʌndərtéɪkɪŋ]

名C ① (仕事をする)約束、(仕事を)引き受けること ② (引き受
けた)仕事

★ under(下に)+take(取る)+ing→自分の下に取って来たもの

‣ **undertaking** of a task （仕事の引き受け）

pledge

[pledʒ]

名C 誓約

compromise

[ká(:)mprəmàɪz]

動自他 ① (～を)妥協する、(～に)歩み寄る 他 ② (名誉、信用な
ど)を落とす行いをする ③ ～を危険にさらす ④ (機密情報など)
を漏洩する 名CU 妥協、歩み寄り

★ com(共に)+promise(約束)→共に約束する→双方が折り
合いをつける→妥協する

☑ We don't want to **compromise** on the quality of our
products.
（私たちは製品の品質に関して妥協したくありません）

‣ make a **compromise** （妥協する）

予約

book

[bʊk]

名C 本 動自他 (～を)予約する

‣ (be) **booked** solid （予約でいっぱいで(ある)）

booking

[bʊkɪŋ]

名C 予約

reserve [rɪzɔ́ːrv]	動他 ① ～を取っておく ② ～を予約する ③ (権利など)を有する 名C ① 蓄え(通例 reserves) ② 保護区 ★ re(後ろに)＋serve(保つ、仕える)→後ろに保つ→取っておく ☑ I'd like to **reserve** a table for two this evening. (今晩2名分のテーブルを予約したいのですが)

5
ビジネス

reservation [rèzərvéɪʃən]	名C ① 予約 CU ② 懸念 C ③ 禁猟区 ★ re(後ろに)＋serve(保つ、仕える)＋ation→後ろに取っておく ☑ **Reservations** are not required but are recommended. (予約は必要ありませんが、推奨しております)

契約・条約

contract [ká(:)ntrækt]	名C 契約 ★ con(共に)＋tract(引く)→共に引っ張り合う
deal [diːl]	名C ① 取引、取り決め ② お買い得 ③ 量 ④ 待遇
terms and conditions	契約条件
provision [prəvíʒən]	名U ① 提供 C ② 準備 ③ 蓄え(通例 provisions) ④ 規定、条項 ★ pro(前に)＋vision(見ること)→先を見る→将来に備える ☑ Some **provisions** of the previous contract will be altered. (以前の契約のいくつかの条項が変更される予定です)
enter into	(契約など)を締結する ❯ **enter into** a merger (合併する) ☑ Mercer Building will **enter into** a business agreement with Brookhill Consulting soon after the terms and conditions are renegotiated. (契約条件を再協議後、すぐにマーサー・ビルディングはブルックヒル・コンサルティングとビジネス契約を結ぶ予定です)

入札・落札

bid [bɪd]	名C ① 入札 ② 努力、企て 動自他 ① (～に)値を付ける 自 ② 入札する ❯ make a **bid** (入札する) ❯ make a winning **bid** (落札する)

bidding
[bídɪŋ]

名U 入札

配送・配布

distribute
[dɪstríbjuːt]
❶ アクセント

動他 ～を配布する、配送する

★dis（離れて）＋tribute（貢物、賛辞）→貢物を分け与える

> distribute a pamphlet （パンフレットを配布する）

distribution
[dìstrɪbjúːʃən]

名U 配布、配送

hand out

～を配布する

ship
[ʃɪp]

名C 船　動他 ～を発送する

shipping
[ʃípɪŋ]

名U ① 配送　② 配送料

> return shipping （返送）

☑ Shipping is free of charge. （送料は無料です）

shipment
[ʃípmənt]

名U ① 配送　C ② 配送品

☑ You can get a 10 percent discount on your next shipment.
（お客様は次回の配送で10％の割引を受けることができます）

> deliver a shipment to the wrong person
（違う人に荷物を届ける）

deliver
[dɪlívər]

動自他 ① （～を）配達する　他 ② （演説など）を行う　③ （約束など）を守る、果たす

★de（完全に）＋liver（自由）→（荷物を）完全に自由にする

delivery
[dɪlívəri]

名CU ① 配達、配送　C ② 配送品

> make a delivery （配達する）

> delay in delivery （配送の遅れ）

☑ I'm supposed to get a delivery this afternoon.
（今日の午後、配送品を受け取る予定です）

convey
[kənvéi]

動他 ① ～を運ぶ　② （気持ちなど）を伝える

★con（共に）＋vey（道）→同じ道を行く→～を運ぶ

transport
[動 trænspɔ́:rt, 名 trǽnspɔ:rt]

動他 ～を輸送する　名U 輸送

★ trans（越えて）+ port（港、運ぶ）→場所を越えて運ぶ

transportation
[trænspərtéiʃən]

名U 輸送

≻ public **transportation**　（公共交通機関）

transfer
[trænsfə́:r]

動自他 ① (～を)移動させる、異動させる　自 ② 乗り換える
他 ③ (電話やデータなど)を転送する

★ trans（越えて）+ fer（運ぶ）→場所を越えて運ぶ

courier
[kə́:riər]

名C 宅配業者

≻ by **courier**　（宅配便で）

wire
[wáiər]

動他 ① ～を配線する　② (お金)を電子的に送金する
名CU ① 針金　C ② 電線

carrier
[kǽriər]

名C ① 運送[輸送]業者　② 運ぶための道具

★ car（車）+ er（人、物）→乗り物で運ぶ人（物、会社）

≻ air **carrier**　（航空会社）

問題・欠陥

malfunction
[mælfʌ́ŋkʃən]

名C 欠陥、不具合　動自 正常に機能しない

★ mal（悪）+ function（機能）→悪く機能すること→故障

☑ A wall switch seems to have **malfunctioned**.
（壁のスイッチが故障したようです）

issue
[íʃu:]

名C ① 問題　② 発行　③ (雑誌などの)号　動他 ① ～を発行する　② (声明など)を出す　③ ～を配布する　(P317)

☑ The main **issue** has been annoying construction noise.
（一番の問題は迷惑な建設騒音です）

emergency
[imə́:rdʒənsi]

名CU 緊急事態

★ e（外に）+ merge（浸す）+ ncy →浸されていたものが急に外に出ること→緊急事態

contingency
[kəntíndʒənsi]

名C 不測の事態

≻ **contingency** plan　（緊急時対応策）

rainy day	① 雨の日 ② 万が一の場合
	➤ for a **rainy day** （万が一の場合に備えて）
mishap [míshæp]	名 C U ① 不運な出来事 ② 小さなミス
	★ mis（悪い）＋hap（偶然）→偶然起きる悪いこと→不運な出来事
setback [sétbæk]	名 C （物事の進みを妨げる）問題
snag [snæg]	名 C （思いがけない）問題　動 他 ① ～をひっかけて傷つける ② （入手困難なもの）を取得する
	☑ The project was delayed for a few days by some technical **snags**.
	（プロジェクトは、いくつかの技術的な障害により数日間遅れました）
defect [díːfekt]	名 C 欠陥、不具合
	★ de（離れる）＋fect（作る）→正常に作られたものから離れる→ 作り損ない→欠陥
defective [dɪféktɪv]	形 欠陥のある
glitch [glɪtʃ]	名 C （機器の）故障
act up	（機械などが）正常に動作しない

対応・解決

take care of	① （問題など）に対処する ② （人・動植物など）の世話をする
sort out	① ～を整理する ② ～を分別する ③ ～にうまく対処する、～を 解決する
	☑ Could you **sort out** these problems?
	（これらの問題を解決していただけますか）
deal with	（問題など）に対処する
	➤ **deal with** a complaint （苦情に対処する）

attend to

① (問題など)に対処する ② ～に耳を傾ける ③ (客など)に応対する

---

address
[ədrés]

名C ① 住所 ② 演説 動他 ① ～に演説する ② ～に対処する ③ ～に向ける

★ ad(～の方へ)＋dress(まっすぐに)→問題にまっすぐ向き合う

＞ **address** a complaint　(苦情の対処をする)

5

ビジネス

---

accommodate
[əká(:)mədèit]

動他 ① ～を収容する、受け入れる ② (意見や要望など)に応じる 自 ③ (特定の状況に)慣れる

★ a(c)(～の方へ)＋com(共に、完全に)＋mod(型)＋ate→完全に同じ型にはめる方へ

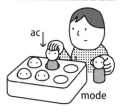

ac
mode

☑ I'll arrange an alternate date to **accommodate** your schedule.
(あなたのスケジュールに応じて代替日を調整します)

---

treat
[tri:t]

名C ① もてなし ② おごり ③ 楽しみ ④ ごちそう 動他 ① ～を扱う、～に対処する ② ～におごる

☑ This information must be **treated** very seriously.
(この情報はとても大事に取り扱わなければなりません)

---

field
[fi:ld]

名C ① 野原 ② 分野 動他 (質問など)にうまく対応する

＞ **field** inquiries　(質問にうまく対応する)

---

settle
[sétl]

動自他 ① (～を)解決する ② (～を)清算する 他 ③ ～を決める 自 ④ 定住する ⑤ 沈殿する

★ set(sit)(座る)＋tle→座らせる→落ち着かせる、決着する

＞ **settle** the problem　(問題を解決する)

---

settle for

～でよしとする

＞ **settle for** an average income　(平均的な収入でよしとする)

---

resolve
[rɪzá(:)lv]

動他 ① (問題など)を解決する ② ～を決心する

★ re(完全に)＋solve(解く)→解決する

---

resolution
[rèzəlúːʃən]

名U ① 解決、解消 C ② 決意 CU ③ 解像度

★ re（完全に）＋ solve（解く）＋ tion →完全にわだかまりが解けて決心した

---

unattended
[ʌnəténdɪd]

形 (物が)放置された、(機械などが)無人の

★ un（〜ない）＋ a(t)（〜の方へ）＋ tend（伸ばす、延ばす）＋ ed →〜の方へ意識を伸ばさない →〜に注意を払わない

➤ **unattended** luggage （放置かばん、持ち主不明の荷物）

➤ **unattended** camera （無人カメラ）

➤ **unattended** reception （無人の受付）

---

solution
[səlúːʃən]

名C ① 解決策 ② 解答 CU ③ 溶液

★ solute（解く）＋ ion →解くこと →解法

➤ creative **solutions** （創造的な解決策）

---

remedy
[rémədi]

名C ① 治療、治療薬 ② (問題などの)解決策

★ re（再び）＋ med（治療）＋ y →再び治す →治療

---

leave
[liːv]

名U 休暇 動自他 ① (〜を)去る、辞める 他 ② 〜をそのままにしておく ③ (メッセージなど)を残す、置く ④ 〜を任せる、委ねる

(P319)

➤ **leave** a message （メッセージを残す）

✍ I'll **leave** it up to you. （あなたにお任せします）

---

tackle
[tǽkl]

動他 (問題など)に取り組む

➤ **tackle** the problem （問題に取り組む）

---

dispose of

① 〜を捨てる ② 〜に対処する

★ dis（離れて）＋ pose（置く）→離して置く

➤ **dispose of** the problem （問題に対処する）

---

establish
[ɪstǽblɪʃ]

動他 ① (会社など)を設立する ② (関係)を築く ③ (事実など)を立証する、明らかにする ④ (日程など)を設定する

★ e（外に）＋ stablish（立てる）→外に立てる

➤ **establish** the cause of the problem （問題の原因を突き止める）

determine
[dɪtɚ́ːrmɪn]

動他 ① ～を決める、判断する ② (事実など)を突き止める
③ ～を決定づける
★ de (完全に) + term (限界) + ine →終わらせて完全に切り離す
☑ Some bolts were **determined** to be too loose.
(一部のボルトがかなり緩んでいることが判明しました)

故意・不注意

deliberately
[dɪlíbərətli]

副 わざと、故意に

intentionally
[ɪnténʃənəli]

副 意図的に

purposely
[pɚ́ːrpəsli]

副 わざと、故意に
★ pur (前に) + pose (置く) + ly →前に置いて→行動の前に目的
を置いて→故意に

on purpose

わざと、故意に

inadvertently
[ìnədvɚ́ːrtəntli]

副 うっかり、不注意で
★ in (～でない) + ad (～の方へ) + vert (向ける) + ent + ly →～
の方へ意識を向けずに→意識的ではなく→故意ではなく

unintentionally
[ʌnɪnténʃənəli]

副 意図せずに、故意ではなく

regardlessly
[rɪɡɑ́ːrdləsli]

副 不注意で
★ re (再び、後ろを) + gard (見る) + less (ない) + ly →よく見ず
に→注意せずに、構わずに、気にせずに、関係なく

accidentally
[æksɪdéntəli]

副 偶然、うっかり
★ ac (～の方に) + cid (落ちる) + ent + al + ly →～の方に落ちて
くるもの

oversight
[óʊvərsàɪt]

名 C U 見落とし、うっかりミス
★ over (超えて) + sight (見る) →見過ごすこと→見落とし、過失

lapse
[læps]

動自 ① 失効する ② 経過する 名 C ① 見落とし、うっかりミス
② 経過
❯ **lapse** of memory (度忘れ)

5

ビジネス

☑ Her name was misspelled in the flyer, but she didn't notice the **lapse**.

（チラシの中で名前の綴りが間違っていましたが、彼女はそのミスに気付きませんでした）

補償・埋め合せ

compensate

[kɑ́(:)mpənsèɪt]

動目 ① 埋め合せをする 他 ② ～に補償する

★ com（共に）＋pense（吊るす）＋ate → 共に吊るす→天秤で同じ重さになるように吊るす→補う、補償する

🗨「compensate for N」または「compensate〈人〉for N」のかたちで使うことが多い。

☑ Her enthusiasm **compensates** for her lack of experience.

（彼女の熱意は彼女の経験不足を補っています）

☑ Participants will be **compensated** for the training session.

（参加者にはトレーニングセッションの対価として報酬が支払われます）

compensation

[kɑ̀(:)mpənséɪʃən]

名U ① 補償（金） ② 報酬

reimburse

[rìːɪmbə́ːrs]

動他 ～に（…を）払い戻す、返金する

★ re（再び）＋im(in)（中に）＋burse（＝purse）（財布）→再び財布の中にお金を戻す

🗨「reimburse〈人〉for N」または「reimburse N」のかたちで使うことが多い。

☑ Our company will **reimburse** you for your travel expenses.

（旅費は当社が負担いたします〔払い戻しします〕）

☑ Any expenses relating to the project will be **reimbursed**.

（プロジェクトに関連する経費は全て払い戻されます）

reimbursement

[rìːɪmbə́ːrsmənt]

名CU 払い戻し、返金

complement [ká(:)mpləmènt]	動他 ① 〜を補完する ② (色や料理など)にぴったり合う 名C 補完するもの ★ com (完全に) + ple (満たす) + ment →完全に満たす 📖 Please come up with some side dishes that **complement** this entrée. (この主菜に合う副菜をいくつか考えてください)

5

ビジネス

complementary [kà(:)pləméntəri]	形 補完するような
make up for	〜の埋め合せをする

資産・財産

asset [ǽsèt]	名C ① 資産(通例 assets) ② 役に立つ人〔物〕
property [prá(:)pərṭi]	名CU ① (土地、建物などの)物件 U ② 所有物、財産 C ③ 特性、属性(通例 properties) ④ (舞台などの)小道具(通例 properties) ★ proper (自分自身の) + ty →自分のもの→財産、家屋
legacy [légəsi]	名C 遺産 ★ leg (選ぶ、集める、法) + acy →選ばれ残されてきたもの→遺産

人事

personnel [pə̀:rsənél]	名複 ① 職員、社員 U ② 人事部
turnover [tə́:rnòuvər]	名単U 離職率 ★ turn (回る) + over (裏へ) →ひっくり返る→入れ替わる→社員の入れ替わり、離職 ➤ **turnover** rate (離職率)
transfer [trænsfə́:r]	動自他 ① (〜を)移動させる、異動させる 自 ② 乗り換える 他 ③ (電話やデータなど)を転送する ★ trans (越えて) + fer (運ぶ) →場所を越えて運ぶ

move
[muːv]

名C ① 動き ② 引っ越し、移転 ③ 異動、転職 ④ 決断
動自他 ① 動く、〜を動かす ② 引っ越す、〜を移す ③ 異動する、〜を異動させる 他 ④ 〜を感動させる　　　　　(P325)

> report on an employee's career **move**
（従業員の転職に関する報告書）

promote
[prəmóut]

動他 ① 〜を宣伝する、販売促進する ② 〜を昇進させる
★ pro（前に）+ mote（動く）→前に動かす

promotion
[prəmóuʃən]

名C U ① 宣伝、販売促進 ② 昇進
★ pro（前に）+ mote（動く）+ ion →前に動かすこと
☑ I am pleased to offer you a **promotion** to Human Resources Director.
（人事部長への昇進を喜んで打診させていただきます）

求人・募集

opening
[óupənɪŋ]

名C ① 開店、初日 ② 求人、仕事の空き ③ 日程の空き ④ 冒頭 形 初めの、開会の　　　　　(P326)

> job **opening**　（仕事の空き、求人）
☑ We recently posted the **openings** online to fill these positions.
（私たちは最近、これらのポジションを埋めるための求人をオンラインに掲載しました）

vacancy
[véɪkənsi]

名C ① 職の空き、欠員 ② 空室
★ vac（空っぽ）+ ancy →空きの状態

want ad

求人広告

job advertisement

求人広告

応募・採用

apply
[əplái]

動自 ① 申し込む 自他 ② （〜を）適用する 他 ③ 〜を利用〔応用〕する ④ 〜を塗る
★ a(p)（〜の方に）+ ply（満たす、重ねる）→〜の方に身を重ねる

application
[æplɪkéɪʃən]

名 C U ① 応募、申込書　② 応用、用途　C ③ アプリケーション
ソフト(短縮形は app)　(P316)

≻ application form　(応募用紙)

≻ job application　(求人応募)

✎ All applications are due by February 20.
(全ての応募期限は2月20日です)

employ
[ɪmplɔ́ɪ]

動 他 ～を雇う

★ em(中に)+ploy(重ねる、折る)→中に折る→会社の中に含
める→雇う

≻ employ a new staff member　(新しいスタッフを採用する)

employment
[ɪmplɔ́ɪmənt]

名 U ① 雇用　② 雇用者数

≻ employment offer　(雇用の申し出、採用通知)

recruit
[rɪkrúːt]

動 自 他 (人を)採用する

★ re(再び)+cru(増える、成長する)+it →再び増やしていく

≻ recruit a permanent replacement
(恒久的な交代要員を見つける)

intake
[íntèɪk]

名 U ① 摂取量　C U ② 入学者数、採用者数

★ in(中に)+take(取る)→中に取る
→摂取、採用者数

✎ Our company has a yearly
intake of new graduates from
abroad.
(当社では毎年、海外から新卒者を受
け入れています)

学歴・経歴

background
[bǽkgràʊnd]

名 C ① 経歴　② (絵などの)背景　C U ③ (物事の)背景

≻ background information　(経歴〔経緯〕に関する情報)

career
[kəríər]

名 C 経歴、職歴

★ car(車)+er →車で通った跡→軌跡、経歴

résumé

[rézəmèi]

🔊 発音

名C 履歴書

★ re（後ろ）＋ sume（取る）→過去の経歴を取りまとめたもの

CV

[sìːvíː]

名C 履歴書

🔊 curriculum vitae（履歴書）の頭文字語。

☑ As my attached **CV** shows, my qualifications match this opening.

（添付の履歴書にある通り、私の資格はこの求人に適合します）

profile

[próufaɪl]

名C ① 紹介、略歴 ② 注目度、目立ち具合 動他 ～を紹介する

➢ give a brief **profile** （簡単な経歴を紹介する）

award-winning

形 受賞歴のある

☑ The restaurant serves its **award-winning** delicacies throughout the year.

（そのレストランでは、年間を通して受賞歴のある料理を提供しています）

退職・送別

retire

[rɪtáɪər]

動自 ① (定年)退職する 他 ② ～を辞めさせる ③ ～の使用をやめる

★ re（後ろに）＋ tire（引く）→後ろに身を引く

☑ A board member will **retire** next month.

（来月、取締役が1名退職します）

resign

[rɪzáɪn]

動自他 (～を)辞職する

★ re（後ろに）＋ sign（しるす）→署名して会社を後にする

quit

[kwɪt]

動自他 ① (途中で～を)辞める ② (悪い習慣などを)やめる

leave

[liːv]

名U 休暇 動自他 ① (～を)去る、辞める 他 ② ～をそのままにしておく ③ (メッセージなど)を残す、置く ④ ～を任せる、委ねる

(P319)

outgoing

[àutgóuɪŋ]

形 ① 外に出ていく ② 社交的な ③ 退職予定の

☑ The **outgoing** CEO will introduce her successor at the press conference.

（退任するCEOは、記者会見で後継者を紹介する予定です）

5

ビジネス

復習テスト5

[1] それぞれ2つの語句が同義語ならS(Synonym)、反意語ならA(Antonym)で答えなさい。

1. found　　　　　　establish　　　　　　　　　　　（　　　）
2. roll out　　　　　launch　　　　　　　　　　　　（　　　）
3. deduct　　　　　　add　　　　　　　　　　　　　（　　　）
4. malfunction　　　operate　　　　　　　　　　　（　　　）
5. accidentally　　　intentionally　　　　　　　　（　　　）

[2] それぞれの語句の説明が正しければT(True)、間違っていればF(False)で答えなさい。

6. **institute**　　an organization for a particular purpose　（　　　）
7. **undertaking**　a job that you are responsible for　　　（　　　）
8. **unsold**　　　not on the market　　　　　　　　　　　（　　　）
9. **back-order**　to cancel the order previously made　　（　　　）
10. **unattended**　not participated in an event　　　　　　（　　　）

[3] 以下の文の空所に当てはまる語句を語群の中から選んで答えなさい。

11. You must check out our client (　　　　　) in the "Shopping" tab.
12. Store (　　　　　) is good for 30 days from the issued date.
13. We worked hard to meet our (　　　　) to clients.
14. The project was delayed for a few days by some technical (　　　　　).
15. I am pleased to offer you a (　　　　) to Human Resources Director.

a. credit　　b. promotion　　c. testimonials
d. commitments　　e. snags

［4］指定された文字で始まる語句を書き入れて、それぞれの文を完成させなさい。

16. The main (**i**   ) has been annoying construction noise.
一番の問題は迷惑な建設騒音です。

17. Our chocolates have (**o**   ) those of our competition.
当社のチョコレートは、競合他社の製品よりも売れています。

18. Management appeared (**a**   ) to the merger plan.
経営陣は合併計画に賛成しているように思えました。

19. I'll arrange an alternate date to (**a**   ) your schedule.
あなたのスケジュールに応じて代替日を調整します。

20. Any expenses relating to the project will be (**r**   ).
プロジェクトに関連する経費は全て払い戻されます。

［5］括弧内の語句を並べ替えて、それぞれの文を完成させなさい。

21. (**the / quoted / printer / the / price / by**) is just an approximate cost.
(   )

22. This gain was driven (**the / new / launch / products / by / our / of / line / of**).
(   )

23. We need to (**carefully / not / budget / spend / to**) more than we can afford.
(   )

24. Mercer Building will (**agreement / enter / a / Brookhill Consulting / with / into / business**) soon after the terms and conditions are renegotiated.
(   )

25. Please (**that / side / up / come / dishes / complement / some / with**) this entrée.
(   )

［解答］
1. S 2. S 3. A 4. A 5. A 6. T 7. T 8. F 9. F 10. F 11. c 12. a 13. d 14. e
15. b 16. issue 17. outsold 18. agreeable 19. accommodate 20. reimbursed
21. The price quoted by the printer 22. by the launch of our new line of products
23. budget carefully (carefully budget) not to spend 24. enter into a business agreement
with Brookhill Consulting 25. come up with some side dishes that complement

イベント・行事

◄) 065〜074

このセクションでは、「イベント・行事」に関する語句を10のカテゴリに分けて紹介します。TOEICでは、出張、会議、セミナー、歓送迎会、引っ越しといったイベントがトピックとしてよく取り上げられるため、それに関連する語句も頻出します。まずは「旅行・行楽」のカテゴリから見ていきましょう。

旅行・行楽

trip
[trɪp]

名C 旅行

☑ He often goes on business **trips** for his company.
（彼は会社のためにしばしば出張する）

travel
[trǽvəl]

名U 旅行、移動

journey
[dʒə́ːrni]

名C （長期の）旅行

excursion
[ɪkskə́ːrʒən]

名C （団体で行く）小旅行

★ ex（外に）+ cur（走る、流れる）+ sion →外に出ていくこと

☑ Garnet Mini Cruise is a full-day **excursion** to Garnet Island.
（ガーネットミニクルーズ は、ガーネット島への1日観光です）

outing
[áʊtɪŋ]

名C （団体で行く）小旅行、遠足

☑ We have decided to postpone our annual company **outing**.
（毎年恒例の社員旅行を延期することにしました）

company retreat

社員旅行

💬 いつもの職場や職務から離れて（身を引いて）行く、社交や息抜きが目的の旅行のこと。

trek
[trek]

名C (山や森を歩く)旅行

☑ You have reserved a two-night **trek** of Summerdale National Park.
(サマーデール国立公園の2泊のトレッキングにご予約いただいております)

tour
[tʊər]

名C ① (名所などを巡って戻る)旅行 ② 見学

itinerary
[aɪtínərèri]

名C 旅程(表)

★ it(iner)(行く)+ary→旅に行く→旅程

☑ I need to finalize a travel **itinerary** by the end of the week.
(週末までに旅程を確定させる必要があります)

講演・セミナー

workshop
[wɔ́ːrkʃɑ̀(ː)p]

名C ① セミナー、研修会 ② 作業場

★ work(作業)+shop(店)→作業場、学びの場

☑ She led a **workshop**. (彼女は研修会を主導しました)

keynote speech

基調講演

🐦 keynote address でも同じ。

★ key(基底の)+note(音符)→旋律(音の調べ)を構築する基となる音符→基調、主眼

☑ Dr. Chang's **keynote speech** will be followed by a dinner party. (チャン博士の基調講演の後に夕食会が行われます)

展示・フェア

exposition
[èkspəzíʃən]

名C (大規模な)展示会、博覧会

★ ex(外に)+position(配置)→外に配置すること→展示

exhibition
[èksɪbíʃən]

名C ① 展示会 U ② 展示

★ ex(外に)+hibit(置く、持つ)+ion→外に持つこと→持ち出すこと

➢ **exhibition** hall (展示ホール)

display
[dɪspléɪ]

名C 展示、陳列 動他 ~を展示する

★ dis(~ない)+play(重ねる、折る)→折らない→折って隠さずに見せる

➢ on **display** (展示されて)

6
イベント・行事

demonstration
[dèmənstréɪʃən]

名C ① 実演 ② デモ

★de（完全に）＋mon（示す）＋ster（こと）＋ation→完全に示す
こと→実演

☑ Mr. Waters will be doing a product **demonstration** at the
convention.
（ウォーターズさんは会議で製品の実演を行う予定です）

preview
[príːvjùː]

名C 試写会、内見 動他 ～を試写する、内見する

★pre（前に）＋view（見る）→事前に見る→試写会

➢ sneak **preview** （試写会）

showcase
[ʃóʊkèɪs]

動他 ～を展示する 名C ① 展示ケース ② 展示

☑ A lot of companies will **showcase** their latest products at
the event.
（多くの企業がイベントで最新の製品を展示します）

☑ Cooper's Museum is pleased to present its annual
showcase on April 5.
（クーパーズ美術館は、4月5日に毎年恒例の展示を行うことを喜ん
でお知らせいたします）

trade show

見本市

🗨 trade fair でも同じ。

job fair

就職フェア

大会・競技会

competition
[kà(ː)mpətíʃən]

名U ① 競争 ② 競争相手、競合他社 C ③ （競技）大会

★com（共に）＋pet（求める）＋tion→共に求めること

☑ Please note that the **competition** is only for people aged
20 and over.
（20歳以上限定の大会となりますのでご注意ください）

cook-off

名C 料理コンテスト

会議・打ち合わせ

conference
[ká(:)nfərəns]

名C 会議

★con(共に)＋fer(運ぶ)＋ence→共に意見を持ち寄ること

≻ press **conference** （記者会見）

convention
[kənvénʃən]

名C ① (大規模な)会議、協議会　名CU ② 慣例、しきたり

★con(共に)＋ven(行く、来る)＋tion→共に行くところ

symposium
[sɪmpóuziəm]

名C 討論会

teleconference
[téləkà(:)nfərəns]

名C 電話会議

★tele(遠く)＋conference→遠くの人とする会議→電話会議

teleconferencing
[téləkà(:)nfərənsɪŋ]

名U 電話会議

☑ Would **teleconferencing** on Thursday morning work for you?

（木曜日の午前中に電話会議を行うのはいかがでしょうか）

videoconference
[vídioukà(:)nfərəns]

名C ビデオ会議

★video(映像)＋conference→映像を見ながら行う会議

videoconferencing
[vídioukà(:)nfərənsɪŋ]

名U ビデオ会議

≻ state-of-the-art **videoconferencing** studio

（最新のビデオ会議スタジオ）

☑ Do you usually use **videoconferencing** to have a meeting with your colleagues?

（普段、同僚とのミーティングにビデオ会議を使用していますか）

webinar
[wébɪnà:r]

名C ウェビナー

🗨 ウェブ上で開催するセミナー。

proceedings
[prəsí:dɪŋz]

名複 ① 議事録　② イベント、一連の出来事

★pro(前に)＋ceed(行く)＋ings→進行するもの

≻ the **proceedings** of a meeting （会議の議事録）

6 イベント・行事

minute

[mínət]

名C ① 分 ② 議事録(通例 minutes)

🗨 具体的な数字や a few で修飾されていたら①の意味。meeting minutes や take (the) minutes であれば②の意味。

★ min(小さい)+utes→細かく分けたもの→話した内容を細かく分けて記したもの→議事録

> take (the) **minutes** (議事録をとる)

☑ Dan, would you take **minutes** at the afternoon meeting?
(ダン、午後の会議で議事録をとってもらえますか)

転居・引っ越し

move

[mu:v]

名C ① 動き ② 引っ越し、移転 ③ 異動、転職 ④ 決断

動自他 ① 動く、～を動かす ② 引っ越す、～を移す ③ 異動する、～を異動させる 他 ④ ～を感動させる　　　　　　　(P325)

☑ Do you happen to know why the office **move** was postponed?
(オフィスの移転が延期された理由をご存じないですか)

☑ We will **move** into a new office building in September.
(当社は9月に新しいオフィスビルに移転する予定です)

> **move** a company's headquarters (本社を移転する)

mover

[múːvər]

名C 引っ越し業者

relocate

[rìːlóukeɪt]

動自他 ① (会社などを)移転する 自 ② 引っ越す

★ re(再び)+loc(場所)+ate→再び場所を変える

☑ I will **relocate** to Mumbai within the next couple of months.
(私は2、3カ月以内にムンバイに引っ越す予定です)

relocation

[rìːloukéɪʃən]

名U 移転、引っ越し

宴会・接待

reception

[rɪsépʃən]

名U ① 受付 ② 受信 C ③ 反応 ④ 宴会

★ re(後ろに)+cep(つかむ)+tion→後ろで受け取ること→人々を受け付けて歓待すること→受付、宴会

☑ A **reception** will be held at the ballroom in Paya Hotel.
(祝賀会はパヤ・ホテルの大宴会場で行われます)

banquet [bǽŋkwət]	名C (公的な)夕食会、晩餐会
gala [gá:lə, géilə]	名C 祝祭
social [sóuʃəl]	形 社交的な 名C (社交的な)集まり、パーティー ≫ice cream **social** （アイスクリームパーティー） 🗨 みんなでアイスクリームを食べながら行うパーティー。 🖊 Dessert will be served in the form of an ice cream **social**. （デザートはアイスクリームパーティーの形式で提供されます）
hospitality [hà(:)spətǽləti]	名U もてなし、接待 ★ hospital（傷ついた人をもてなす）+ ity →客をもてなすこと
treat [tri:t]	名C ① もてなし ② おごり ③ 楽しみ ④ ごちそう 動他 ① ～を扱う、～に処する ② ～におごる 🖊 Ms. Earlington got a special **treat** when she visited the facility. （アーリントンさんは、施設を訪れた際に特別なもてなしを受けました） 🖊 I'll **treat** you to a drink tonight. （今夜一杯おごります）

娯楽・くじ引き

entertainment [èntərtéimmənt]	名CU 娯楽 ★ enter（間）+ tain（保つ）+ ment →間を保つこと→間を持たせること→娯楽
raffle [rǽfl]	名C ラッフルくじ 🗨 数字が書かれた券を購入して、その半券のくじ引きで当選者を決めるくじ。 ≫ be entered into a **raffle** （くじ引きにエントリーされる）
lottery [lá(:)təri]	名C くじ引き ★ lot（くじ）+ tery →くじ引き
drawing [drɔ́:ɪŋ]	名C ① 描画、スケッチ ② くじ引き、抽選会 ★ draw（引く）+ ing →くじ引き

6

イベント・行事

祝祭・記念日

anniversary
[ǽnɪvə́ːrsəri]

名C 記念日

★ ann(i)（1年＝year）＋ver(s)（回る、向ける、曲がる）＋ary→年に一度回ってくる日

jubilee
[dʒùːbɪlíː, dʒúːbɪlìː]
❶ アクセント

名C 記念祭、記念行事

➤ silver **jubilee** （25周年記念祭）

➤ golden **jubilee** （50周年記念祭）

➤ diamond **jubilee** （60周年記念祭）

➤ platinum **jubilee** （70周年記念祭）

ceremony
[sérəmòʊni]

名C 式典

➤ awards **ceremony** （授賞式）

➤ groundbreaking **ceremony** （起工式）

➤ dedication **ceremony** （落成式）

➤ unveiling **ceremony** （除幕式）

mark
[mɑːrk]

動他 ①（イベントなどがあること）を示す ②（記念日など）を祝う ③ ～に印を付ける

☑ The event will **mark** the completion of the hotel annex.
（そのイベントはホテル別館の完成を記念するものです）

celebration
[sèləbréɪʃən]

名C ① 祝祭 U ② 祝うこと

☑ You are invited to a **celebration** to mark our ten years in business.
（当社の創業10周年を記念する祝賀会にご招待いたします）

commemorate
[kəmémərèɪt]

動他 ～を祝う、記念する

★ com（共に）＋memo（記憶）＋rate
→一緒に覚える

☑ We'll sell special goods to **commemorate** the store opening.
（私たちは開店を記念して特別な商品を販売する予定です）

94

observe
[əbzə́ːrv]

動他 ① ～を観察する ② (規則など)を守る ③ (祝日など)を祝う

★ ob (～の方に) + serve (保つ、仕える) → ～の方に目線を保つ

> **observe** a national holiday （国民の祝日を祝う）

イベント・行事

occasion
[əkéɪʒən]

名C ① 機会 ② 行事

> mark the **occasion** （行事を祝う）

> special **occasion** （特別な行事）

function
[fʌ́ŋkʃən]

名C U ① 機能 C ② 行事 動自 機能する

★ func (行う) + tion → 執り行うもの → 教会で行われる式典 → 行事

> business[corporate] **function** （仕事の会合、会社の行事）

outreach
[名 áʊtriːtʃ,
動 àʊtríːtʃ]

名U 社会奉仕 動自他 (～を)超える

★ out (外に) + reach (手を伸ばすこと) → 外に手を差し伸べること

> **outreach** program （奉仕活動プログラム）

proceedings
[prəsíːdɪŋz]

名複 ① 議事録 ② イベント、一連の出来事

★ pro (前に) + ceed (行く) + ings → 進行するもの

📝 I'd like to attend all conference **proceedings** if possible.
（可能であれば、会議の全てのイベントに出席したいです）

6
イベント・行事

復習テスト6

[1] それぞれ2つの語句が同義語ならS(Synonym)、反意語ならA(Antonym)で答えなさい。

1. showcase	display	(	)
2. relocate	stay	(	)
3. lottery	drawing	(	)
4. observe	celebrate	(	)
5. function	occasion	(	)

[2] それぞれの語句の説明が正しければT(True)、間違っていればF(False)で答えなさい。

6. trek	to monitor the course of something	(	)
7. webinar	a place on the Internet where information is posted	(	)
8. raffle	a form of lottery to win a prize	(	)
9. outreach	the extending of services or assistance	(	)
10. jubilee	a special anniversary	(	)

[3] 以下の文の空所に当てはまる語句を語群の中から選んで答えなさい。

11. Garnet Mini Cruise is a full-day (　　　) to Garnet Island.

12. Mr. Waters will be doing a product (　　　) at the convention.

13. Dan, would you take (　　　) at the afternoon meeting?

14. Ms. Earlington got a special (　　　) when she visited the facility.

15. You are invited to a (　　　) to mark our ten years in business.

a. treat	b. excursion	c. celebration
d. minutes	e. demonstration	

[4] 指定された文字で始まる最も適切な単語で各文の空所を埋めなさい。

16. We have decided to postpone our annual company (o   ).
  毎年恒例の社員旅行を延期することにしました。

17. I need to finalize a travel (i   ) by the end of the week.
  週末までに旅程を確定させる必要があります。

18. I will (r   ) to Mumbai within the next couple of months.
  私は2、3カ月以内にムンバイに引っ越す予定です。

19. A (r   ) will be held at the ballroom in Paya Hotel.
  祝賀会はパヤ・ホテルの大宴会場で行われます。

20. The event will (m   ) the completion of the hotel annex.
  そのイベントはホテル別館の完成を記念するものです。

[5] 括弧内の語句を並べ替えて、それぞれの文を完成させなさい。

21. A lot of companies (at / latest / will / **products** / the / showcase / their / event).
  (   )

22. Do you happen to (**postponed** / was / the / move / why / office / know)?
  (   )

23. Dessert will be served (cream / of / in / social / an / the / ice / form).
  (   )

24. We'll (goods / opening / commemorate / special / the / store / to / sell).
  (   )

25. Dr. Chang's (followed / a / keynote / party / be / will / dinner / by / speech).
  (   )

[解答]

1. S 2. A 3. S 4. S 5. S 6. F (→track) 7. F (→Web site) 8. T 9. T 10. T 11. b
12. e 13. d 14. a 15. c 16. outing 17. itinerary 18. relocate 19. reception
20. mark 21. will showcase their latest products at the event 22. know why the office
move was postponed 23. in the form of an ice cream social 24. sell special goods to
commemorate the store opening 25. keynote speech will be followed by a dinner party

このセクションでは、TOEICに登場する「行為・動作」の語句を28のカテゴリに分けて紹介します。メインは動詞ですが、同じカテゴリで押さえておくべき動詞以外の品詞も取り上げます。

開催・挙行

hold
[hoʊld]

動他 ① 〜を持つ ② 〜を保つ ③ 〜を開催する

> **hold** a meeting （ミーティングを行う）

☑ The city council will be **holding** a public hearing next month.
（市議会は来月、公聴会を開く予定です）

take place

開催される

☑ The meeting was supposed to **take place** on Monday.
（会議は月曜日に行われる予定でした）

推薦・推挙

recommend
[rèkəménd]

動他 〜を推薦する、勧める

recommendation
[rèkəmendéiʃən]

名U ① 推薦 C ② 助言 ③ 推薦状

endorse
[ɪndɔ́ːrs]

動他 （公式に）〜を承認する、支持する ② （有名人が商品やサービスを）推薦する

★ en（入れる）+ dorse（裏）→小切手の裏に墨を入れる→裏書きする→保証する、支持する、承認する

☑ Several popular singers **endorsed** its products.
（数人の人気歌手が同社の製品を推薦しました）

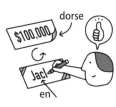

endorsement
[ɪndɔ́ːrsmənt]

名C U ① 承認、支持 ② （商品やサービスの）推薦

> celebrity **endorsement**
（（商品やサービスの）有名人による推薦）

☑ I really appreciate your **endorsement**.
（あなたが推薦してくれてとても感謝しています）

reference
[réfərəns]

图C ① 推薦状、推薦文　CU ② 言及　U ③ 参照　C ④ 参考文献、出典

★ re（後ろに）＋fer（運ぶ）＋ence→目線や意識を後ろに運ぶこと

🗨TOEICでは求人広告における「推薦状（人物を会社に推薦する文書）」と商品・サービスの宣伝広告における「推薦文（会社の商品・サービスを客に推薦する文）」の２つの意味で頻出する。

> letter of **reference**　（推薦状）

☑ Job seekers should provide at least two **references** when applying for the positions.
（求職者は応募の際、少なくとも２通の推薦状を提出してください）

referral
[rɪfə́ːrəl]

图CU ① 紹介、推薦　C ② 紹介された人

> **referral** program　（紹介プログラム）

☑ Anyone applying for the program must obtain a **referral** from your supervisor.
（プログラムに申請する人は、上司からの紹介を得る必要があります）

testimonial
[tèstɪmóuniəl]

图C（商品やサービスを利用した）お客様の声、推薦の言葉

★ test（証言する）＋mon（示す、警告）＋ial→証言して示すこと

> **testimonials** from our clients　（当社の顧客からの推薦文）

☑ Visit our **testimonials** page to read what our customers have to say.　（お客様の声のページに行って、当社の顧客からのメッセージをお読みください）

所有・保管

hold
[hould]

動他 ① 〜を持つ　② 〜を保つ　③ 〜を開催する

☑ I **hold** a bachelor's degree in mechanical engineering.
（私は機械工学の学位を持っています）

☑ Our patio can **hold** up to 30 people.
（テラス〔中庭〕は最大30名まで収容可能です）

☑ A deposit of $5 is required to **hold** your reservation.
（予約を確保するには5ドルの保証金が必要です）

7

行為・動作①

retain

[rɪtéɪn]

動他 ① (物、情報など)を保持する ② (社員)を雇用し続ける

★ re(後ろに)+tain(保つ)→保持する

☑ Please **retain** this ticket until the screening ends.

（このチケットは上映が終了するまでお持ちください）

☑ We need to **retain** great talent by paying a competitive salary.

（競争力のある給与を支払うことで、優秀な人材を雇用し続ける必要があります）

retention

[rɪténʃən]

名U 保持

➢ **retention** rate （社員の定着率、非転職率）

boast

[boʊst]

動自他 ① (〜を)自慢する 他 ② (施設・設備など)を持つ

☑ The city **boasts** two breweries, with a third due to be built later this year.

（市には2カ所醸造所があり、年内に3カ所目を建設予定です）

☑ Located in a suburban area, the restaurant **boasts** a patio with a spectacular view of the mountains.

（郊外に位置するそのレストランには、山の素晴らしい景色を望むテラスがあります）

feature

[fíːtʃər]

動他 ① 〜を特徴とする ② 〜を特集する、取り上げる ③ 〜を呼び物にする、目玉とする 名C ① 特徴 ② 機能 ③ 特集

(P315)

☑ Our home appliances **feature** a wireless connection to the Internet. （当社の家電製品は、インターネットにワイヤレス接続できるのが特徴です）

store

[stɔːr]

動他 〜を保管する 名C 店

☑ Meeting minutes are **stored** on the intranet.

（会議の議事録はイントラネット上に保管されています）

file

[faɪl]

動他 ① 〜を保管する ② 〜を提出する ③ (苦情など)を申し立てる 名C ① 書類とじ ② (データ)ファイル

🖊 Invoices have been **filed** in chronological order.
（請求書は時系列でファイルされています）

house
[動hauz, 名haus]
🔊 発音

動他 ① ～を保管する、収容する、所蔵する ② （人）に家を提供する 名C 家、建物

🖊 The building adjacent to the station **houses** a branch of Varner Bank.
（駅に隣接する建物にはヴァーナー銀行の支店が入っています）

7

行為・動作①

set aside

～を取っておく

❯ **set aside** a room for a meeting
（会議のために部屋を取っておく）

reserve
[rɪzə́ːrv]

動他 ① ～を取っておく ② ～を予約する ③ （権利など）を有する 名C ① 蓄え（通例 reserves） ② 保護区

★ re（後ろに）+ serve（保つ、仕える）→後ろに保つ→取っておく

❯ **reserve** the right （権利を有する）

🖊 We **reserve** the right to cancel the tour if participants are fewer than five.
（参加者が5人に満たない場合、当社にはツアーをキャンセルする権利があります）

bear
[bear]

動他 ① ～を我慢する、～に耐える ② （責任など）を負う ③ （費用など）を負担する ④ （しるしや証など）を持つ、有する

💬 bear – bore – borne と活用変化する。過去形の bore、過去分詞の borne の形にも慣れておくこと。

🖊 The list **bore** the names of volunteers who participated in the event.
（リストには参加したボランティアの名前が記されていました）

bearer
[béərər]

名C ① 運び手 ② 所持者

❯ **bearer** of a ticket （チケットの所持者）

交換・代理

replace
[rɪpléɪs]

動他 ① （物）を交換する ② （人）と交代する

replacement
[rɪpléɪsmənt]

名U ① (新しい物などへの)交換 C ② 後任、交換品

★ re (再び) + place (置く) + ment →置き直すこと

substitute
[sʌ́bstɪtjùːt]

動他 ① (人)を替える ② (物)を代わりに使う 自 ③ (substitute for のかたちで)~の代わりを務める 名C 代わりの人、代替品

★ sub (下の) + stitute (立つ) →主要なものの下に立つ

☑ I **substituted** margarine for butter to bake bread.
(バターの代わりにマーガリンを使ってパンを焼きました)

☑ David Rios will **substitute** for John Kwang on that day.
(当日はデイヴィッド・リオスがジョン・クァンの代役を務めます)

cover
[kʌ́vər]

動他 ① ~を覆う、隠す ② ~を取り上げる、扱う、取材する ③ ~を対象にする、含める、まかなう、負担する ④ (一時的に人の仕事など)を引き受ける、代行する 名C ① 覆い ② 表紙

(P325)

★ co (完全に) + over (覆う)

☑ While Mr. Choi is on vacation, Mr. Laurens will **cover** his work.
(チョイ氏の休暇中はローレンス氏がその仕事を代行します)

cover for

~の代わりを務める

☑ Thank you for **covering for** me yesterday.
(昨日は私の代行をしてくれてありがとうございます)

fill in for

~の代わりを務める

☑ A temporary worker will be hired to **fill in for** her while she's on leave.
(彼女の休暇中は、彼女の代わりに臨時従業員が雇われます)

on behalf of

① ~を代表して ② ~のために

➢ **on behalf of** the company (会社を代表して)

instead of

~の代わりに

☑ Would you be able to contact him **instead of** me?
(私の代わりに彼に連絡していただけませんか)

in place of	〜の代わりに

> use honey **in place of** sugar　（砂糖の代わりにはちみつを使う）

alternative [ɔːltə́ːrnəṭɪv]	形 代わりの、代替の　名 C 代わりになるもの、代替

★ alter（変える）+ nate + ive →変える
（代える）ことができる

> suggest an **alternative**
（代わりのもの〔人〕を提案する）

☑ Since Icarustech ended production of amplifiers, its customers have searched for suitable **alternatives**.
（イカロステックがアンプの生産を終了して以来、顧客は適切な代替品を探してきました）

acting [ǽktɪŋ]	形 代理の、臨時の

☑ Ms. Bell is currently **acting** head of our customer service department.
（ベルさんは現在、当社の顧客サービス部門の部門長代理です）

agency [éɪdʒənsi]	名 C ① 代理店　② (政府の)機関、局

> travel **agency**　（旅行代理店）

deputy [dépjuṭi]	名 C 代理人　形 代理の

★ de（離れて）+ pute（考える）+ y →離れて考える人→（当事者から）距離を置いて考える人→代理人

rain date	雨天時の予備日

収集・回収

collect [kəlékt]	動 他 〜を収集する

★ co（共に）+ lect（集める、話す）→収集する

recall [rɪkɔ́ːl]	動 他 ① (製品)を回収する　② 〜を思い出す、回想する 名 C ① (製品)回収　U ② 記憶力

★ re（再び）+ call（呼ぶ）→呼び戻す

> product **recall**　（製品回収）

☑ Please be aware that certain models are being **recalled** for repair.

(一部のモデルは修理のために回収中ですのでご注意ください)

assemble
[əsémbl]

動目 ① 集まる 他 ② 〜を集める ③ 〜を組み立てる

★ as(〜の方へ)+sem(同じ)+ble →同じ方へ→同じ方へ集まる

raise
[reɪz]

動他 ① 〜を上げる ② (資金や票など)を集める 名C 昇給

☑ Money **raised** from the event will be used to repair the park.

(イベントで集めたお金は公園の修復に使われます)

促進・奨励

promote
[prəmóʊt]

動他 ① 〜を宣伝する、販売促進する ② 〜を昇進させる

★ pro(前に)+mote(動く)→前に動かす

promotion
[prəmóʊʃən]

名CU ① 宣伝、販売促進 ② 昇進

★ pro(前に)+mote(動く)+ion →前に動かすこと

☑ This flyer includes information about our special **promotions**.

(このチラシには当社の特別販促に関する情報が含まれています)

expedite
[ékspədàɪt]
❶ アクセント

動他 〜を迅速に処理する

★ ex(外に)+ped(足)+ite →足枷を外す

☑ I asked Bayside Freight to **expedite** delivery of our order.

(ベイサイド・フレイト社に依頼して当社の注文の配送を早めてもらいました)

encourage
[ɪnkɔ́ːrɪdʒ]

動他 〜を奨励する

★ en(中に)+cour(心)+age →中に心を入れる

incentive
[ɪnséntɪv]

名CU ① 人を行動に駆り立てるもの ② 奨励〔報奨〕金

≻ provide an economic **incentive** （経済的刺激を与える）

経験・体験

undergo
[ʌndərgóu]

動 他 ① 〜を経験する ② (検査など)を受ける

★ under(下に)＋go(行く)→影響下
に入る→経験する

＞ **undergo** an inspection
(検査を受ける)

GO →

under

7

行為・動作①

experience
[ɪkspíəriəns]

名 U ① (仕事や人生についての一般的な)経験 C ② (個々の
具体的な)経験

✑ Ms. Park has little **experience** in customer support.
(パークさんは顧客サポートの経験がほとんどありません)

✑ Let me conduct a brief survey about your buying
experiences.
(お客様の購入経験について簡単な調査を行わせてください)

experienced
[ɪkspíəriənst]

形 経験のある、経験豊富な

＞ **experienced** photographer (経験豊富な写真家)

inexperienced
[ìnɪkspíəriənst]

形 経験が乏しい、未熟な

seasoned
[síːzənd]

形 ① 味付けした ② 年季が入った

＞ **seasoned** photographer (ベテランの写真家)

＞ **seasoned** traveler (経験豊富な旅行者)

sophisticated
[səfístɪkèɪtɪd]
❶ アクセント

形 ① 人生経験が豊かで判断力のある、洗練された ② 高機能の

★ sophist(詭弁家)＋ic＋ate＋ed→詭弁家のように巧みな弁
論術を身に付けた→教養と経験を身に付けた→洗練された

＞ **sophisticated** readers (洗練された読者)

寄付・授受

proceeds

[próusi:dz]

名複 収益

★ pro（前に）+ ceed（行く）+ s →前に
行く→販売を前に進めた結果生じ
るもの→収益

☑ All **proceeds** will be donated to
a local charity.
（全ての収益は地元の慈善団体に寄付
されます）

contribution

[kà(:)ntrɪbjú:ʃən]

名 C U ① 貢献 ② 寄付

❯ make a **contribution** （貢献する、寄付する）

☑ Your yearly monetary **contributions** would be
appreciated.
（毎年ご寄付いただけるとありがたいです）

contribute

[kəntríbju:t]

動自 ① 貢献する ② 原因となる 自他 ③ （〜を）寄付する ④ （〜
を）寄稿する (P315)

🗨 自動詞として使う場合は後ろに前置詞の to を伴う。

★ con（共に）+ tribute（貢ぐ、貢物）→貢献する

❯ **contribute** $100 to the campaign
（キャンペーンに 100 ドル寄付する）

charity

[tʃǽrəti]

名 C ① 慈善団体 U ② 寄付のためのお金や物 ③ 慈善

❯ thanks to a local **charity** （地元の慈善団体のおかげで）

☑ We will participate in the ten-kilometer walk for **charity**.
（私たちはチャリティーのために 10 キロウォークに参加します）

charitable

[tʃǽrətəbl]

形 慈善の

❯ **charitable** organization （慈善団体）

donation

[dounéɪʃən]

名 U ① 寄付 C ② 寄付金

❯ **donation** drive （寄付活動）

donate

[dóuneɪt]

動他 ① 〜を寄付する ② 〜を捧げる

benefit [bénɪfɪt]	名 **C U** ① 恩恵、ためになること **C** ② 福利厚生(通例 benefits) ③ (benefit 〜)慈善(目的の)〜 動 **自 他** 得をする、(〜に)恩恵を もたらす

★ bene(良い)+fit(作る)→良いものを生む→ためになる

> benefit breakfast (チャリティー朝食会)

🗨 (社会に恩恵をもたらすために)慈善目的で行う朝食会のこと。

☑ You are cordially invited to the Ian Branson **Benefit** Concert.
(イアン・ブランソンの慈善コンサートにご招待いたします)

捜索・探索

seek [siːk]	動 **他** ① 〜を探し求める ② (助言など)を求める

☑ To this end, we are **seeking** professional photographers.
(この目的のために、当社はプロのカメラマンを探しています)

search [sə́ːrtʃ]	動 **自 他** ① (〜を)探す **他** ② 〜を検索する 名 **C** ① 捜索 ② 検索
look for	〜を探す
locate [lóʊkeɪt]	動 **他** ① 〜を置く ② 〜の場所を特定する〔見つける〕

☑ You can **locate** the store nearest you by entering your home address.
(自宅の住所を入力すると、最寄りの店舗を見つけることができます)

参加・参画

participate [pɑːrtísɪpèɪt]	動 **自** 参加する

★ part(i)(分ける、別れる)+cip(取る)+ate→分かれた部分を
取る→席を取る→参加する

☑ You are eligible to **participate** in the tournament this year.
(あなたは今年の大会に参加する資格があります)

participation [pɑːrtìsɪpéɪʃən]	名 **U** 参加
join [dʒɔɪn]	動 **他** 〜に加わる、参画する
take part in	〜に参加する
engage in	〜に従事する、携わる

☑ 例文　> コロケーション　★ 語源　🗨 補足説明　**107**

> **engage in** the sales campaign　（販売キャンペーンに携わる）

尽力・献身

commit
[kəmít]

動自他 ① (〜に)確約する　他 ② (努力などを)〜に捧げる

★ com (完全に) + mit (送る) → 完全に送る → 全てを委ねる

committed
[kəmítɪd]

形 献身して、熱心に取り組んで

☑ We are **committed** to offering quality products at reasonable prices.　（私たちは、高品質の製品を手頃な価格で提供することに熱心に取り組んでおります）

devote
[dɪvóut]

動他 ① (時間や努力など)を捧げる　② (devote oneself to のかたちで)自分自身を〜に専念させる

> **devote** myself to volunteering for charity events
（チャリティーイベントのボランティアに精を出す）

devoted
[dɪvóutɪd]

形 献身的な、専念して

☑ Our firm has a division **devoted** to research and development.
（私たちの会社には、研究開発に専念する部門があります）

dedicate
[dédɪkèɪt]

動他 ① (時間や努力など)を捧げる　② (dedicate oneself to のかたちで)自分自身を〜に専念させる　③ 〜を特定の目的のために使用する

dedicated
[dédɪkèɪtɪd]

形 ① 献身的な、専念して　② 専用の、(〜に)特化した

★ de (離れて) + dic (言う) + ate + ed → 言い放って → 宣言して誓って → 誓って専心努力して

> **dedicated** professionals
（仕事に熱心に取り組む専門家）

☑ Our call center staff is **dedicated** to improving customer satisfaction.
（当社のコールセンターのスタッフは、顧客満足度向上に専念しています）

> **dedicated** helpline　（専用の電話相談窓口）

> **dedicated** parking lot　（専用駐車スペース）

適合・合致

tailor
[téɪlər]

動他 ～を(…に)合わせて作る　名C 仕立て職人

★ tail(切る)＋or(人)→客の体型に合わせて布を切る人

> tailor the design to his needs（デザインを彼の要望に合わせる）

match
[mætʃ]

動自他 ① (～に)合う、合致する　他 ② ～を合わせる、等しくする
③ ～と同額のお金を払う　名C ① 試合　U ② 合致、適合

> match the description（記述に合う、説明と合致する）

☑ Please check the option that best **matches** your habits.
（あなたの習慣に最も合う選択肢にチェックを入れてください）

> match the rate with our competitor
（料金を競合他社に合わせる）

☑ The job seems like an excellent **match** for my
qualifications.
（その仕事は私の資格にぴったりのようです）

meet
[miːt]

動自他 ① (人に)会う　他 ② (要望など)を満たす　③ (目標など)
を達成する　④ (期限など)を守る

adapt
[ədǽpt]

動自他 ① ～を(…に)適応〔順応〕させる、(adapt toのかたちで)
～に適応する　他 ② ～を脚色〔改作〕する　※小説などを演劇、
映画化するために作り変えること

☑ He can **adapt** to changes in work assignments.
（彼は仕事の割り当ての変更に適応することができます）

adaptation
[æ̀dæptéɪʃən]

名C ① 脚色、改作　U ② 適応

correspond
[kɔ̀(ː)rəspá(ː)nd]

動自 ① (correspond toのかたちで)～と一致する、～に対応する
② (correspond withのかたちで)～と文通する

★ co(共に)＋re(元に)＋spond(誓う、応じる)→共に応じる

☑ These figures **correspond** only to expenses from the
month of May.
（これらの数字は5月の経費のみに対応しています）

7

行為・動作①

personalize
[pə́:rsənəlàɪz]
動他 ① 〜を個人向けにする ② (物)に名前を入れる
> **personalized** service （個人向けサービス）
> **personalized** gift （名前〔イニシャル〕入りの贈り物）

customize
[kʌ́stəmàɪz]
動他 〜を(…に)合わせて変更する
☑ We are pleased to **customize** our service to your needs.
（喜んで当社のサービスをお客様の要望に合わせます）

suit
[su:t]
動他 ① (人)の都合がつく ② (物や要望など)に合わせる
③ (人)に服が似合う 名C スーツ
☑ What day would **suit** you best?
（いつがご都合がよろしいですか）
☑ We can create any hedges to **suit** your garden.
（お客様のお庭に合わせた生け垣をお作りいたします）
☑ I believe this photocopier will **suit** our needs.
（このコピー機は私たちのニーズに合っていると思います）

follow suit
先例に倣う
💬 もともとはトランプで相手が出したカードの柄に合わせて自分も同じ柄のカードを出すということ。
☑ Budget airline companies are successful enough to have others **follow suit** and lower their fares.
（格安航空会社は、他の航空会社がそれに倣って運賃を引き下げるほどの成功を収めています）

suitable
[sú:ṭəbl]
形 ふさわしい、適切な

coincide
[kòʊɪnsáɪd]
動自 ① (出来事が)同時に起こる、重なる ② (意見などが)一致する
> **coincide** with the event （(予定が)そのイベントと重なる）

coincidence
[koʊínsɪdəns]
名CU ① 同時発生 単 ② (意見などの)一致

according to
① 〜によると ② 〜に応じて、従って
★ ac (〜の方に)＋cord (心)＋ing →〜の方に心を寄せること
> **according to** the schedule （予定によると）

☑ This report ranks restaurants **according to** customer satisfaction.

（このレポートは顧客満足度によって飲食店を格付けしています）

受容・享受

accommodate

[əká(:)mədèɪt]

動他 ① ～を収容する、受け入れる ② (意見や要望など)に応じる 自 ③ (特定の状況に)慣れる

★ ac (～の方へ) + com (共に、完全に) + mod (型) + ate →全て同じ型にはめる方へ

≻ **accommodate** international flights

（国際便を受け入れる）

adopt

[ədá(:)pt]

動他 ① (方法・ルール・製品など)を採用する、使い始める 自他 ② (人や動物の)里親となる

★ ad (～の方へ) + opt (選ぶ) →選ぶ方へ

☑ A new policy was **adopted**.

（新しい方針が採用されました）

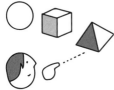

enjoy

[ɪndʒɔ́ɪ]

動他 ① ～を楽しむ ② (利益など)を享受する

☑ Members always **enjoy** 10% off our rental services.

（会員の皆様は常に、当店のレンタルサービスを10パーセント引きでご利用いただけます）

embrace

[ɪmbréɪs]

動自他 ① (～を)抱きしめる 他 ② (考え方や意見など)を受け入れる ③ ～を含む

★ em (中に) + brace (抱き込む)

≻ **embrace** a new idea

（新しい考えを受け入れる）

☑ Some companies have **embraced** an interesting sales strategy. （面白い販売戦略を取り入れている企業もあります）

undertake	動他 ① ～を引き受ける ② ～を始める
[ʌ̀ndərtéɪk]	★ under（下に）+ take（取る）→自分の下に取って来る
	➤ **undertake** a project （プロジェクトを引き受ける〔始める〕）
accept	動他 ～を受け入れる
[əksépt]	

称賛・絶賛

praise	動他 ～を褒める
[preɪz]	★ praise(price)→価値を与える→褒める
commend	動他 ～を褒める
[kəménd]	
compliment	名C 賛辞、お世辞
[ká(:)mpləmənt]	★ com（完全に）+ pli（満たす）+ ment →相手に対する気持ちを完全に満たすもの→賛辞
	➤ give her a **compliment** （彼女にお世辞を言う）
complimentary	形 ① 無料の ② 賛辞の
[kà(:)mpləméntəri]	➤ **complimentary** address （祝辞）
acclaim	動他 ～を褒める、称賛する 名U 称賛
[əkléɪm]	★ ac（～の方に）+ claim（叫ぶ）→～の方に向かって叫ぶ

☑ Ian Findley is among the **acclaimed** pianists who have won several awards.
（イアン・フィンドレーは、いくつかの賞を受賞して高く評価されているピアニストの1人です）

☑ All the works were created by the critically **acclaimed** artist Fiona Delaney.
（全ての作品は、批評家から高い評価を得ているアーティストのフィオナ・ディレイニーによって制作されました）

applaud	動自他 （～に）拍手する
[əplɔ́ːd]	★ a(p)（～の方へ）+ plaud（たたく）→たたく方へ→手をたたく

applause
[əplɔ́ːz]

名U 拍手喝采

credit
[krédət]

名U ① 信用取引 ② 功績に対する賞賛、映画のクレジット(功績を認めて製作者一覧に名前を載せること) 動他 ① (銀行口座など)に入金する ② (credit ～ to ... のかたちで)～を…のおかげだとする、～を…の功績とする

☑ I think Ms. Anaya deserves **credit**.
（アナヤさんは評価に値すると思います）

☑ All the donors' names are on the **credits** slide.
（寄贈者全員のお名前をクレジットスライドに掲載しました）

☑ The innovative design of the museum is **credited** to Mr. Walsh.
（美術館の斬新なデザインはウォルシュ氏の功績によるものです）

accolade
[ǽkəlèɪd]
❶ アクセント

名C 称賛、絶賛

> receive **accolades** （称賛を受ける）

評価・査定

appraise
[əpréɪz]

動他 ～を評価する、査定する

★ a(p)(～の方へ) + praise(price) →価値を与える方へ→評価する

appraisal
[əpréɪzəl]

名C U 評価、査定

> performance **appraisal** （人事考課、勤務評定）

assess
[əsés]

動他 ～を評価する、査定する

★ a(s)(～の方へ) + sess(座る) →座る方へ→判事の横に座って評価する→査定する

☑ The survey was conducted to **assess** recent tourism trends in India.
（インドの最近の観光動向を評価するために、この調査は行われました）

assessment
[əsésmənt]

名C U 評価、査定

evaluate

[ɪvǽljuèɪt]

動他 ～を評価する、査定する

★ e (外へ) + val(u) (力、価値) + ate → 価値を表す→評価する

---

evaluation

[ɪvæljuéɪʃən]

名 C U 評価、査定

> performance evaluation （業績評価）

---

rate

[reɪt]

動他自 (～を)評価する 名 C ① 割合 ② 価格

☑ RATE OUR SERVICES AND WIN A FREE MEAL!

（私たちのサービスを評価して、無料の食事を獲得しましょう!)

☑ Could you complete a survey to rate your time with us?

（私たちとの時間を評価するためのアンケートに答えていただけますか）

---

rating

[réɪtɪŋ]

名 C 評価

☑ Looking at your feedback, I see that you've given very low ratings overall for our services.

（あなたのフィードバックを見ると、私たちのサービスに対する評価が全体的に非常に低いことがわかります）

---

recognize

[rékəgnàɪz]

動他 ① (人や物を)を認識する ② (事実や業績など)を認める ③ (人)を評価する、表彰する

★ re (再び) + co (共に、完全に) + gn(o) (知る) + ize → 再び完全に知る

☑ She was recognized for her outstanding achievement in psychology.

（彼女は、心理学における顕著な業績により表彰されました）

---

recognition

[rèkəgníʃən]

名 U ① 認識 ② (功績などを)認めること、評価

☑ Mr. Kwon deserves recognition for his dedication to the project. （プロジェクトに対するクォン氏の献身は評価に値します）

---

review

[rɪvjúː]

動他 ① ～を再検討する、見直す ② ～の批評を書く ③ ～を復習する 名 C U ① 再検討 C ② 批評、評価

★ re (再び) + view (見る) → 再度見る→見直す

☑ Ms. Garcia reviews new novels every month.

（ガルシアさんは、毎月新しい小説の批評を書いています）

> performance review （人事考課、勤務評定）

> rave **review** （高評価、絶賛）

成功・失敗

make it

① うまくやる、成功する ② 間に合う、到着する ③ 都合をつける、出席する (P330)

☑ Our team is going to **make it** to the playoffs.
（私たちのチームはプレーオフに進出するつもりです）

work
[wə:rk]

動自他 ① 働く、働かせる ② （機械などが）稼働する 自 ③ うまくいく、役立つ、効果がある ④ （日時などの）都合がつく 名U ① 仕事 C ② 作品 (P328)

miss
[mɪs]

動自他 ① （～を）逃す 他 ② ～し損なう ③ ～が（い）なくて寂しく思う 名C 失敗

> **miss** working at the museum （美術館で働く機会を逃す）

立案・提案

propose
[prəpóuz]

動他 ～を提案する

★ pro（前に）+ pose（置く）→ 前に置く → 人の前に言葉を置く

> **propose** a meeting be rescheduled
（会議の日程変更を提案する）

proposition
[prà(:)pəzíʃən]

名C 提案

suggest
[səgdʒést]

動他 ① ～を提案する ② ～を示す、示唆する

★ su(g)（下に）+ gest（運ぶ）→ 下に運ぶ → 人の下に考えを運ぶ

> **suggest** that the presentation slide include charts and graphs
（プレゼンテーションのスライドに図表を含めることを提案する）

suggestion
[səgdʒéstʃən]

名C 提案

> make a **suggestion** （提案する）

set out

① 出発する ② ～を始める ③ （計画など）を立案する

> **set out** a plan （計画を立てる）

放棄・免除

exempt
[ɪgzémpt]

動他 を（…から）免除する

💬「exempt〈人〉from N / Ving」のかたちで使われることが多い。

> **exempt** him from paying his tuition
（彼の学費の支払いを免除する）

waive [weɪv]	動他 (権利など)を放棄する、(料金など)を免除する

> **waive** a shipping fee （配送料を免除する）

☑ Registration fees will be **waived** for those who have invitation codes issued by host companies.
（主催会社発行の招待コードをお持ちの方は、登録料が免除されます）

abandon [əbǽndən]	動他 ① ～を見捨てる ② ～を放棄する

競争・論争

compete [kəmpíːt]	動自 競争する ★ com (共に)＋pete (求める)→共に求める→共に競う

competition [kà(:)mpətíʃən]	名U ① 競争 ② 競争相手、競合他社 C ③ (競技)大会

> **competition** in the automotive market
（自動車市場における競争）

competitor [kəmpéṭəṭər]	名C 競争相手、競合他社

argue [áːrɡjuː]	動自 ① 口論する、論争する 自他 ② (～を)主張する、述べる

argument [áːrɡjʊmənt]	名CU ① 議論、討論 C ② 論拠、主張

☑ He made a convincing **argument** as to why the server should be replaced. （彼は、サーバーを交換すべき理由について説得力のある主張をしました）

controversy [ká(:)ntrəvə̀ːrsi]	名CU 論争、議論 ★ contr(o)(反対に)＋vers(回る)＋y→反対に回る→反目する

controversial [kà(:)ntrəvə́ːrʃəl]	形 論争を引き起こす

遂行・実施

perform [pərfɔ́ːrm]	動他 ① ～を遂行する 自他 ② (～を)演じる、演奏する ★ per (通して)＋form (形、型)→通して形にする

116

conduct
[kəndʌ́kt]

動他 ～を実施する、行う

★ con（共に）＋duct（導く）→みんなを導く

≻ conduct a survey （調査を行う）

execute
[éksɪkjùːt]

動他 ～を実施する、遂行する

★ ex（外に）＋sec(ute)（続く）→外に続く→とことん続ける→やり通す→遂行する

implement
[ímplɪmènt]

動他 ～を実施する

★ im（中に）＋ple（重ねる）＋ment →中に重ねる→実施する

☑ Management has decided to **implement** a new company policy.
（経営陣は、新しい会社の方針を実施することに決めました）

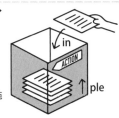

7

行為・動作①

implementation
[ìmplɪmentéɪʃən]

名U 実施

carry out

～を実施する、実行する

蓄積・積み上げ

pile
[paɪl]

動他 ～を（乱雑に）積み上げる 名C （書類などの）山

☑ Some crates are **piled** up beside the door.
（ドアの側に木箱が積んであります）

stack
[stæk]

動他 ～を（きちんと）積み上げる 名C （書類などの）山

☑ Some chairs have been **stacked** against a wall.
（いくつかの椅子が壁を背に積まれています）

変更・修正

reform
[rɪfɔ́ːrm]

動他 （仕組みや組織など）を変える、（文言など）を修正する

★ re（再び）＋form（形、型）→再度形づくる

🗨 reform には「（人）を更生させる」という意味もあるが、TOEICでは出題されない。

remodel
[ri:mά(:)dəl]

動他 (建物など)を改装する

★ re (再び) + model (型) → 再び型を作り直す

☑ The workplace is being **remodeled**.　(職場は改装中です)

remodeling
[ri:mά(:)dəlɪŋ]

名U 改装

renovate
[rénəvèɪt]

動他 (建物など)を改装する

★ re (再び) + nov (新しい) + ate → 再び新しくする

☑ The Central Plaza Hotel **renovated** its guest lounge last November.

(セントラル・プラザホテルは、昨年11月にゲストラウンジを改装しました)

renovation
[rènəvéɪʃən]

名CU 改装

＞ under **renovation**　(改装中で)

refurbish
[ri:fə́:rbɪʃ]

動他 (建物など)を改装する

☑ The concert will be held at the **refurbished** cathedral on March 19.

(コンサートは、改装された大聖堂で3月19日に開催されます)

refurbishment
[ri:fə́:rbɪʃmənt]

名U 改装

alter
[ɔ́:ltər]

動自他 ① (〜を)変更する 他 ② (ズボンの裾など)を直す

★ alter (変える) → 変更する

☑ I need to have my suit **altered** by the end of the month.

(今月末までにスーツを直してもらう必要があります)

alteration
[ɔ̀:ltəréɪʃən]

名CU 変更

alternative
[ɔ:ltə́:rnətɪv]

形 代わりの、代替の

modify
[má(:)dɪfàɪ]

動他 〜を修正する
★ mod (型) + ify →きちんとした形になるようにする

modification
[mà(:)dɪfɪkéɪʃən]

名 C U 修正
☑ Important **modifications** have been made to the company policy. （会社の方針に重要な変更が加えられました）

correct
[kərékt]

動他 〜を正す 形 正しい
★ co (完全に) + rect (まっすぐ、導く) →完全にまっすぐにする

7

行為・動作①

correction
[kərékʃən]

名 C U 訂正
☑ A **correction** will appear in the magazine's next issue. （訂正は本誌の次号に掲載されます）

revise
[rɪváɪz]

動他 〜を見直す、改訂する
★ re (再び) + vise (見る) →再度見る→見直す

revised
[rɪváɪzd]

形 改訂された
❯ **revised** edition （改訂版）

revision
[rɪvíʒən]

名 C U 見直し、改訂
❯ suggest **revisions** to a plan （計画の見直しを提案する）

vary
[véəri]

動自 ① 互いに異なる 自他 ② 変わる、〜を変える

come around

① ぶらっと訪れる ② (意見などを)変える

convert
[kənvə́:rt]

動自他 (形や用途などを)変える
★ con (共に、完全に) + vert (回る、向ける、曲がる) →完全に向きを変える→転換する

restructure
[rì:strʌ́ktʃər]

動他 (組織など)を変革する
★ re (再び) + structure (積まれたもの) →積み直すこと→再編

改善

enhance
[ɪnhǽns]

動他 〜を改善する
❯ **enhance** the quality （質を高める）

enhancement
[ɪnhǽnsmənt]

名 C U (質などの)向上、改善

➤ **enhancements** to the landscape （景観の改善）

improve
[ɪmprúːv]

動 他 ～を改善する

improvement
[ɪmprúːvmənt]

名 C U 改善

streamline
[stríːmlàɪn]

動 他 (組織や仕組みなど)を能率化する、合理化する

★ stream(流れ)＋line(線)→流線型にする→無駄を無くす

➤ **streamline** a process （手続きを簡素化〔能率化〕する）

☑ We need to **streamline** our inventory control by using
dedicated software.
（専用のソフトウェアを使用して当社の在庫管理を合理化する必要が
あります）

修復・復旧

restore
[rɪstɔ́ːr]

動 他 ① (建物など)を修復する　② (サービスなど)を復旧させる
③ (データなど)を復元する

★ re(再び)＋store(保存する、蓄える)→保存し直す

➤ **restore** an antique （骨董品を修復する）

☑ Electricity is scheduled to be **restored** by tomorrow
morning.
（電気は明日の朝までに復旧する予定です）

restoration
[rèstəréɪʃən]

名 C U ① 修復　② 復旧　③ 復元

許可・承認

permit
[動 pərmít,
名 pə́ːrmɪt]

動 他 ～を許可する、認める　名 C 許可証

★ per(～を通して)＋mit(送る)→～
を通して送る→～の通過を認める
→～を許可する

☑ Employees are **permitted** to
work from home two days a
week. （従業員は週に2日、自宅で仕
事をすることが認められています）

> driving **permit** （運転免許証）
> parking **permit** （駐車許可証）
> operating **permit** （営業許可証）

permission
[pərmíʃən]

名U ① 許可 C ② 許可証(通例 permissions)

sanction
[sǽŋkʃən]

名U ① 認可 C ② 制裁

★ sanct(神聖な)+ion →聖域にする
→①行動を法律で認めること→認可
→②行動を法律で制限すること→制裁
💬 認可と制裁は逆の意味だが、これは一方からみれば「認可」、他方からみれば「制裁」になるという視点の違いによるもの。
> without local government **sanction**
（地方自治体の認可なしに）

approve
[əprúːv]

動他 ① 〜を承認する 自 ② 良いと思う、支持する

★ a(p)(〜の方へ)+prove(試す、証明する)→証明する方へ
📝 I am pleased to confirm that your marketing plan has been **approved**.
（あなたのマーケティング計画が承認されたことを喜んでお知らせいたします）

approval
[əprúːvəl]

名CU 承認

authorization
[ɔ̀ːθərəzéiʃən]

名CU (公的な)承認、許可

authorize
[ɔ́ːθəràiz]

動他 〜を承認する、許可する、〜に権限を与える

★ author(何かを生み出す人)+ize →何かを生み出す人にする
→〜に権限を与える

authority
[əθɔ́ːrəti]

名U ① 権限 C ② 当局 ③ 権威者 CU ④ 許可

★ author(何かを生み出す人)+ity →何かを生み出す人→権威を持っている人→権威者が与えるもの

7

行為・動作①

endorse

[ɪndɔ́:rs]

動他 (公式に)〜を承認する、支持する ② (商品やサービスなど)を推薦する

★ en(入れる)+dorse(裏)→小切手の裏に墨を入れる→裏書きする→保証する、支持する、承認する

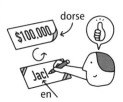

> endorse the plan
> (計画を承認する)

> endorse a candidate
> (候補者を支持する)

endorsement

[ɪndɔ́:rsmənt]

名 C U ① 承認、支持 ② (商品やサービスの)推薦

accredited

[əkrédət̬ɪd]

形 正式に許可を与えられた、公認の

★ ac(〜の方へ)+cred(it)(信頼、信用)+ed→信用を与えられた

grant

[grænt]

動他 ① 〜を与える ② 〜を許可する 名 C 補助金、助成金

> grant a request (要求を認める、要望に応じる)

> grant Ms. Croft a deadline extension
> (クロフトさんに期限の延長を認める)

chartered

[tʃá:rt̬ərd]

形 ① 貸切られた ② 設立許可を与えられた、公認の

☑ We are one of the banks **chartered** in London.
(当行はロンドンで設立〔認可〕された銀行の1つです)

退去・退出

vacate

[véɪkeɪt]

動他 ① 〜を空にする ② (場所など)を立ち退く

★ vac(空っぽ)+ate→家を空にする→〜を立ち退く

> vacate the building (建物を立ち退く)

☑ Offices need to be **vacated** temporarily to allow workers to repaint.
(作業員が再塗装できるように、事務所は一時的に立ち退く必要があります)

evict

[ɪvíkt]

動他 (法的に)〜を立ち退かせる

★ e(外へ)+vict(戦う、征服する、勝利する)→勝って外へ追い立てる→立ち退かせる

支援・援助

assist

[əsíst]

動自他 (人を)支援する、手助けする

★ as（〜の方に）＋sist（立つ）→相手の方に立つ

💬「assist with[in] N」、「assist in Ving」、「assist〈人〉with[in] N」、「assist〈人〉in Ving」、「assist〈人〉to V」、「assist〈人〉by Ving」のいずれかのかたちで使うことが多い。

☑ Our team will hire three interns to **assist** with laboratory duties.　（私たちのチームは、研究室の業務を支援するために3人のインターンを雇うつもりです）

☑ May I **assist** you in upgrading some software on your computer?　（お使いのコンピューターのソフトウェアのアップグレードをお手伝いしましょうか）

assistance

[əsístəns]

名U 支援、手助け

aid

[eɪd]

動他 〜を援助する、手助けする　名U 援助、手助け

💬「aid〈人〉with[in] N」、「aid〈人〉in Ving」または「aid N」のかたちで使うことが多い。

➢ **aid** her in her work　（彼女の仕事を手助けする）

back up

① (データ)をバックアップする　② (人)を支援する　③ (スケジュールなど)を滞らせる　④ (車など)をバックさせる

➢ **back up** my colleague　（同僚を支援する）

patronage

[pǽtrənɪdʒ]

名U ① 後援　② (お店などに対する)ひいき、愛顧

★ patron（父の）＋age →父のように家族を支えること→支援

☑ I value you for your continued **patronage**.

（今後ともご愛顧のほどよろしくお願いいたします）

sponsor

[spá(:)nsər]

名C 支援者、後援者

★ spons（誓う）＋or（人）→支援を誓う人

sponsorship(s)

[spá(:)nsərʃɪp(s)]

名複U 支援、後援

sustain

[səstéɪn]

動他 〜を維持する、支持する

sustainable [səstéɪnəbl]	形 維持することができる、持続可能な ❯ **sustainable** energy　(持続可能エネルギー)
propped [prɑ(:)pt]	形 支えられて、立て掛けられて ✓ A clock is **propped** against the wall. 　(時計が壁に立て掛けられている) ✓ A door has been **propped** open.　(扉が支えられて開いている)

提供・供給

offer [ɔ́(:)fər]	動他 ① ～を提供する　目動 ② (～を)申し出る　名C 申し出 ★ o(f)(離れて)+ fer(運ぶ)→離れた場所に運ぶ
cater [kéɪṭər]	動自他 (食べ物や飲み物を)提供する、仕出しする ❯ **cater** (for) the event　(イベントに料理を仕出しする)
catering [kéɪṭərɪŋ]	名U ケータリング、出前
equip [ɪkwíp]	動他 ① ～に装備を与える　② (人)に情報や知識を与える
equipment [ɪkwípmənt]	名U 機器、設備
furnish [fə́:rnɪʃ]	動他 (家具など)を備え付ける
provide [prəváɪd]	動他 ～を提供する ★ pro(前に)+ vide(見る)→前を見ながら備える→供給する
serve [sə:rv]	動目他 ① (～を)提供する　② (客などの)応対をする
dispense [dɪspéns]	動他 ～を与える
present [名形prézənt, 動prɪzént]	名C 贈り物　形 ① 出席して、居合わせて　② 現在の 動他 ① ～を提示する　② ～を与える、プレゼントする　(P318) ★ pre(前に)+ sent(ある)→人の前にある(出す) ❯ **present** him with an award　(彼に賞を贈る) ❯ **present** an award to him　(彼に賞を贈る)

grant
[grænt]

動他 ① ～を与える ② ～を許可する 名C 補助金、助成金

> grant him a scholarship （彼に奨学金を与える）

The institute **grants** scholarships for those studying space science.
（その研究所は、宇宙科学を研究する学生に奨学金を提供します）

award
[əwɔ́ːrd]

動他 (賞やお金など)を与える 名C 賞

★ a (～の方へ) + ward (見る) → 人の方を見る

Funds have been **awarded** to the groundwater project.
（その地下水プロジェクトに資金が提供されました）

outfit
[áʊtfìt]

動他 (人)に装備〔服装〕を与える 名C 装備、衣服

supply
[səplái]

動他 ～を供給する 名U ① 供給 C ② 供給品、必需品、備品(通例 supplies)

★ su (下に) + ply (満たす、重ねる) → 下に満たす → 供給する

extend
[ɪksténd]

動自他 ① (～を)延長する 他 ② ～を与える、伝える

> extend an invitation （招待する）

spare
[speər]

動他 ① ～に(時間など)を割いて与える ② (お金など)を取っておく、節約する ③ (手間など)を省く 形 ① 予備の ② 余っている 名C 予備のもの (P327)

💬「spare 〈人〉〈時間など〉」または「spare 〈時間など〉for 〈人〉」のかたちで使うことが多い。

Could you possibly **spare** me a few minutes?
（少しお時間を割いていただけないでしょうか）

gift
[gɪft]

名C ① 贈り物 ② (天賦の)才能

bonus
[bóʊnəs]

名C ① 賞与、特別手当 ② 特典、思いがけない贈り物

> added **bonus** （おまけ）

Seeing dolphins was an unexpected **bonus** to the cruise experience.
（イルカを見られたのは、クルーズ体験の予期せぬ特典でした）

7
行
為
・
動
作
①

復習テスト 7

[1] それぞれ2つの語句が同義語ならS(Synonym)、反意語ならA(Antonym)で答えなさい。

1. evaluate	assess	(	)
2. perform	carry out	(	)
3. accommodate	reject	(	)
4. work	fail	(	)
5. dispense	give out	(	)

[2] それぞれの語句の説明が正しければT(True)、間違っていればF(False)で答えなさい。

6. **testimonial**	a test of knowledge	(	)
7. **expedite**	to make a process happen more quickly	(	)
8. **donate**	to pay money for the use of something	(	)
9. **refurbish**	to renovate a building in order to improve its appearance	(	)
10. **patronage**	the act of protecting places or people	(	)

[3] 以下の文の空所に当てはまる語句を語群の中から選んで答えなさい。

11. Several popular singers (　　　　) its products.

12. Please be aware that certain models are being (　　　　) for repair.

13. We are (　　　　) to offering quality products at reasonable prices.

14. The innovative design of the museum is (　　　　) to Mr. Walsh.

15. Offices need to be (　　　　) temporarily to allow workers to repaint.

a. endorsed	b. vacated	c. credited
d. recalled	e. committed	

[4] 指定された文字で始まる語句を書き入れて、それぞれの文を完成させなさい。

16. Job seekers should provide at least two (r   ) when applying for the positions.

 求職者は応募の際、少なくとも2通の推薦状を提出してください。

17. Located in a suburban area, the restaurant (b   ) a patio with a spectacular view of the mountains.

 郊外に位置するそのレストランには、山の素晴らしい景色を望むテラスがあります。

18. Since Icarustech ended production of amplifiers, its customers have searched for suitable (a   ).

 イカロステックがアンプの生産を終了して以来、顧客は適切な代替品を探してきました。

19. All (p   ) will be donated to a local charity.

 全ての収益は地元の慈善団体に寄付されます。

20. Registration fees will be (w   ) for those who have invitation codes issued by host companies.

 主催会社発行の招待コードをお持ちの方は、登録料が免除されます。

[5] 括弧内の語句を並べ替えて、それぞれの文を完成させなさい。

21. We need to (by / talent / great / a / competitive / retain / paying / salary).
 (   )

22. David Rios will (for / day / substitute / that / on / John Kwang).
 (   )

23. We will (charity / in / walk / the / for / participate / ten-kilometer).
 (   )

24. The job (qualifications / like / an / seems / match / for / my / excellent).
 (   )

25. He (the / a / should / to / argument / why / convincing / made / as / server) be replaced.
 (   )

［解答］

1. S 2. S 3. A 4. A 5. S 6. F (→examination) 7. T 8. F (→rent) 9. T
10. F (→guard) 11. a 12. d 13. e 14. c 15. b 16. references 17. boasts
18. alternatives 19. proceeds 20. waived 21. retain great talent by paying a competitive salary 22. substitute for John Kwang on that day 23. participate in the ten-kilometer walk for charity 24. seems like an excellent match for my qualifications 25. made a convincing argument as to why the server should

このセクションでは、Section 7 に続いて「行為・動作」に関する語句を30のカテゴリに分けて紹介します。メインは動詞ですが、同じカテゴリで押さえておくべき動詞以外の品詞も取り上げます。

妨害・障害

prevent
[prɪvént]

動他 ～を防ぐ

★ pre（前に）+ vent（行く、来る）→前に行って行く手を阻む

> prevent employees from leaving the company
（従業員が会社を辞めるのを防ぐ）

☑ This coating also **prevents** the colors from fading.
（このコーティングは色あせも防ぎます）

preclude
[prɪklúːd]

動他 ～を防ぐ

★ pre（～の前に）+ clude（閉じる）→
～の前に閉じる

☑ This warning is to **preclude** the
public from entering our
premises.
（この警告は、一般の人が私たちの敷
地に侵入するのを防ぐためのものです）

pre

clude(=close)

obstruct
[əbstrʌ́kt]

動他 ～を妨害する

★ ob（～に向かって）+ struct（積む）→～に向かって積む

disturb
[dɪstə́ːrb]

動他 ① ～の邪魔をする ② ～を困惑させる

★ dis（完全に）+ turb（かき乱す）→完全にかき乱す

☑ Latecomers are warned not to **disturb** the audience.
（遅れて来た方は聴衆の迷惑にならないようご注意ください）

prohibit
[prouhíbət]

動他 ① (法律で)～を禁止する ② ～を妨げる

★ pro（前に）+ hibit（置く、持つ）→前に置く→前に置いて妨げる

始動・開始

launch
[lɔːntʃ]
❗発音

動他 ① (活動など)を開始する ② (製品など)を発売する
名C ① 開始 ② 発売
☑ She received funding to **launch** a new business.
(彼女は資金を得て新しい事業を始めました)

initiate
[ɪníʃièɪt]

動他 (重要なことなど)を開始する
★ in(中に)+it(行く)+ate→中に入って行く→～を始める
☑ We decided to **initiate** the meeting 30 minutes earlier than usual.
(いつもより30分早く会議を始めることに決めました)

commence
[kəméns]

動自他 (～を)開始する
☑ Dining room renovations are set to **commence** in early April. (ダイニングルームの改装は4月初旬に開始する予定です)

set out

① 出発する ② ～を始める ③ (計画など)を立案する
➤ **set out** to write a new book (新しい本の執筆を始める)

kick off

(会議など)を始める

undertake
[ʌ̀ndərtéɪk]

動他 ① ～を引き受ける ② ～を始める
★ under(下に)+take(取る)→自分の下に取って来る
➤ **undertake** a project (プロジェクトを始める[引き受ける])

activate
[ǽktɪvèɪt]

動他 (機器など)を稼働させる

embark on

(事業や計画など)に乗り出す、着手する
☑ He **embarked on** this project when he graduated from high school.
(彼は高校卒業と同時に、このプロジェクトに着手しました)

8
行為・動作②

inception
[ɪnsépʃən]

名U 創業、(制度などの)開始

★ in(中に)+cept(つかむ)+ion →
つかんで中へ→チャンスをつかん
でビジネスの世界へ→創業、開始

➤ since its **inception** （創業以来）

opening
[óʊpənɪŋ]

名C ① 開店、初日　② 求人、仕事の空き　③ 日程の空き　④ 冒頭　形 初めの、開会の　(P326)

➤ much-awaited grand **opening** （待望の新規開店）

inaugurate
[ɪnɔ́ːɡjərèɪt]

動他 ① ～の就任式を行う　② (建物)の落成式を行う、(建物)の使用を開始する　③ (組織など)を創設する

★ in(中に)+augur(増える)+ate →(占いで作物が田畑の中に増えることを祈って)物事を始める

✍ Hassan, Inc., will hold a ceremony to **inaugurate** its new office building.
（ハッサン社は新社屋の落成式典を行う予定です）

✍ The final match will **inaugurate** the refurbished stadium.
（決勝戦には改装されたスタジアムが初めて使用されます）

resume
[rɪzjúːm]

動他 ～を再開する

★ re(再び)+sume(取る)→再び行動を取り始める

✍ Now that the program works correctly, we can **resume** our work.
（プログラムが正常に稼働するようになったので、私たちは仕事を再開できます）

renew
[rɪnjúː]

動他 ① ～を更新する　② ～を再開する

終了・完了

conclude
[kənklúːd]

動他 ① 〜を結論付ける 自 ② 終わる 他 ③ 〜を終わらせる

★ con（完全に）＋clude（閉じる）→
完全に議論を閉じる

📝 The tour will **conclude** in front
of the city library around noon.
（ツアーは正午頃に市立図書館前で終
了します）

con
clude(=close)

📝 According to the schedule, Ms.
Izzo will **conclude** her speech at
11:45 A.M.
（スケジュールによると、イッツォ氏は午前11時45分にスピーチを終えます）

complete
[kəmplíːt]

動他 ① 〜を完了させる ② 〜を全て記入する 形 ① （強調して）
まったくの〜 ② 完全な ③ （物事を）終えた ④ （complete with
のかたちで）〜を完備した

★ com（完全に）＋plete（満たす）→
完了させる、完全な

terminate
[tɔ́ːrmɪnèɪt]

動自他 （〜を）終わらせる

★ termin（限界）＋ate →限界を定めて完全に切り離す

termination
[tɔ̀ːrmɪnéɪʃən]

名C 終了、終焉

継続・連続

run
[rʌn]

動自 ① 走る ② 続く ③ （run out ofのかたちで）〜を使い果たす
④ （run intoのかたちで）〜に直面する ⑤ （run forのかたちで）
〜に立候補する 自他 ⑥ （〜を）運行する ⑦ （〜を）稼働する
⑧ （〜を）掲載する 他 ⑨ 〜を経営する、運営する　　　(P329)

📝 This seminar **runs** for four hours.
（このセミナーは4時間続きます）

8

行為・動作②

consecutive [kənsékjuṭɪv]	形 連続の

★con(完全に)+secute(続く)+ive→
完全に続く→連続の

≻for the third **consecutive** year
（3年連続で）

☑ Sales of our equipment improved in four **consecutive** quarters.
（当社の機器の売り上げは4四半期連続で改善しました）

ongoing [ɔ́ngòʊɪŋ]	形 現在行われている、進行中の
permanent [pə́:rmənənt]	形 永続的な、不変の

★per(通して)+man(とどまる)+ent→ずっとある

sequel [sí:kwəl]	名 C (本や映画などの)続編

★seq(u)(続く)+el→続き

sequence [sí:kwəns]	名 C U ① 順序 C ② 連続

★seq(u)(続く)+ence(こと)→連続

last [læst]	形 最後の 動 自 続く、長持ちする

☑ The meeting will **last** approximately 90 minutes.
（会議はおよそ90分続く予定です）

☑ Batteries made by Harper Electronics **last** long.
（ハーパー・エレクトロニクス製の電池は長持ちする）

中断・中止

interrupt [ìnṭərʌ́pt]	動 自 他 ① (人の話を)遮る 他 ② ～を(一時的に)中断させる

★inter(間に)+rupt(崩れる)→間に崩れ入る→邪魔する

interruption [ìnṭərʌ́pʃən]	名 C U 中断
disrupt [dɪsrʌ́pt]	動 他 ① ～を妨げる、乱す ② ～を途絶〔中断〕させる

★dis(離れて)+rupt(崩れる)→崩して離す→割って入る

disruption	名 C U ① 混乱 ② 途絶、中断
[dɪsrʌ́pʃən]	➤ temporary **disruption** （一時的中断）

suspend	動他 ① 〜を吊るす ② 〜を一時停止にする
[səspénd]	☑ Mail delivery will be **suspended** on October 23.
	（郵便配達は10月23日に一時停止されます）

cease	動自他 (〜を)やめる
[siːs]	

halt	動自他 (〜を)停止する 名単 停止
[hɔːlt]	➤ **halt** the production （生産を停止する）

8

行為・動作②

discontinue	動他 〜を製造中止にする
[dìskəntínjuː]	★ dis（〜ない）+ continue（続ける）→製造や事業を続けない

discontinued	形 製造中止になった
[dìskəntínjuːd]	➤ **discontinued** parts （製造中止になった部品）

outage	名 C 停電
[áʊṭɪdʒ]	➤ power **outage** （停電）

retire	動自 ① (定年)退職する 他 ② 〜を辞めさせる ③ 〜の使用を
[rɪtáɪər]	やめる
	★ re（後ろに）+ tire（引く）→後ろに身を引く
	☑ After 30 years of use, Jam Café has decided to **retire** its well-known logo.
	（ジャム・カフェは30年間使用してきたお馴染みのロゴの使用廃止を決定しました）
	☑ You can also refer to the **retired** instruction manual, I mean, the old paper copies.
	（廃止された取扱説明書、つまり古い紙の説明書も参照できます）

call off	〜を中止にする

掃除・洗濯

sweep	動他 (ブラシなどで)〜を掃く
[swiːp]	

rake

[reɪk]

動自他 (熊手で) (〜を)かき集める　名C 熊手

A man is **raking** some leaves into a pile.

（男性が葉を熊手でかき集めて山にしている）

vacuum

[vǽkjuəm]

動自他 (〜に)掃除機をかける　名C 掃除機

cleaner

[klíːnər]

名C ① 清掃人、清掃業者　② クリーニング店(通例cleaners または cleaner's)　CU ③ 掃除機　④ 洗浄剤

The **cleaners** arrived on time and shampooed the carpets.

（清掃業者は時間通りに到着してカーペットを洗浄しました）

Where are the closest dry **cleaners**?

（最も近いドライクリーニング店はどこにありますか）

> vacuum **cleaner** （掃除機）

She removed stains on the floor with a chemical **cleaner**.

（彼女は化学洗浄剤で床の汚れを落としました）

laundering

[lɔ́ːndərɪŋ]

🔊 発音

名U 洗濯

> the **laundering** of towels （タオルの洗濯）

laundry

[lɔ́ːndri]

🔊 発音

名U ① 洗濯、洗濯物　C ② クリーニング店

He's loading a cart with **laundry**.

（彼はカートに洗濯物を積み込んでいる）

Housekeeping staff always assorts towels and bed linens returned from the **laundry**.

（クリーニング店から戻ってきたタオルやベッドシーツ、枕カバーを客室清掃員がいつも分類しています）

ironing

[áɪərnɪŋ]

名U アイロンがけ

★ iron (鉄) + ing →鉄を押し当てること

housekeeping

[háʊskìːpɪŋ]

名U 家事、客室清掃(部)

> pricing for **housekeeping** （家事代行サービスの価格）

観察・監視

monitor

[má(ː)nətər]

動他 〜を監視する　名C 監視装置

★ monit (示す、警告) + or (もの、人) →示すもの

observe
[əbzə́:rv]

動他 ① ～を観察する ② (規則など)を守る ③ (祝日など)を祝う
★ ob(～の方に)＋serve(保つ、仕える)→～の方に目線を保つ

☑ Ms. Dubois will **observe** our manufacturing processes tomorrow.
(明日デュボワさんは当社の製造工程を見学します)

observation
[à(:)bzərvéɪʃən]

名 C U 観察

oversee
[òʊvərsíː]

動他 ～を監視する、監督する

supervise
[súːpərvàɪz]

動自他 (～を)監督する、管理する
★ super(上に)＋vise(見る)→上から見る→管理する

☑ Interns will be closely **supervised** by our professional accountants.
(実習生は、当社のプロの会計士からきめ細やかな管理〔指導〕を受けます)

8
行為・動作②

supervision
[sùːpərvíʒən]

名 U 監督

延長・延期

extend
[ɪksténd]

動自他 ① (～を)延長する 他 ② ～を与える、伝える
★ ex(外へ)＋tend(伸ばす、延ばす)→外へ伸ばす

extended
[ɪksténdɪd]

形 引き伸ばされた、延長された
➢ **extended** warranty (延長保証(サービス))
➢ **extended** business hours (延長された営業時間)

extension
[ɪksténʃən]

名 C U ① 延長 C ② 内線

put off

～を延期する

postpone
[poʊstpóʊn]

動他 ～を延期する
➢ **postpone** an event (イベントを延期する)

投票

vote
[voʊt]

動自他 (～に)投票する 名 C 投票

☑ Tom was **voted** chairperson of the committee.

（トムは投票で委員会の議長に選ばれました）

anonymous
[əná(:)nɪməs]

形 匿名の

★ a（～ない）+ nonym（名前）+ ous →
名前がない → 匿名の

≻ **anonymous** writer　（匿名の作者）

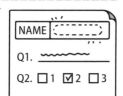

anonymously
[əná(:)nɪməsli]

副 匿名で

☑ Employees can submit ideas to management
anonymously.
（社員は匿名で経営陣にアイディアを提出することができます）

unanimous
[junǽnɪməs]

形 全会一致の、満場一致の

★ un(i)（1つ）+ anima（心、息、命）+
ous → 心が1つの

≻ **unanimous** approval
（満場一致の承認）

≻ by a **unanimous** vote
（全会一致の投票で）

unanimously
[junǽnɪməsli]

副 全会一致で、満場一致で

☑ The board of directors **unanimously** approved the merger
plan.
（取締役会は全会一致でその合併計画を承認しました）

poll
[poʊl]

名C 世論調査

読み書き

subscribe
[səbskráɪb]

動自 （subscribe to のかたちで）① ～を定期購読する　② ～に賛
同する

★ sub（下に）＋scribe（書く）→（契約書の）下部に署名する→定期購読する

> **subscribe** to a magazine
（雑誌を定期購読する）

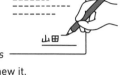

山田

📝 I currently **subscribe** to *Business News Today* — and I'd like to renew it.
（現在『Business News Today』を購読しているのですが、更新したいです）

8 行為・動作②

subscription
[səbskrípʃən]

名 C U ① 定期購読 ② 定期購読の支払金

fill in[out]

～に記入する

> **fill in[out]** a form （用紙に記入する）

mark
[mɑːrk]

動 他 ①（イベントなどがあること）を示す ②（記念日など）を祝う ③ ～に印を付ける

📝 I've **marked** the pages you need to check.
（確認が必要なページに印を付けました）

signature
[sígnətʃər]

名 C 署名

autograph
[ɔ́ːtəgræf]

名 C （有名人などの）サイン 動 他 ～にサインをする

★ auto（自ら）＋graph（書く）→自ら書き記したもの→サイン

> **autograph** a book （本にサインをする）

取得・獲得

obtain
[əbtéin]

動 他 ～を（苦労して）獲得する

★ ob（～の方に）＋tain（保つ）→保つ方へ→獲得する

> **obtain** an interview （面接の機会を得る）

gain
[ɡein]

動 自 他 ①（～を）得る 他 ②（体重など）を増やす

acquire

[əkwáɪər]

動他 ① ～を獲得する ② ～を買収する

★ ac (～の方に) + quire (求める) →
～を求めて得る方へ

acquisition

[æ̀kwɪzíʃən]

名U 獲得、買収

garner

[gáːrnər]

動他 (情報や支持など)を集める

> **garner** information　(情報を集める)

> **garner** attention　(注目を集める)

earn

[əːrn]

動自他 (報酬や名声などを)得る

> **earn** an international reputation　(国際的な評判を得る)

retrieve

[rɪtríːv]

動他 ① ～を取ってくる ② (情報)を検索して引き出す

> **retrieve** a cap from upstairs　(上の階から帽子を取ってくる)

☑ The new software enables users to **retrieve** data more
efficiently.
(新しいソフトウェアにより、ユーザーはより効率的にデータを取得す
ることができます)

retrieval

[rɪtríːvəl]

名U ① (紛失物などの)回収 ② (情報)検索

> information **retrieval**　(情報検索)

secure

[sɪkjúər]

動他 ① ～を確保する ② ～を安全にする 形 安全な

★ se (離れた) + cure (注意、世話)
→注意から離れた→注意する必
要がない→安全な

> **secure** an interview
(面接の約束を取り付ける)

> **secure** a seat　(座席を確保する)

receive
[rɪsíːv]

動他 ～を受け取る

★ re(元に)＋ceive(つかむ)→手元でつかむ→受け取る

receipt
[rɪsíːt]

名U ① 受領 C ② 領収書

win
[wɪn]

動自他 ① (競争などに)勝つ 他 ② (賞や支援など)を獲得する

名C 勝利

💬 「win〈人〉〈名声・賞など〉」のかたちで「〈人〉に〈名声・賞など〉をもたらす」の意味。

≻ **win** an award （賞を取る）

≻ **win** a contract （契約を獲得する）

☑ The title has **won** her millions of fans all over the world.
（このタイトルで、彼女は世界中に何百万人ものファンを獲得しました）

recoup
[rɪkúːp]

動他 (損失など)を取り戻す

grab
[græb]

動他 ① ～をつかみ取る ② (食事)を素早く取る

≻ **grab** a taxi （タクシーをつかまえる）

≻ **grab** lunch （昼食を素早く取る）

purchase
[pə́ːrtʃəs]

名C U ① 購入 ② 購入品

★ pur(前を)＋chase(追う)→追い求める→買い求める

☑ Meals are available for **purchase** at our theater.
（食事は当劇場で購入可能です）

☑ Do you offer discounts for bulk **purchases**?
（まとめ買いの割引はありますか）

snag
[snæg]

名C (思いがけない)問題 動他 ① ～をひっかけて傷つける

② (入手困難なもの)を取得する

☑ Fortunately, I was able to **snag** a seat in the free seating area.
（幸運にも、自由席の座席を確保することができました）

利用・使用

utilize
[júːʈələɪz]

動他 (特定の目的のために)～を使用する

★ uti(使う)＋lize→使用する

8

行為・動作②

accessible [əksésəbl]	形 ① アクセス可能な ② 利用可能な ③ 入手可能な ④ 会いやすい、話しやすい ⑤ 理解しやすい　　　　　　(P324)

★ a(c) (～の方へ) + cess (行く) + ible →～の方へ行きやすい

☑ The shopping mall is easily **accessible** by public transportation.

（ショッピングモールへは公共交通機関で簡単に行けます）

take advantage of	(機会など)をうまく利用する

≫ **take advantage of** the opportunity　（機会を利用する）

make use of	～を活用する

≫ **make use of** *one's* experience　（～の経験を生かす）

予測・推測

prospect [prá(:)spekt]	名 C U 見込み

★ pro (前に) + spect (見る) →前を見ること

prospective [prəspéktɪv]	形 見込みのある

≫ **prospective** candidate　（見込みのある候補者）

≫ **prospective** customer　（見込み客）

presume [prɪzjúːm]	動 他 ～だと推定する、見なす

★ pre (前に) + sume (取る) →前もって取る→推測する

predict [prɪdíkt]	動 他 ～を予測する

★ pre (前に) + dict (言う) →前もって言う

speculate [spékjulèɪt]	動 他 (確証なく)～を推測する

infer [ɪnfə́ːr]	動 他 ～を推測する

★ in (中に) + fer (運ぶ) →中に思いを寄せる→推し量る

anticipate [æntísɪpèɪt]	動 他 ～を予測する

★ anti(ante＝before) + cip (つかむ) + ate →事前につかむ

anticipated [æntísɪpèɪtɪd]	形 ① 予測された ② 待望の

≫ much-**anticipated** rollout　（待ちに待った製品の市場投入）

強調・誇張

stress
[stres]

動他 ～を強調する 名CU ① 緊張、ストレス U ② 強調

☑ Mr. Polk **stressed** that updates must be posted this evening at the latest.
（ポーク氏は、最新情報は遅くとも今晩掲載しなければならないと強調した）

≻ put **stress** on hands-on training　（実地研修を重んじる）

emphasize
[émfəsàɪz]

動他 ～を強調する

emphasis
[émfəsɪs]

名CU 強調

exaggerate
[ɪgzǽdʒərèɪt]

動自他 (～を)誇張する

★ex（完全に）+a(g)（～の方に）+ger（運ぶ）+ate→～の方に運びすぎる→誇張する、大げさに言う

exaggeration
[ɪgzæ̀dʒəréɪʃən]

名CU 誇張

highlight
[háɪlàɪt]

動他 ① (問題点や大事な点など)を強調する　② ～にマーカーを引く 名C 最重要点、見所

★high（強い）+light（光）→強い光を当てる→強調する

≻ **highlight** some benefits
（いくつかの利点を強調する）

☑ The film **highlights** the fierce competition between two major firms.
（この映画は大手2社の熾烈な競争を浮き彫りにしています）

high **light**

体勢・姿勢

kneel
[ni:l]

動自 ひざまずく

☑ A worker is **kneeling** on the ground.
（作業員が地面にひざまずいている）

lean
[li:n]

動自 ① (身体を)傾ける　② 寄り掛かる 自他 ③ (～を)立て掛ける

≻ **lean** against the wall　（壁に寄り掛かる）

8
行為・動作②

☑ Some scaffolding is **leaning** against a wall.
(足場がいくつか壁に立て掛けられている)

| **bend** [bend] | 動自他 (身体を)傾ける 他② (物)を曲げる |

乗車・下車

| **embark** [ɪmbáːrk] | 動自他 (船や飛行機に)乗り込む 自② (embark on のかたちで) (事業や計画など)に乗り出す、着手する |

★ em(中に)＋bark(小舟)→小舟の中に

| **disembark** [dìsɪmbáːrk] | 動自① (船や飛行機から)降りる 他② (人や荷物)を降ろす |

★ dis(離れて)＋embark(乗船する)→乗船状態から離れる

| **board** [bɔːrd] | 名C ① 板 ② 取締役会、役員会 U ③ 食事 動自他 (飛行機や船などに)乗る (P323) |

★ board(板)→甲板の上に乗る→搭乗する

➢ **board** an airplane （飛行機に乗る）

| **boarding** [bɔ́ːrdɪŋ] | 名U 乗車、乗船、搭乗 |

| **on board** | ① 搭乗して ② 参画して |

★ on(上に)＋board(板)→甲板の上に乗って→搭乗して

回復

| **recover** [rɪkʌ́vər] | 動自① 回復する ② 正常な状態に戻る 他③ 〜を取り戻す |

★ re(再び)＋cover(覆う)→壊れた部分を再び覆う

| **refill** [rìːfíl] | 動他 〜を再び満たす |

➢ **refill** the toner （トナーを補充する）

➢ **refill** a glass with water （グラスに水を補充する）

| **recoup** [rɪkúːp] | 動他 (損失など)を取り戻す |

| **recuperate** [rɪkjúːpərèɪt] | 動自① 回復する ② 正常な状態に戻る |

142

取捨選択・選考

choose
[tʃuːz]

動自他 (好きなものを)選ぶ

choice
[tʃɔɪs]

名 C U 選択、選択肢 形 高品質の、高級な

> meal **choices** （食事の選択肢）

select
[səlékt]

動他 ～を慎重に選ぶ 形 ① 選りすぐりの ② 高級な

★ se (離れて) + lect (集める、話す) → たくさんあるものの中から離して集める→選び出す

> photographs of **select** artwork （厳選された絵画の写真）

selection
[səlékʃən]

名 U ① 選択 C ② 選んだもの

screen
[skriːn]

名 C (テレビやパソコンの)画面、(映画館などの)スクリーン

動他 ① (荷物など)を検査する ② (候補者など)を選考する

③ (映画など)を上映する ④ ～を隠す　　　　　(P320)

☑ Applicants are **screened** for the final interview.
（応募者は最終面談に向けて選考されます）

screening
[skríːnɪŋ]

名 C U ① (映画などの)上映 U ② (候補者などの)選考

discard
[dɪskáːrd]

動他 ～を捨てる

★ dis (離れて) + card (紙、カード) → カードを手放す

dispose of

① ～を捨てる　② ～に対処する

★ dis (離れて) + pose (置く) → 離して置く→処分する

> **dispose of** garbage （ごみを捨てる）

☑ Want to **dispose of** your old computers safely but don't know how? （古いコンピューターを安全に処分したいけれどその方法がわかりませんか）

保護・保全

conserve
[kənsə́ːrv]

動他 ① ～を保護する　② ～を節約する

★ con (共に、完全に) + serve (保つ、仕える) → 完全に保つ

☑ Please obey the photocopying policy to **conserve** company resources.
（会社の資源を保護するためにコピー方針に従ってください）

8

行為・動作②

conservation 　名U ① 保護、保全 ② 節約
[kà(:)nsərvéɪʃən]
> conservation of wildlife 　(野生生物の保護)

preserve 　動他 ～を保護する 　名C (自然や動物の)保護区
[prɪzə́:rv]
★ pre (前に) + serve (保つ、仕える) →壊される前に保っておく

preservation 　名U 保護
[prèzərvéɪʃən]

shelter 　名U ① (危険や雨風などからの)保護 　C ② 避難所 　動自他 (人
[ʃéltər]　　を雨風などから)保護する

safeguard 　動他 ～を守る 　名C 防護策
[séɪfgà:rd]
★ safe (安全) + guard (守る) →守って安全にする
> safeguard valuable items 　(貴重品を守る)
☑ This software allows a company to **safeguard** its
　sensitive information.
　(このソフトウェアにより、企業は機密情報を保護することができます)

custody 　名U (大事なものの)保管、管理
[kʌ́stədi]

custodial 　形 管理の
[kʌstóʊdiəl]
> custodial services 　(管理業務)

sanctuary 　名C (自然や動物の)保護区、禁猟区
[sǽŋktʃuèri]
★ sanct(u) (神聖な) + ary →神聖な場所→聖域→保護区

前進・進捗

proceed 　動自 ① 続く ② (proceed with のかたちで)～を進める
[prəsíːd]
③ (proceed to のかたちで)～へ移動する、進む
★ pro (前に) + ceed (行く) →前に進む
> proceed with a plan
　(計画を進める)
> proceed to Gate10
　(10番ゲートへ進む)

progress [prá(ː)grəs]	名U 前進、進展 ★ pro（前に）＋gress（行く、進む）→前進

advance
[ədvǽns]

名 ① (in advanceで) 事前に、(in advance ofで) 〜の前に
C ② (技術や産業の) 進歩、発展　③ (給料などの) 前払い
動自他 (〜を) 進歩させる　形 事前の

🐦TOEICでは9割方 in advance のかたちで登場する。

★ adv（〜の方へ）＋ance（進む）→〜の方へ進む→前進、進歩

➢technological **advance** （技術の進歩）

☑ The International Dairy Products Association (IDPA) organizes trade shows and tasting events annually to **advance** the world trade in dairy products.
（国際乳品協会 (IDPA) は展示会や試食会を毎年開催し、乳製品の国際取引の推進に努めています）

8
行為・動作②

advanced
[ədvǽnst]

形 進歩した

➢**advanced** technology （先端技術）

申込・登録

register
[rédʒɪstər]

動自他 (〜を) 登録する、記録する　名C 登録一覧表

★ re（元に）＋gist（運ぶ）＋er（された）→元に運ばれた→運び留めおく→登録する、記録する

➢**register** for the seminar （セミナーに登録する〔申し込む〕）
➢**register** a complaint （苦情を申し立てる）

registered
[rédʒɪstərd]

形 ① 登録された　② 書留の
➢**registered** mail （書留郵便）

apply
[əplái]

動自 ① 申し込む　自他 ② (〜を) 適用する　他 ③ 〜を利用〔応用〕する　④ 〜を塗る

★ a（〜の方に）＋ply（満たす、重ねる）→〜の方に身を重ねる

sign up

申し込む

☑ If you don't have a membership, you can **sign up** for one here.
（もし会員権をお持ちでないなら、ここでお申し込みいただけます）

enter

[éntər]

動自他 ① (建物、組織、交渉などに)入る ② (契約などを)結ぶ ③ (大会などに)エントリーする 他 ④ ～を入力する

> enter a contest （競技会〔大会〕にエントリーする）

☑ Sign up now and you will be **entered** in a drawing for great prizes.

（今お申し込みいただくと、豪華賞品が当たるくじ引きにエントリーされます）

提出・提出物

submit

[səbmít]

動他 ～を提出する

★ sub（下に）+ mit（送る）→ 下に送る

submission

[səbmíʃən]

名UC ① 提出 C ② 提出物

> submission form （提出用紙）

☑ I look forward to receiving your **submissions**.

（皆様の提出物を受け取ることを楽しみにしております）

file

[faɪl]

動他 ① ～を保管する ② ～を提出する 自他 ③ (苦情などを)申し立てる 名C ① 書類とじ ② (データ)ファイル

☑ Ms. Morrison **filed** a report with the accounting department last week.

（モリソンさんは先週、経理部に報告書を提出しました）

turn in

（レポートなど)を提出する

hand in

（レポートなど)を提出する

設置・導入

install

[ɪnstɔ́ːl]

動他 ① (機器など)を設置する ② (ソフトウェアなど)を導入する

☑ I **installed** data analysis software on my workstation today.

（今日、ワークステーションにデータ分析用のソフトウェアをインストールしました）

installation

[ìnstəléɪʃən]

名U ① 設置 ② 導入 C ③ 設置されたもの

introduce

[ìntrədjúːs]

動他 ① (人)を紹介する ② (仕組みなど)を導入する

★ intro（中に）+ duce（導く）→ 中に導く

introductory
[ìntrədʌ́ktəri]

形 初歩の、入門の

rest
[rest]

名U ① 残り　CU ② 休み、休息　動自 ① 休む　自他 ② (〜を)置く

☑ Potted plants are **resting** on the window ledge.
（鉢植えの植物が窓台に置かれている）

固定・取り付け

mount
[maunt]

動自 ① 増える　自他 ② (馬や自転車に)乗る　他 ③ 〜を取り付ける、固定する　名C ① 山(Mount)　② (スマートフォンなどの)固定器具、ホルダー

★ mount (突き出た) → 突き出た部分に取り付けて固定する

☑ Some artwork is **mounted** on a wall.
（絵画が壁に取り付けられている）

≻ car phone **mount**　（自動車用電話ホルダー）

🗨 車内で携帯電話やスマートフォンを固定する器具。

8
行為・動作②

fix
[fíks]

動他 ① 〜を固定する　② 〜を修理する　③ 〜を解決する

affix
[əfíks]

動他 〜を取り付ける、貼り付ける

★ a(f) (〜の方へ) + fix (固定する) → 〜を取り付ける

fasten
[fǽsən]

動他 ① (シートベルトなど)を締める　② 〜を貼り付ける

hang
[hǽŋ]

動自他 (〜を)吊るす

☑ Tires are **hanging** beside the pier.
（船着き場の横にタイヤが吊るされている）

☑ He's **hanging** a picture on the wall.
（彼は壁に絵をかけているところだ）

suspend
[səspénd]

動他 ① 〜を吊るす　② 〜を一時停止にする

☑ Lighting fixtures are **suspended** from the ceiling.
（照明器具が天井から吊り下がっている）

☑ Wires are **suspended** above a table.
（電線がテーブルの上に架かっている）

attached

[ətǽtʃt]

添付された

☑ Please find **attached** a voucher for 10% off a future purchase at our store.

(将来当店での買い物が10%オフになる割引券を添付致します)

印刷・出版

issue

[íʃuː]

名C ① 問題 ② 発行 ③ (雑誌などの)号 動他 ① ～を発行する ② (声明など)を出す ③ ～を配布する　(P317)

☑ The correction will appear in the magazine's next **issue**.

(訂正は本誌の次号に掲載されます)

➢ back **issue** （既刊号、バックナンバー）

➢ **issue** a newsletter （会報を発行する）

☑ We **issued** an invitation to the dinner party today.

(本日夕食パーティーへの招待状を出させていただきました)

copy

[kɑ́(ː)pi]

名C ① コピー、複写 ② 冊、部 U ③ 原稿 動自他 ① (～を)コピーする 他 ② (人)にメールのコピーを送る

☑ The publisher will be sending 100 **copies** of my book to your university.

(出版社はあなたの大学に私の本を100冊送る予定です)

☑ The deadline for submitting the **copy** for the next issue is September 30.

(次号の原稿提出の締切りは9月30日です)

newspaper

[njúːzpèɪpər]

名C ① 新聞 U ② 新聞紙(物を包むなど、情報を得ること以外の目的で使う古紙としての新聞紙) C ③ 新聞社

☑ **Newspapers** and magazines are still useful vehicles for advertising.

(新聞や雑誌は依然として広告の有効な手段です)

☑ Please wrap the item in **newspaper** to prevent it from breaking.

(商品が壊れないように新聞紙で包んでください)

☑ Ms. Sanchez works for a local **newspaper**.

(サンチェスさんは地元の新聞社で働いています)

newsletter

[njúːzlètər]

图C 社内報、会報

bulletin

[búlətɪn]

图C ① ニュース速報 ② 会報

publication

[pàblɪkéɪʃən]

图U ① 出版 ② 公表 C ③ 出版物

> **publication** of a new book （新刊の出版）

☑ Parkland Press has decided to focus on scholarly **publications**.

（パークランド・プレスは学術刊行物に注力することにしました）

journal

[dʒə́ːrnəl]

图C ① 定期刊行物 ② 日誌

periodical

[pìəriɑ́(ː)dɪkəl]

图C 定期刊行物

★ period（期間）＋ical →一定期間を経て出すもの

cover

[kʌ́vər]

動他 ① ～を覆う、隠す ② ～を取り上げる、扱う、取材する ③ ～を対象にする、含める、まかなう、負担する ④ （一時的に人の仕事など）を引き受ける、代行する 图C ① 覆い ② 表紙

(P325)

★ co（完全に）＋over（覆う）→完全に本を覆う→表紙

> **cover** design （表紙のデザイン）

> **cover** letter （添え状）

> read a book from **cover** to **cover** （本を最初から最後まで読む）

illustration

[ìləstréɪʃən]

图C ① 挿絵 CU ② 実例 U ③ 説明

artwork

[ɑ́ːrtwə̀ːrk]

图U ① （本や雑誌の）挿絵、写真 CU ② （絵画などの）美術品、手工芸品

★ art（技術、芸術）＋work（作品）→芸術作品

headline

[hédlàɪn]

图C ① （新聞などの）見出し 動他 ① ～に見出しを付ける 自他 ② （イベントで）メインの演奏者〔演技者〕として登場する

★ head（頭）＋line（線）→頭の線→冒頭の一行→見出し

> make a **headline** （見出しを作成する）

> **headline** the impressive story

（その印象的な話に見出しを付ける）

8

行為・動作②

proof [pruːf]	名 C U ① 証拠 C ② 校正刷り(通例 proofs)
	☑ Could you check the **proofs** of the novel that I sent by the end of this month? (今月末までにお送りした小説の校正刷りを確認していただけますか)
proofread [prúːfrìːd]	動 自 他 (〜を)校正する
	★ proof(校正刷り)+read(読む)→校正刷りを読んで誤りを正す
	≻ **proofread** an article (記事を校正する)
printer [príntər]	名 C ① 印刷機 ② 印刷業者
	≻ install the latest **printer** (最新の印刷機を設置する)
	☑ We'll need to get it to the **printers** by Friday at the latest. (遅くとも金曜日までに印刷所に提出する必要があります)
publish [pʌ́blɪʃ]	動 他 ① 〜を出版する ② 〜を公表する(通例 be published)
	★ publ(人々)+ish→人々の目に触れるようにする
published [pʌ́blɪʃt]	形 ① (本などが)出版された ② (情報などが)公表された ③ (人が)出版歴のある
	≻ **published** books (出版された本)
	≻ **published** author (出版歴のある著者)
press [pres]	動 他 ① 〜を押しつける ② (アイロン)をかける 名 C ① 報道機関 ② 出版社
run [rʌn]	動 自 ① 走る ② 続く ③ (run out of のかたちで)〜を使い果たす ④ (run into のかたちで)〜に直面する ⑤ (run for のかたちで)〜に立候補する 自 他 ⑥ (〜を)運行する ⑦ (〜を)稼働する ⑧ (〜を)掲載する 他 ⑨ 〜を経営する、運営する (P329)
	≻ **run** an ad in a newspaper (新聞に広告を掲載する)

記憶・記録

memoir [mémwɑːr] ❶ 発音	名 C ① (人物・場所・経験について書かれた個人の)回想録、体験記 ② (著名人による)自伝(通例 memoirs)
	★ memo(記憶)+ir→記憶に残しておくこと
	☑ Mike Davies will speak about his family **memoir** at the lecture.

（マイク・デイヴィス氏は講演会で家族との思い出を語ります）

memorabilia
[mèmərəbíliə]

名複 思い出の品、形見

★ memo（記憶）+ abilia →記憶に値するもの→記憶を呼び起こすもの

biography
[baɪá(:)grəfi]
❗ アクセント

名C ①（著者が他人の人生について書いた）伝記 ② 経歴

💬 TOEIC では②の意味に注意。

★ bio（生物、生命）+ graph（書く）+ y →人について書かれた本

📝 This is a **biography** of the famous violinist Isla Branson.
（これは有名なバイオリニスト、イスラ・ブランソンの伝記です）

➢ professional **biography** （職歴）

📝 You can find a full **biography** of Dr. Rossi on our Web site.
（ロッシ博士の全経歴は、当ホームページでご覧いただけます）

📝 Please send your **biography** along with your writing sample.
（文章のサンプルと一緒にあなたの経歴を送ってください）

biographical
[bàɪəgrǽfɪkəl]

形 ① 伝記の ② 人物に関する

➢ **biographical** information （経歴、略歴）

autobiography
[ɔ̀ːtəbaɪá(:)grəfi]
❗ アクセント

名C U （著者が自分の人生について書いた）伝記、自伝

★ auto（自ら）+ biography（伝記）→自ら書いた伝記

📝 Her **autobiography** will be released next month.
（彼女の自伝は来月発売されます）

archive
[áːrkàɪv]

名C 保管文書、保存記録

★ arch（長、頭、支配）+ ive →頭の方の（前の）記録→古い記録

➢ access to the **archives** （保存記録へのアクセス）

record
[名形]rékərd,
[動]rɪkɔ́ːrd]

名C ① 記録 ② レコード盤 動他 ① ～を記録する 自他 ②（～を）録音する 形 記録的な

★ re（再び）+ cord（心）→繰り返し心〔記憶〕にとどめる

➢ proven track **record** （確かな実績）

📝 Our **records** show that you recently purchased three cans of paint online.

8

行為・動作②

(当社の記録によると、お客様は最近オンラインでペンキを3缶購入されたようです)

☑ This webinar will be **recorded** for later viewing.
(このウェビナーは、後で見るために録画されます)

☑ Our company's **record** profits resulted from the initiative to strengthen online sales.
(当社の過去最高益は、オンライン販売強化の取り組みのおかげです)

---

plaque

[plæk, plɑːk]

❶発音

名C (賞や記念の)盾

➤ commemorative **plaque**　(記念の盾)

---

recall

[rikɔ́ːl]

動他 ① (製品)を回収する　② ～を思い出す、回想する

名C ① (製品)回収　U ② 記憶力

★ re (再び) + call (呼ぶ) →呼び戻す→記憶を呼び戻す

☑ I **recall** seeing James at my nephew's house every time I went there.
(甥の家に行くたびにジェームズに会ったことを思い出します)

---

reminiscent

[rèmɪnísənt]

❶発音アクセント

形 (reminiscent ofのかたちで)～を思い起こさせる

★ re (再び) + minisc(i) (思い出す) + ent →再び思い出すような

---

footage

[fúṭɪdʒ]

名U (記録)映像

➤ video **footage**　(ビデオ映像)

---

log

[lɔ(ː)g]

名C ① 丸太　② (コンピューターの)ログ、記録　動自 (log in または log outのかたちで)ログインする、ログアウトする

★ log (言葉) →言葉で書き記したもの→記録

---

keep track of

～を記録する

➤ **keep track of** work hours　(勤務時間を記録する)

---

bear in mind that

～を心に留める

製造・生産

produce
[動 prədjúːs,
名 próʊdjuːs]

動他 〜を生産する、製造する　名U 農作物
★ pro（前に）＋duce（導く）→導き出す→生産する
☑ How many robots can your factory **produce** each month?
（あなたの工場では毎月何体のロボットを製造できますか）

productive
[prədʌ́ktɪv]

形 生産的な

manufacture
[mæ̀njufǽktʃər]

動他 〜を製造する
★ manu（手の）＋fac（作る）＋ture →手で作る

manufacturer
[mæ̀njufǽktʃərər]

名C 製造業者

assemble
[əsémbl]

動自 ① 集まる　他 ② 〜を集める、組み立てる
★ as（〜の方へ）＋sem（同じ）＋ble →同じ方へ→同じ方へ集める

assembly line

組み立てライン

churn out

〜を量産する

yield
[jiːld]
🔊 発音

動他 ①（結果など）を生み出す　②（穀物など）を生産する
③（yield toのかたちで）〜にしぶしぶ従う　④ 〜に道を譲る
名C 生産高、収穫高、利益高
≻ high-**yield** commercial oven　（高火力の業務用オーブン）
≻ increase crop **yields**　（収穫量を増やす）
☑ We believe the customer survey distributed last month
will **yield** positive results.
（先月配布した顧客調査が良い結果をもたらすと信じています）
☑ **Yields** from your farm will gradually rise as you add
appropriate fertilizer to the soil.
（適切な肥料を土壌に加えていくと、収穫量が徐々に増えていきます）

model
[má(ː)dəl]

名C ①（製品などの）型、様式　②（見習うべき）手本　③（ファッションなどの）モデル
★ model（型）→規範となる型

8

行為・動作 ②

| **prototype** | 名C (製品などの)原型、試作品 |
| [próuṭətàɪp] | ★ proto(最初の) + type(型) → 最初に作る型 → 原型 |

> develop a **prototype**
> (試作品を開発する)

> initial **prototype** (最初の試作品)

> **prototype** stage (試作品の段階)

作成・制作

| **craft** | 動他 (手作業で)~を作る 名C (手)工芸 |
| [kræft] | |

| **forge** | 動他 ① (関係など)を築く ② ~を偽造する |
| [fɔːrdʒ] | |

> **forge** a relationship (関係を築く)

| **cultivate** | 動他 ① (土地)を耕す ② (スキルなど)を養成する ③ (人との友好関係)を育む |
| [kʌ́ltɪvèɪt] | |

> **cultivate** a relationship (関係を築く)

| **engrave** | 動他 (文字など)を刻む |
| [ɪngréɪv] | ★ en(中に) + grave(重い、掘る、彫る) → 中に彫る |

配置・割り当て

| **allocate** | 動他 ~を割り当てる |
| [ǽləkèɪt] | ★ a(l)(~の方へ) + loc(場所) + ate → ~の場所の方へ |

| **allocation** | 名U ① 割り当て C ② 割り当てられたもの |
| [æ̀ləkéɪʃən] | |

| **allot** | 動他 (時間やお金など)を割り当てる |
| [əlá(ː)t] | ★ a(l)(~の方へ) + lot(分け前) → ~の方へ分け前を与える |

assign	動他 (仕事や時間やお金など)を割り当てる
[əsáɪn]	🗨「assign N to〈人〉」または「assign〈人〉N」のかたちで使われることが多い。
	★ a(s)(~の方へ) + sign(しるす) → ~に印を付ける

> **assign** work spaces to employees
> (社員に作業スペースを割り当てる)

> **assign** her a window seat (彼女に窓際の席を割り当てる)

assignment [əsáɪnmənt]	名 C U ① (割り当てられる)仕事　U ② (仕事などの)割り当て ➤ on assignment　(業務で、任務で)
staffing [stǽfɪŋ]	名 U 人材配置
deploy [dɪplɔ́ɪ]	動 他 ~を配備する、配置する ★ de (離れて) + ploy (重ねる、折る) →離れた場所に人や物を重ねる
deployment [dɪplɔ́ɪmənt]	名 C U 配備、配置

補足・補充

refill [rìːfíl]	動 他 ~を再び満たす
replenish [rɪplénɪʃ]	動 他 ~を再び満たす、補充する ★ re (再び) + ple (満たす、重ねる) + nish →再び満たす
replenishment [rɪplénɪʃmənt]	名 U 補充

8

行為・動作②

復習テスト 8

[1] それぞれ2つの語句が同義語ならS(Synonym)、反意語ならA(Antonym)で答えなさい。

1. complete   fill out   (   )
2. halt   stop   (   )
3. emphasize   stress   (   )
4. exaggerate   understate   (   )
5. recuperate   recover   (   )

[2] それぞれの語句の説明が正しければT(True)、間違っていればF(False)で答えなさい。

6. initiate   to start something important   (   )
7. conclude   to make something part of a larger group   (   )
8. last   to finish doing something   (   )
9. screen   to select or reject people by examining systematically

                                                        (   )

10. turn in   to make something start operating   (   )

[3] 以下の文の空所に当てはまる語句を語群の中から選んで答えなさい。

11. This warning is to (   ) the public from entering our premises.
12. Dining room renovations are set to (   ) in early April.
13. After 30 years of use, Jam Café has decided to (   ) its well-known logo.
14. This software allows a company to (   ) its sensitive information.
15. We believe the customer survey distributed last month will (   ) positive results.

a. retire	b. safeguard	c. yield
d. commence	e. preclude	

［4］指定された文字で始まる語句を書き入れて、それぞれの文を完成させなさい。

16. She received funding to (l   ) a new business.
    彼女は資金を得て新しい事業を始めました。

17. Now that the program works correctly, we can (r   ) our work.
    プログラムが正常に稼働するようになったので、私たちは仕事を再開できます。

18. Sales of our equipment improved in four (c   ) quarters.
    当社の機器の売り上げは4四半期連続で改善しました。

19. Lighting fixtures are (s   ) from the ceiling.
    照明器具が天井から吊り下がっている。

20. You can find a full (b   ) of Dr. Rossi on our Web site.
    ロッシ博士の全経歴は、当ホームページでご覧いただけます。

［5］括弧内の語句を並べ替えて、それぞれの文を完成させなさい。

21. Latecomers (**audience / disturb / warned / to / are / not / the**).
    (   )

22. Mr. Polk (**that / must / updates / stressed / posted / be**) this evening at
    the latest.
    (   )

23. Please (**photocopying / conserve / to / the / obey / policy**) company
    resources.
    (   )

24. (**in / up / be / and / you / entered / now / sign / will**) a drawing for great
    prizes.
    (   )

25. Please (**it / the / newspaper / breaking / wrap / in / item / to / from /
    prevent**).
    (   )

［解答］
1. S 2. S 3. S 4. A 5. S 6. T 7. F（→include） 8. F（→complete） 9. T
10. F（→turn on） 11. e 12. d 13. a 14. b 15. c 16. launch 17. resume
18. consecutive 19. suspended 20. biography 21. are warned not to disturb the audience
22. stressed that updates must be posted 23. obey the photocopying policy to conserve
24. Sign up now and you will be entered in 25. wrap the item in newspaper to prevent it
from breaking

このセクションでは、「性質・状態」に関する語句を31のカテゴリに分けて紹介します。メインは形容詞ですが、同じカテゴリで押さえておくべき形容詞以外の品詞も取り上げます。

強固・頑丈

robust
[roubʌ́st]

形 ① (体が)丈夫な ② (システムや建物などが)堅牢な

sturdy
[stə́:rdi]

形 頑丈な、丈夫な

formidable
[fɔ́:rmɪdəbl]

形 ① 力強い、手ごわい ② (仕事などが)大変な

★ formid(恐れ)+able→恐れを抱かせるような

☑ We had to address **formidable** technical problems at that time.

(私たちは当時、難しい技術的問題に対処しなければなりませんでした)

solid
[sɑ́(:)ləd]

形 ① かたい ② 信頼できる、しっかりとした ③ (予約で)いっぱいの ④ 1つの素材から成る ⑤ (模様・柄が)無地の

★ sol(全部、完全)+id→完全な→中身が詰まった

➢ **solid** rock (硬い岩)

sound
[saund]

形 ① 十分な ② しっかりとした ③ 妥当な、正しい 名 C U 音 動 自 〜のように聞こえる (P321)

☑ The building inspector assured us that the facility is structurally **sound**.

(建物検査官は施設が構造的に健全であることを保証しました)

➢ **sound** business plan (しっかりした事業計画)

decided
[dɪsáɪdɪd]

形 ① 明白な、わかりやすい ② 断固たる ③ 決断力のある

➢ **decided** opinion (断固たる意見)

keen
[ki:n]

形 ① 熱望して ② 熱心な ③ (関心などが)強い ④ (感覚が)鋭い ⑤ (競争が)激しい

☑ She takes a **keen** interest in charitable activities.

(彼女は慈善活動に強い関心を持っています)

| **keenly** | 副 強く、鋭く |
| [kíːnli] | ❯ **keenly** aware （痛感して、強く意識して） |

強度・耐久

durable	形 耐久性のある
[djúərəbl]	★ dur（持ちこたえる）＋able →持ちこたえられる →耐久性のある
	❯ **durable** device （耐久性のある装置）
	☑️ We spared no expense in making **durable** yet lightweight digital cameras.
	（丈夫で軽量なデジタルカメラを作るために、私たちは費用を惜しみませんでした）

| **durability** | 名 U 耐久性 |
| [djùərəbíləti] | |

| **fragile** | 形 壊れやすい |
| [frǽdʒəl] | |

快適・不快

comfortable	形 ① 快適な ② (お金が)十分な
[kámfərtəbl]	★ com（完全に）＋fort（力）＋able（できる）→完全に力を与えることができる →元気づけられる →快適な
	❯ **comfortable** room （快適な部屋）

| **cozy** | 形 ① (場所が)居心地の良い ② 和気あいあいとした |
| [kóuzi] | |

| **pleasant** | 形 ① 快適な ② (気候などが)心地良い ③ (人が)感じの良い |
| [plézənt] | |

緩急・遅延

immediate	形 ① (時間的に)すぐの ② 急を要する ③ (人との関係性が)近い
[imíːdiət]	★ im（～ない）＋medi（間の）＋ate →間が空いていない
	❯ **immediate** problem （すぐに対応すべき問題）
	☑️ We should consider the **immediate** needs of our customers.
	（私たちは、顧客の差し迫ったニーズを考慮する必要があります）

| **immediately** | 副 すぐに |
| [imíːdiətli] | |

9

性質・状態

prompt [prɑ(:)mpt]	形 迅速な　動他 (人)を駆り立てる、促す　名C プロンプト(入力を促す記号)
promptly [prá(:)mptli]	副 ① 迅速に　② (時間)ちょうどに ★pro(前に)＋mpt(取る)＋ly→目の前にさっと取るように ☑ Thank you for **promptly** replying to my e-mail. (私のメールにすぐに返信していただきありがとうございます)
delay [dɪléɪ]	名C U 遅延　動自他 (〜を)遅らせる ★de(離れて)＋lay(置く)→離して置く→(定刻から)離して置く 　→遅らせる ☑ The project was **delayed** for a few days by some technical snags. (プロジェクトは、いくつかの技術的な障害により数日間遅れました)
expedite [ékspədàɪt] ❗アクセント	動他 (行動や処理)を迅速にする ★ex(外に)＋ped(足)＋ite→足枷を 　外す ☑ I asked Bayside Freight to **expedite** delivery of our order. (ベイサイド・フレイト社に依頼して当社 の注文の配送を早めてもらいました) 

支配・占拠

dominant [dá(:)mɪnənt]	形 優勢な、支配的な
dominate [dá(:)mɪnèɪt]	動自他 (〜を)支配する ★dom(i)(家、主人)＋nate→主人として振る舞う→支配する

occupied

[ά(ː)kjupὰɪd]

形 ① 占有して ② (トイレを)使用中で

★o(～の方に)＋cup(つかむ、頭)＋y＋ed→～をつかむ→占める

☑ Unfortunately, all the tables are **occupied** at the moment.
(残念ながら、現在テーブルは全て埋まっています)

occupation

[ὰ(ː)kjupéɪʃən]

名C ① 仕事、職業 U ② 占領、占有

🗨 仕事は人生の大半を「占める」ものなので「職業」の意味を持つ。

footprint

[fútprìnt]

名C ① 足跡 ② (土地の)占有面積、(機器の)設置面積

★foot(足)＋print(印刷)→足の印刷→足跡で測る土地の広さ

☑ We'll move to the office building on Gower Street with smaller **footprints**.
(より占有面積の小さいガワー通りの商業用ビルに引っ越します)

9

性質・状態

account for

① (割合)を占める ② ～の説明となる (P320)

★a(c)(～を)＋count(考える、数える)→お金を数える→～の数だけある→(割合)を占める

☑ The younger generation **accounts for** nearly 50%.
(若い世代が50%近くを占めています)

種類・多様性

diverse

[dəvə́ːrs]

形 多様な

★di(離れて)＋vers(回る)→離れて回る→いろいろ回る→多様な

various

[véəriəs]

形 さまざまな

☑ We offer **various** catering options for both corporate and private events.
(企業と個人の両方のイベント向けに、さまざまなケータリングオプションをご用意しております)

varied

[véərid]

形 変化に富んだ

> a **varied** array of products （多種多様な製品）

> spectacular and **varied** landscape （壮大で変化に富む風景）

As you can see in her résumé, she has a **varied** work history.

（履歴書にもあるように、彼女はさまざまな職歴を持っています）

The job duties are **varied**. （仕事内容は多岐にわたります）

vary

[véəri]

動自 ① 互いに異なる　自他 ② 変わる、～を変える

variety

[vəráiəti]

名U ① 多様性　C ② 種類

A **variety** of children's books will be read in a storytelling session.

（読み聞かせ会では、さまざまな児童書が読み上げられます）

versatile

[və́:rsətəl]

形 ① 多芸の　② 用途の広い

★ vers（回る）+ at（される）+ ile →回される→いろいろなところに目を向けられる

> **versatile** use （多様な用途）

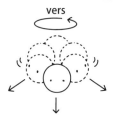

vers

性格・性質

assertive

[əsə́:rtɪv]

形 ① 断定的な　② 積極的な（自信を持って物事を言う）

★ a(s)（～の方へ）+ sert（加える）+ ive →～の方へ主張を重ねるような→断定的な、積極的な

> **assertive** attitude （積極的な姿勢）

courteous

[kə́:rtiəs]

形 礼儀正しい

★ court(e)（宮廷）+ ous →宮廷で振る舞うような→礼儀正しい

> remain **courteous** （礼儀正しくあり続ける）

The hotel staff was **courteous** and attentive to me.

（ホテルのスタッフは礼儀正しく、気配りがありました）

sincere
[sɪnsíər]

形 誠実な

considerate
[kənsídərət]

形 思いやりのある
★con(完全に)+sider(星)+ate→完全に星を見る→しっかり
見る→考慮する→思いやりのある

straightforward
[strèitfɔ́:rwərd]

形 ① 単純な ② 率直な
★straight(まっすぐ)+forward(前方に)→一直線の

patient
[péɪʃənt]

形 忍耐強い 名C 患者
★pati(感じる、痛む)+ent(人)→痛みを我慢して→辛抱強い

aspiring
[əspáɪərɪŋ]

形 意欲的な、〜志望の
★a(〜の方に)+spire(息)+ing→〜の方に熱い息を吹きかける
≻aspiring musician　（音楽家志望の人）
☑ This is a good opportunity for **aspiring** writers to network
with editors.
（これは、意欲的な作家が編集者とネットワークを構築する良い機会です）

committed
[kəmítɪd]

形 献身して、熱心に取り組んで
★com(完全に)+mit(送る)+ed→完全に送った→全て委ねた
☑ We are **committed** to offering quality products at
reasonable prices.
（私たちは、高品質の製品を手頃な価格で提供することに熱心に取り
組んでおります）

diligent
[dílɪdʒənt]

形 ① 勤勉な ② 丹精込めて働く

diligently
[dílɪdʒəntli]

副 ① 勤勉に ② 熱心に

decent
[dí:sənt]

形 (基準などを)十分に満たす、きちんとした

generous
[dʒénərəs]

形 ① 気前の良い、寛大な ② (サイズや量が)大きい、多い
★gene(生まれる・種)+rous→生まれた種全体を見る→寛大な

9

性
質
・
状
態

generously
[dʒénərəsli]

副 ① 気前良く、寛大に ② たくさん

insistent
[ɪnsístənt]

形 (主張や要求が)断固とした

★ in (上に) + sist (立つ) + ent →上に立って物申す→主張して譲らない→断固とした

☑ Our leader is quite **insistent** that we should meet the deadline.
(私たちのリーダーは納期を守るよう強く主張しています)

persistent
[pərsístənt]

形 ① しつこく続く ② 粘り強い

★ per (通して) + sist (立つ) + ent →立ち続ける→固執する

☑ Avoid talking with a **persistent** sales clerk for more than ten minutes.
(しつこい店員と10分以上話すのは避けましょう)

persistence
[pərsístəns]

名U ① いつまでも続くこと ② 粘り強さ、固執

meticulous
[mətíkjuləs]

形 細心の

receptive
[rɪséptɪv]

形 (考えや意見を)受け入れようとする

★ re (元へ) + cep (つかむ) + tive →手元でつかもうとする

☑ Our CEO seems rather **receptive** to new ideas.
(当社の最高経営責任者は、新しいアイディアを受け入れる気持ちがかなりあるように見えます)

reluctant
[rɪlʌ́ktənt]

形 気が進まない

tenacious
[tɪnéɪʃəs]

形 ① 粘り強い ② (考えなどが)影響力のある

reserved
[rɪzə́:rvd]

形 ① 控え目な ② 予約済みの

★ re (後ろに) + serve (保つ、仕える) + ed →後ろに保った

modest [mά(:)dəst]	形 ① 謙虚な ② (サイズや価格が)控え目な

★ mode (型) + est →型にはまった→無茶をしない→謙虚な

≻ modest person　(謙虚な人)

☑ Our sales increase was a **modest** 3% due to fierce competition.
(売上高の増加は、激しい競争のため3%と控え目でした)

amiable [éɪmiəbl]	形 親しみやすい
cordial [kɔ́ːrdʒəl]	形 心のこもった

★ cord (心) + ial →心の→誠心誠意の

cordially [kɔ́(:)rdʒəli]	副 心から
personable [pə́:rsənəbl]	形 愛想の良い

≻ personable staff　(愛想の良いスタッフ)

personality [pə̀:rsənǽləṭi]	名 C U ① 性格 C ② 有名人
decided [dɪsáɪdɪd]	形 ① 明白な、わかりやすい ② 断固たる ③ 決断力のある

≻ decided person　(決断力のある人)

outgoing [àʊtgóʊɪŋ]	形 ① 外に出ていく ② 社交的な ③ 退職予定の

☑ We're looking for an **outgoing** person to work selling our kitchen utensils.
(当社のキッチン用品を販売する外向的な人を探しています)

agreeable [əgríːəbl]	形 ① 同意できる、賛同的な ② (人が)感じの良い、愛想のある ③ (気候が)穏やかな、心地良い

★ a (〜の方へ) + gree (喜び) + able →喜びの方へ

≻ agreeable staff　(親しみやすい職員)

loyal [lɔ́ɪəl]	形 忠実な

≻ loyal customer　(上顧客)

9

性質・状態

loyalty	名U ① 忠実、忠誠 C ② 忠誠心 (通例 loyalties)
[lɔ́ɪəlti]	≻ loyalty card （ポイントカード）

相性・適性

compatible	形 ① 相性が良い ② 互換性のある
[kəmpǽṭəbl]	★ com（共に）+ pati（苦しむ）+ ble →共に苦しみを感じ合うことができる→気が合う→相性が良い
	☑ His way of thinking is quite **compatible** with my own.
	（彼の考え方は私の考え方とかなり相通じるものがあります）
	☑ Our devices are **compatible** with many brands of personal computers.
	（当社の機器は多くのパソコンブランドと互換性があります）

compatibility	名U ① 相性 ② 互換性
[kəmpæ̀ṭəbíləṭi]	

fitness	名U ① 健康 ② 適性
[fítnəs]	☑ Ms. Busby questioned Mr. Hays' **fitness** to chair the committee.
	（バスビー氏は、ヘイズ氏の委員会の議長としての適性に疑問を呈しました）

容易・単純

readily	副 ① たやすく ② 快く、すぐに
[rédɪli]	≻ **readily** available （容易に手に入る）
	☑ Upgraded software is **readily** available from our Web site.
	（更新されたソフトウェアは当社のウェブサイトから簡単に入手できます）
	☑ He **readily** accepted the job offer.
	（彼は仕事のオファーを快く受け入れた）

facilitate	動他 ① ～を容易にする、円滑にする ② ～の進行役を務める
[fəsíləteɪt]	★ facili（容易）+ tate →容易にする
	≻ **facilitate** the process （処理を円滑にする）
	☑ This software **facilitates** your travel and accommodation arrangements.
	（このソフトはあなたの旅行や宿泊の手配を容易にします）

straightforward	形 ① 単純な ② 率直な
[strèɪtfɔ́ːrwərd]	★ straight（まっすぐ）+ forward（前方に）→一直線の

馴染み・慣れ

familiar
[fəmíljər]

形 ① お馴染みの、よく知られた ② (be familiar with のかたちで) ～に精通している ③ 親しげな

★ family（家族）+ ar →家族のような→よく知っている

familiarize
[fəmíljəràɪz]

動他 ～を（…に）慣れ親しませる、精通させる

💬「familiarize〈人〉with〈事〉」または「familiarize oneself with〈事〉」のかたちで使うことが多い。

☑ A training session will be held to **familiarize** employees with the software.
（従業員がソフトウェアに慣れるための講習会が開催されます）

unfamiliar
[ʌnfəmíljər]

形 ① 馴染みのない ② 不慣れな

accustomed
[əkʌ́stəmd]

形 慣れた

☑ I'm **accustomed** to working at various places across the nation.
（私は全国のさまざまな場所で働くことに慣れています）

acquainted
[əkwéɪntɪd]

形 ① (人と)知り合いの ② 知っている、慣れ親しんでいる

☑ I would like you to get **acquainted** with the new system.
（私はあなたに新しいシステムを知っていただきたいです）

acquaintance
[əkwéɪntəns]

名C 知人

有名・評判

well-known

形 よく知られた、有名な

notable
[nóʊʈəbl]

形 有名な

★ (k)no（知る）+ table →知られている

noted
[nóʊʈɪd]

形 有名な

★ (k)no（知る）+ ted →知られている

renowned
[rɪnáʊnd]

形 著名な

★ re（再び）+ nown（名前）+ ed →何度も名前を呼ばれる

9

性質・状態

☑ The exhibition will feature artwork from **renowned** artists.

(この展覧会では、著名な芸術家の作品が展示されます)

prominent
[prá(:)mɪnənt]
形 ① 目立った、卓越した ② 著名な
★ pro(前に)+min(突き出る)+ent→前に突き出ている
➢ **prominent** professor （著名な教授）

prominently
[prá(:)mɪnəntli]
副 目立って

distinguished
[dɪstíŋgwɪʃt]
形 著名な
★ di(離れて)+sting(刺す)+ish+ed→刺して離された→区別された→際立った→著名な
➢ **distinguished** professor （著名な教授）

prestigious
[prestí:dʒəs]
形 名高い、権威のある
➢ **prestigious** award （権威のある賞）

reputed
[rɪpjú:ṭɪd]
形 評判の

reputable
[répjuṭəbl]
❗ アクセント
形 ① 評判の良い、立派な ② 信頼できる
★ re(再び)+pute(考える)+able→何度も頭に浮かぶ→有名な

reputation
[rèpjutéɪʃən]
名 C U ① 評判 ② 名声、信望

eminent
[émɪnənt]
形 ① 傑出した ② 高名な
★ e(外)+min(突き出る)+ent→他の人より頭一つ飛び出た

celebrated
[séləbrèɪṭɪd]
形 有名な
➢ **celebrated** artist （有名なアーティスト）

celebrity
[səlébrəṭi]
名 C ① 有名人 U ② 名声

well respected
① 非常に尊敬されて ② とても評判の良い

優秀・卓越

exceptional
[ɪksépʃənəl]

形 ① 例外的な ② 格別な、並外れた

★ ex（外に）＋cept（つかむ）＋ion＋al→外につかみ出すような

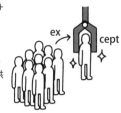

ex → cept

☑ We strive to provide our guests with an **exceptional** experience.
（私たちはお客様に格別な体験を提供できるよう努めています）

extraordinary
[ɪkstrɔ́:rdənèri]

形 ① 並外れた ② 異常な

★ extra（超えて）＋ord（順番）＋nary→順番を超えて並ぶ

9
性質・状態

foremost
[fɔ́:rmòust]

形 ① 一流の ② (ある集まりの中で)一番の

★ fore（前の）＋most（最も）→最も前の→最も優れた

➤ **foremost** figure （第一人者）

➤ **foremost** concern （最も心配なこと）

superb
[supə́:rb]

形 素晴らしい、上等な

★ super（超えて）＋b→他のものを超えている→非常に優れた

➤ **superb** service （上等のサービス）

leading
[lí:dɪŋ]

形 主要な、一流の

➤ **leading** company （一流企業）

premier
[prɪmíər]

形 最も優れた

➤ **premier** producer （一流の生産者）

remarkable
[rɪmá:rkəbl]

形 注目に値する、著しい

★ re（完全）＋mark（印）＋able→はっきり印された→注目に値する

outstanding
[àutstǽndɪŋ]

形 ① 目立つ ② 並外れた ③ 未払いの

★ out（外に）＋stand（立つ）＋ing→外に飛び抜けて立つ

➤ have an **outstanding** reputation （並外れた評判を得ている）

☑ Mr. Garcia is famous for his **outstanding** analytical skills.
（ガルシアさんは卓越した分析力で有名です）

distinguishing 形 際立った

[dɪstíŋgwɪʃɪŋ]

★ di(離れて)+sting(刺す)+ish+ing→刺し離す→区別する

➣ **distinguishing** feature （際立った特徴）

distinguished 形 著名な

[dɪstíŋgwɪʃt]

➣ **distinguished** professor （著名な教授）

definitive 形 ① この上ない、最高の ② 決定的な

[dɪfínətɪv]

★ de(離れて)+fin(終わる)+tive→あやふやな状態を終えて離れた→定まった、決定した→決定版の→最高の

➣ **definitive** book （最高の書、最も信頼の置ける本）

distinction 名 C U ① 差異、区別 ② 特徴、特質 U ③ 優秀さ

[dɪstíŋkʃən]

★ di(離れて)+stinct(刺す)+ion→刺して離すこと→区別

☑ He graduated from the business school with academic **distinction**.

（彼はそのビジネススクールを優秀な成績で卒業しました）

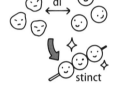

価値・価格

expensive 形 値段の高い、高価な

[ɪkspénsɪv]

★ ex(外に)+pens(吊るす)+ive→天秤に吊るして数字を計り出す→費用を割り出す→出費が多い→値段の高い

inexpensive 形 値段の安い、安価な

[ìnɪkspénsɪv]

costly 形 値段の高い

[kɔ́ːstli]

worth 名 U 価値 形 (〜に)値する、(〜する)価値がある

[wəːrθ]

🗨 「be worth〈金額／the cost／a lot／itなど〉」、「be worth one's while」、「be worth Ving」、「be worth much」のいずれかで使うことが多い。

➣ (be) **worth** an estimated $1,000 （推定1000ドルの価値がある）

☑ The Delhi Convention Hall has fine architecture and is **worth** a visit.
（デリー会議場は素晴らしい建築物で、訪れる価値があります）

☑ Taylor's new photocopier is quite expensive but well **worth** it. （テイラー社製の新しいコピー機はかなり高価ですが、それだけの価値があります）

☑ Is replacing current servers with more high-spec ones **worth** the cost? （現在のサーバーをより高性能なものに交換するのは、コストに見合うことなのでしょうか）

➣ do something **worth** *one's* while （やりがいのあることをする）

☑ I think his idea about a charity breakfast is **worth** considering. （チャリティー朝食会についての彼のアイディアは検討に値すると思います）

☑ Visiting the city landmark is **worth** much.
（その市の名所を訪れることは大いに価値があります）

9

性質・状態

---

worthy

[wə́ːrði]

形 ① （〜に）値する、（〜する）価値がある　② 尊敬すべき

🗩 ①の意味では「be worthy of N」または「be worthy of Ving」のかたちで使うことが多い。

☑ Please select the best product you consider **worthy** of this award.
（この賞にふさわしいと思う最も優れた製品を選んでください）

☑ Mr. Gonzalez is **worthy** of being honored as the employee of the year.
（ゴンザレス氏は年間最優秀社員として表彰されるに値します）

---

worthwhile

[wə̀ːrθhwáɪl]

形 （〜する）価値がある

🗩 「be worthwhile to V」、「be worthwhile Ving」、「worthwhile N」のいずれかのかたちで使うことが多い。

☑ I think it is **worthwhile** to participate in the beach clean-up activity.
（海岸の清掃活動に参加するのは価値があることだと思います）

☑ It wasn't **worthwhile** continuing with the promotional campaign.
（宣伝キャンペーンを続ける価値はありませんでした）

➣ **worthwhile** book　（（読む）価値のある本）

We assure you that this construction project is a **worthwhile** investment.

(この建設プロジェクトは投資の価値があることを保証します)

deserve

[dɪzə́ːrv]

動他 (賞や報いなど)を受けるに値する

★ de (完全に) + serve (保つ、仕える) → 完全に仕える → 評価を受けるに値する

▷ **deserve** credit （称賛を受けるに値する）

valuable

[vǽljuəbl]

形 価値のある、貴重な

★ val(u) (力、価値) + able → 価値のある

value

[vǽljuː]

名 C U 価値 動他 ～を大事に思う

● 動詞では「value N」、「N is valued at〈金額〉」、「value〈人〉for N」のかたちで使うことが多い。

We **value** your feedback and will keep improving our services accordingly. （私たちはあなたのご意見を大切にし、それに応じてサービスを改善し続けます）

The property seems to be **valued** at approximately $10 million. （この物件は約1000万ドルの価値がありそうです）

I **value** you for your continued patronage.

(今後ともご愛顧のほどよろしくお願いいたします)

valued

[vǽljuːd]

形 貴重な、大切な

Thank you for being a **valued** customer of Omega Grocery Store.

(オメガ食料品店をご愛顧いただき誠にありがとうございます)

invaluable

[ɪnvǽljuəbl]

形 貴重な ※「価値がない」という意味ではないので注意

★ in (ない) + val(u) (力、価値) + able → 価値を付けることができないほど貴重な

affordable

[əfɔ́ːrdəbl]

形 (値段が)手頃な

★ a(f) (～の方へ) + ford (前に) + able → 事を前に進めることができる → 成し遂げられる → 費用を賄える → 価格が手頃な

▷ **affordable** price （手頃な価格）

reasonable

[ríːzənəbl]

形 ① (価格が)手頃な ② 理にかなった、妥当な

★ reason(道理)+ able →道理にかなっている→価格が手頃な

☑ I think the price is quite **reasonable,** considering its quality.

(品質を考えると、かなり手頃な価格だと思います)

---

economy

[ɪkɑ́(ː)nəmi]

名 C ① 経済 C U ② 倹約、節約 形 安い

≻ **economy** hotel （安いホテル）

---

budget

[bʌ́dʒət]

名 C 予算 形 ① 予算の ② 格安の 動 自他 (〜の)予算を立てる

≻ **budget** hotel （格安ホテル）

≻ **budget** flight （格安航空便）

---

complimentary

[kɑ̀(ː)mpləménṭəri]

形 ① 無料の ② 賛辞の

★ com(完全に)+ pli(満たす)+ ment + ary →相手に対する気持ちを完全に満たすような→相手に無償で添える→無料の

≻ **complimentary** voucher （無料の引換券）

☑ All guests are entitled to a **complimentary** breakfast in the restaurant.

(お客様は全員レストランで無料の朝食をお召し上がりいただけます)

---

free

[friː]

形 ① 自由な ② 無料の 副 ① 自由に ② 無料で

≻ offer a **free** sample （無料の試供品を提供する）

≻ **free** of charge （無料で）

≻ for **free** （無料で）

---

at no cost

無料で

正常・通常

regular

[régjʊlər]

形 ① 通常の、いつもの ② 規則的な、定期的な ③ (客が)よく訪れる

★ reg(u)(王、支配、規則)+ lar →王が定めた規則の→規則的な

≻ at the **regular** price （通常価格で）

---

usual
[júːʒuəl]

形 いつもの

★use（使う）＋al→いつも使っている

normal
[nɔ́ːrməl]

形 通常の、いつもの 名U 通常、正常

return to **normal** （通常に戻る）

typical
[típɪkəl]

形 ① 典型的な ② いつもの

★type（型）＋ical→型にはまった→典型的な

on a **typical** weekday
（通常の平日に）

These landscape paintings are **typical** of his work.
（これらの風景画は彼の典型的な作品です）

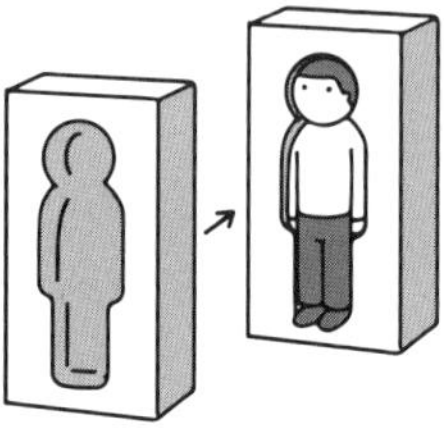

typically
[típɪkəli]

副 ① 典型的に ② いつも通りに

十分・不十分

enough
[ɪnʌ́f]

形 十分な

sufficient
[səfíʃənt]

形 十分な、事足りる

★su(f)（下に）＋fic(i)（作る）＋ent→下に作り出せる→元を満たす

The money is not **sufficient** to cover everything we need.
（そのお金は、私たちが必要とする全てを賄うのに十分ではありません）

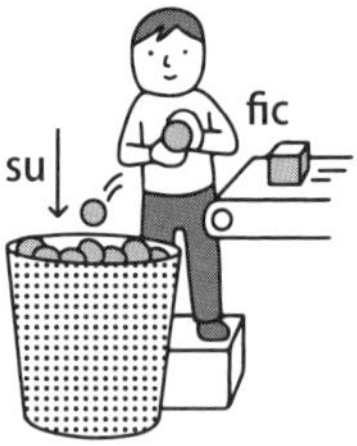

insufficient
[ìnsəfíʃənt]

形 不十分な、不足して

do
[duː]

動他 ① ～をする 自他 ② （～に）十分である、事足りる

adequate
[ǽdɪkwət]

形 ① (質や量が)十分な ② (人が仕事などに)適任の

★ad(〜の方に)+equ(等しい)+
ate→求めている質や量と等しく
なる方向へ→十分な

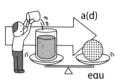
a(d)

equ

📝I don't think the venue is
adequate to accommodate the
participants.
(会場は参加者を収容するのに十分で
はないと思います)

---

sound
[saʊnd]

形 ① 十分な ② しっかりとした ③ 妥当な、正しい 名 C U 音
動 自 〜のように聞こえる (P321)

9
性質・状態

>**sound** sleep (十分な睡眠)

---

afford
[əfɔ́ːrd]

動 他 ① (can afford to V のかたちで)〜する金銭的余裕がある、
時間的余裕がある ② 〜を提供する

💬①の意味では否定文で使われることが多い。

📝I don't think we can **afford** to open our own store yet.
(私はまだ自分たちのお店を開く余裕はないと思います)

---

comfortable
[kʌ́mfərṭəbl]

形 ① 快適な ② (お金が)十分な

★com(完全に)+fort(力)+able(できる)→完全に力を与える
ことができる→元気づけられる→快適な、(お金が)十分な

>**comfortable** income (十分な収入)

豊富・不足

rich
[rɪtʃ]

形 ① 裕福な ② 豊富な

affluent
[ǽfluənt]
🔊アクセント

形 ① 裕福な、金持ちの ② (水などが)豊富な

★a(f)(〜の方に)+flu(流れる)+ent
→〜の方に多く流れ込んで

>**affluent** area
(裕福な地域、高級住宅街)

>**affluent** fountain
(水量が豊富な噴水)

---

bountiful
[báuntɪfəl]
形 ① 必要以上にたくさんある、豊富な ② 寛大な

abundant
[əbʌ́ndənt]
形 必要以上にたくさんある、豊富な
★ ab(〜から離れて)＋ und(波立つ)＋ ant →離れて波立つ→波が押し寄せて水があふれる
▶ abundant light （たくさんの光、十分な明るさ）

generous
[dʒénərəs]
形 ① 寛大な ② (サイズや量が)豊富な
★ gene(生まれる・種)＋ rous →生まれた種全体を見る→寛大な

ample
[ǽmpl]
形 ① (時間や物が)有り余るほど豊富な ② (スペースが)広々とした
✓ You will be given **ample** time to ask them questions.
（彼らに質問するための十分な時間があなたに与えられます）

hearty
[háːrti]
形 ① 心のこもった ② (食事の量が)豊富な、ボリュームのある
▶ **hearty** meal （たっぷりの食事）

in short of
〜が不足して

run out of
〜が不足する

deficient
[dɪfíʃənt]
形 不足して
★ de(下に)＋ fic(i)(作る)＋ ent →ゼロより下に作られた→マイナスの

deficiency
[dɪfíʃənsi]
名 C U 不足、欠乏

short-staffed
形 人手不足の
💬 short-handed でも同じ。

understaffed
[ʌ̀ndərstǽft]
形 人手不足の
✓ Our clinic is **understaffed** at the moment.
（当クリニックは現在人手不足です）

新旧・老若

latest
[léɪtɪst]

形 最新の

> **latest** data （最新のデータ）

updated
[ʌ̀pdéɪtɪd]

形 更新された、最新の

> **updated** instructions （最新の指示書）

up-to-date

形 ① (情報が)最新の ② 現代的な

> stay **up-to-date** （(知識などを)最新に保つ）

cutting-edge

形 (技術や機器などが)最先端の

> **cutting-edge** technology （最先端の技術）

state-of-the-art

形 (技術や機器などが)最新の

☑ The stadium boasts its **state-of-the-art** openable roof.
（そのスタジアムには最新の開閉式屋根があります）

novel
[ná(:)vəl]

形 斬新な 名C 小説

★ nov (新しい)＋el→斬新な
> **novel** approach （斬新な手法）

innovative
[ínəvèɪt̬ɪv]
🔊 アクセント

形 革新的な

★ in (中に)＋nov (新しい)＋ative→新しいものを中に入れる

groundbreaking
[gráʊndbrèɪkɪŋ]

形 ① 革新的な ② 起工式の、着工式の

★ ground (土地)＋break (崩す)＋ing
> invent **groundbreaking** devices （革新的な装置を発明する）

☑ Dr. Kelvin received an award for her **groundbreaking** work in archaeology.
（ケルヴィン博士は考古学における画期的な業績で賞を取りました）

outdated
[àʊtdéɪt̬ɪd]

形 時代遅れの、(情報が)古い

性質・状態 9

renew [rɪnjúː]	動他 ① 〜を更新する ② (活動や処理など)を再開する ★ re (再び) + new (新しい) →再び新しくする ⟩ **renew** a contract　(契約を更新する)
renewable [rɪnjúːəbl]	形 ① 更新可能な ② 再生可能な ⟩ **renewable** energy　(再生可能エネルギー)
renewal [rɪnjúːəl]	名単U① 更新 ② (活動や処理などの)再開

有効・無効

good [gʊd]	形 ① 良い ② 有効な ③ (for good のかたちで)永遠に ⟩ (be) still **good** to use　(まだ使える) ☑ This warranty is **good** for a year. 　(この保証書は1年間有効です)
valid [vǽlɪd]	形 有効な ★ val (力、価値) + id (ある) → (法的拘束)力のある ☑ This promotion is not **valid** for express trains. 　(このプロモーションは特急列車には適用されません)
invalid [ɪnvǽlɪd]	形 無効な
validate [vǽlɪdèɪt]	動他 〜を有効にする ★ val (力、価値) + id (ある) + ate → 効力を持たせる ⟩ **validate** an identification card　(身分証明カードを有効にする)
void [vɔɪd]	形 ① (法的に)無効な ② (be void of のかたちで)〜を欠いている
stand [stænd]	動自 ① 立つ ② 有効である 他③ 〜を我慢する、〜に耐える 名C ① (タクシーなどの)乗り場 ② 売り場、屋台 ☑ The agreement still **stands**. 　(その合意はまだ有効です)

信頼・信用

credible [krédəbl]	形 信用できる

178

reliable
[rɪláɪəbl]

形 信頼できる

★ re（再び）+ ly（結ぶ）+ able →再び結べる→何度も結べる

☑ New security systems are more **reliable** than the old ones. （新しい警備システムは、古いものより信頼性が高いです）

---

dependable
[dɪpéndəbl]

形 信頼できる

---

reputable
[répjʊṭəbl]
🔊 アクセント

形 評判の良い、信頼できる

★ re（再び）+ pute（考える）+ able →何度も頭に思い浮かぶ→評判の良い

☑ Lenford Industries is one of the most **reputable** distributors in Ottawa. （レンフォード・インダストリーズは、オタワで最も信頼できる販売業者の1つです）

---

trusted
[trʌ́stɪd]

形 信頼できる

重要・非重要

significant
[sɪgnífɪkənt]

形 ① 重要な、意義深い ② かなりの

★ sign（印）+ ify + cant →印を付けて知らせるような→かなり大事な意味を持った→重要な

---

valued
[vǽljuːd]

形 価値のある、大事な

➤ **valued** customer （大事なお客様）

---

value
[vǽljuː]

名 C U 価値 動 他 ～を大事に思う

☑ We truly **value** your years of continued patronage.
（お客様の長年のご愛顧に心より感謝申し上げます）

---

consequential
[kà(ː)nsɪkwénʃəl]

形 ① 結果として生じる ② （社会的に）重要な

★ con（共に）+ seq(u)（続く）+ ence（こと）+ tial →原因に続いて生じる→結果として生じる→重要な

➤ **consequential** decision （重要な決定）

---

flagship
[flǽgʃɪp]

形 主力の、最も重要な 名 C ① 旗艦店 ② 主力商品

★ flag（旗）+ ship（船）→旗艦

➤ **flagship** product （主力商品）

---

keynote

[kíːnòut]

形 最も重要な 名C 最重要点 動他 ～で基調講演をする

★ key（基底の）＋note（音符）→旋律（音の調べ）を構築する基となる音符→基調、主眼

> **keynote** speech[address] （基調講演）

☑ We cordially invite you to be the **keynote** speaker at our conference.

（私たちの会議の基調講演者として、心からあなたをご招待いたします）

matter

[mǽtər]

動自 ① 大事である、重要である 名C 案件、事柄、問題

★ mat(t)（母）＋er→母なるもの→事柄、問題、重要である

☑ Your opinion **matters**. （あなたの意見が大事です）

count

[kaunt]

動自 ① 大事〔重要〕である ② (count on のかたちで)～に頼る、～を当てにする 他 ③ ～を数える、合計する ④ ～を含める 自他 ⑤ (～を)認める 名C ① 数えること ② 数値、合計

☑ First impressions really do **count**.

（第一印象は本当に重要です）

outweigh

[àutwéi]

動他 ～よりも重要である

★ out（凌ぐ）＋weigh（重さがある）→より重い

highlight

[háilàit]

動他 ① (問題点や大事な点など)を強調する ② ～にマーカーを引く 名C 最重要点、見所

★ high（強い）＋light（光）→強い光を当てる→強調する

> a tour featuring Sydney's **highlights**

（シドニーの見所を巡るツアー）

☑ A **highlight** is a presentation by art historian Frances Murphy.

（目玉は美術史家のフランシス・マーフィー氏によるプレゼンテーションです）

high **light**

centerpiece	名単 ① 最重要項目、中心 C ② (テーブルの)中央装飾品
[séntərpìːs]	★ center (中央) + piece (一部) → 中心部分 → 最も大事なもの

☑ The patented three-dimensional printer has always been our **centerpiece**.

(特許取得済みの三次元プリンターは、私たちにとって常に中心的存在〔最も大事なもの〕です)

minor	形 ① (他と比べて)重要ではない、些細な ② 未成年の
[máɪnər]	

深刻・切実

serious	形 ① 本気の ② (状況などが)深刻な
[síəriəs]	

critical	形 ① 批判的な ② 危機的な ③ 重要な ④ 批評家による
[krítɪkəl]	★ cri (ふるいにかける) + tic + al → ふるいにかけて判断する

☑ The strategic approach is **critical** to increasing our sales.

(売り上げを伸ばすには、戦略的なアプローチが重要です)

imminent	形 (危険や好ましくない出来事などが)差し迫った
[ímɪnənt]	

pressing	形 (すぐに対応が求められるほど)差し迫った
[présɪŋ]	

urgent	形 緊急の
[ə́ːrdʒənt]	

広大・広域

spacious	形 (部屋などが)広々とした、ゆとりのある
[spéɪʃəs]	➢ **spacious** room (広い部屋)

vast	形 ① (数量が)膨大な ② (土地などが)広大な
[væst]	

9

性質・状態

特定・指定

particular
[pərtíkjulər]

形 ① 特定の ② 特別な ③ 好みのうるさい 名C 詳細（通例 particulars）

★ part(i)（分ける、別れる）+cul（小さな）+ar→小さく分けた部分の→詳細な、特定の

certain
[sə́:rtən]

形 ① 確信して ② 確かな ③ ある、特定の

★ cert（ふるいにかける、分ける）+ain→ふるいにかけて残った→確かな、特定の

specific
[spəsífɪk]

形 ① 特定の ② 具体的な

designated
[dézɪgnèɪtɪd]

形 指定された

★ de（下に）+sign（印）+ate+ed→下に印を付けられた→指定された

> **designated** area （指定区域）

identified
[aɪdénṯəfàɪd]

形 ① (本人または本物であると)識別された ② (原因などが)特定された

identify
[aɪdénṯəfàɪ]

動他 ① (人や物)を識別する ② (原因など)を特定する

identification
[aɪdènṯɪfɪkéɪʃən]

名U ① 身分証明書 ② 本人確認

appoint
[əpóɪnt]

動他 ① (人)を任命する ② (日時)を指定する

★ a(p)（～の方へ）+point（指す）→人や時間を指さす

> at the **appointed** time （指定された時間に）

182

効率・効果

efficient
[ɪfíʃənt]

形 効率の良い、効率的な

★ e（外に）＋ fic(i)（作る）＋ ent →外に作り出せる→効率的な

efficiently
[ɪfíʃəntli]

副 効率良く、効率的に

effective
[ɪféktɪv]

形 ① 効果がある、効果的な ② （規則などが）効力を持って

★ e（外に）＋ fect（作る）＋ ive →作り出された→結果としてもたらされた→効果的な

\> **effective** immediately （即時発効になって）

effectively
[ɪféktɪvli]

副 ① 効果的に、有効に ② （主に文頭で用いて）実際のところ、事実上

work
[wəːrk]

動 自 他 ① 働く、働かせる ② （機械などが）稼働する 自 ③ うまくいく、役立つ、効果がある ④ （日時などの）都合がつく

名 U ① 仕事 C ② 作品 (P328)

☑ Sunscreen **works** to protect your skin from direct sunlight. （日焼け止めは肌を直射日光から守る効果があります）

明白・明確

apparent
[əpǽrənt]

形 明らかな

★ a(p)（～の方に）＋ par（見える）＋ ent →～の方に見える

apparently
[əpǽrəntli]

副 ① 見たところ ② 明らかに ③ （聞いたところによると）どうやら

distinct
[dɪstíŋkt]

形 ① （違いが）はっきりした ② 明らかな ③ （可能性が）高い

\> **distinct** improvement （明らかな改善）

distinctly
[dɪstíŋktli]

副 ① はっきりと ② 明らかに

distinctive
[dɪstíŋktɪv]

形 際立った、独特な

\> **distinctive** ability （際立った才能）

distinctively
[dɪstíŋktɪvli]

副 際立って、特徴的に

9

性質・状態

obvious [á(:)bviəs]	形 明らかな、明白な ★ ob（～の方に）+ via（道）+ ous →道の方に→明らかな方に
obviously [á(:)bviəsli]	副 明らかに
decided [dɪsáɪdɪd]	形 ① 明白な、わかりやすい ② 断固たる ③ 決断力のある ≻ **decided** change （はっきりとした変更）
clarify [klǽrəfàɪ]	動他 ～をはっきりとさせる

有益・有用

beneficial [bènɪfíʃəl]	形 有益な、役に立つ ★ bene（良い）+ fic(i)（作る）+ al →良く作られた
helpful [hélpfəl]	形 役立つ
handy [hǽndi]	形 ① 役立つ ② 手元にある
instrumental [ìnstrəméntəl]	形 (be instrumental in のかたちで)～に役立つ ★ in(上に)+ stru(積む)+ ment + al →上に積める→建設の道具として使える→役立つ ☑ Heavy machinery is **instrumental** in getting rid of debris from a demolition site.（重機は、解体工事現場から瓦礫を取り除くのに役立ちます）

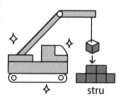
stru

utility [jutíləti]	名C ①（電気、水道、ガスの）公益事業、公共サービス(通例 **utilities**) U ② 実用性、有用性 ≻ **utility** company （公益事業会社） ≻ sports **utility** vehicle （スポーツ用多目的車、SUV）

完全・徹底

complete [kəmplíːt]	動自他 ① ～を完了させる ② ～を全て記入する 形 ①（強調して）まったくの～ ② 完全な ③（物事を）終えた ④（complete with のかたちで)～を完備した

★ com（完全に）+ plete（満たす）→完了させる、完全な

☑ I'll send you a **complete** schedule once it is finalized.
（完全なスケジュールは確定次第お送りします）

completely
[kəmplíːtli]

副 完全に、徹底的に

thorough
[θə́ːroʊ]

形 完全な、徹底的な

★ thorough（= through（～を通して））→徹底的な

☑ Each item shipped from our factory is given a **thorough** quality check. （当社の工場から出荷される商品は、それぞれ徹底した品質チェックを受けます）

9
性質・状態

thoroughly
[θə́ːroʊli]

副 完全に、徹底的に

consistent
[kənsístənt]

形 ①（態度や主張などが）一貫した ②（進展などが）着実な

consistently
[kənsístəntli]

副 ① 一貫して ② 着実に

具体・詳細

specific
[spəsífik]

形 ① 特定の ② 具体的な

❯ **specific** ideas （具体案）

specifically
[spəsífikəli]

副 ① 具体的には ②（対象を絞って）特に

☑ **Specifically,** I'm looking for an apartment with an old-fashioned facade.
（具体的には、昔ながらの外観のアパートを探しています）

☑ These goggles are designed **specifically** for welders.
（これらのゴーグルは、溶接工向けに特別設計されています）

concrete
[kɑ(ː)nkríːt]

形 具体的な

★ con（共に）+ cre（増える）+ te →共に増えて→密度が増して形がはっきりして→具体的な

concretely
[kɑ(ː)nkríːtli]

副 具体的に

| **particular** | 形 ① 特定の ② 特別な ③ 好みのうるさい 名C 詳細(通例 particulars) |
| [pərtíkjulər] | ★ part(i)(分ける、別れる)+cul(小さな)+ar→小さく分けた部分の→詳細な、特定の |

| **detailed** | 形 詳細な |
| [díːteɪld] | ≻ detailed information （詳細情報） |

detail	名U ① (集合的に)詳細 C ② (個々の)詳細 動他 ～を詳しく述べる
[名díːteɪl, 動dɪtéɪl]	
	≻ attention to detail （細部への気配り）
	📝 Please let me know if you would like to discuss this matter in detail.
	（この件について詳細に議論したい場合はお知らせください）
	📝 For more details, visit www.smoothtech.com.
	（詳細についてはwww.smoothtech.comをご覧ください）
	📝 The report details the progress of this project.
	（レポートには当プロジェクトの進捗が詳述されています）

公平・均一

| **impartial** | 形 公平な、私心のない |
| [ɪmpáːrʃəl] | ★ im(～ない)+part(i)(分ける)+al→部分的でない→偏らない |

| **partial** | 形 ① 部分的な、一部の ② 不公平な |
| [páːrʃəl] | ★ part(i)(分ける)+al→部分的な→偏った |

| **evenly** | 副 ① 均一に ② 平等に |
| [íːvənli] | ≻ spread paint evenly （塗料を均一に広げる） |

| **flat** | 形 ① 平らな ② (料金が)均一の ③ (タイヤが)パンクした |
| [flæt] | ≻ flat rate （均一料金） |

唯一・無二

| **sole** | 形 唯一の 名C 足底、靴底 |
| [soʊl] | |

solely	副 唯一、単独で
[sóʊlli]	📝 He is solely responsible for the store management.
	（彼はその店舗経営の責任を一手に担っています）

exclusive [ɪksklú:sɪv]	形 ① 独占的な ② 唯一の ③ (会員)限定の ④ 高級な (P316) ★ ex (〜の外に) + clude (閉じる) + sive → 閉じて除外する > **exclusive** means （唯一の手段）

clude
(=close)

ex

exclusively [ɪksklú:sɪvli]	副 ① 独占的に ② 唯一、ただ〜だけ
unique [juní:k]	形 ① 独特な、唯一の ② (unique to のかたちで)〜に固有の、特有の ★ uni (1つ) + que → 1つの → 唯一の、独特の > **unique** restaurant （唯一のレストラン）
uniquely [juní:kli]	副 ① 独特に ② 独自に
one-of-a-kind	形 比類のない、唯一の > **one-of-a-kind** dining experience （ここでしか得られない食事体験）

9

性質・状態

人気・活気

hot [hɑ(:)t]	形 ① 熱い ② (食べ物が)辛い ③ 人気の
sought-after	形 (人気があって)ひっぱりだこの、入手困難な > **sought-after** items （人気商品）
fashion [fǽʃən]	名 C U ① ファッション ② 流行、流行のもの ③ やり方、方法 ✍ Blue scarfs are in **fashion** this winter. （今年の冬は青いマフラーが流行しています）
prevailing [prɪvéɪlɪŋ]	形 流行している、広まっている ★ pre (前に) + vail (力、価値) + ing → 前に力を発揮する → 力を発揮して他を凌駕する → 広く行き渡って
vibrant [váɪbrənt]	形 活気のある > **vibrant** community （活気のある地域社会）

[1] それぞれ2つの語句が同義語ならS(Synonym)、反意語ならA(Antonym)で答えなさい。

1. adequate	sufficient	(	)
2. straightforward	complicated	(	)
3. exclusively	only	(	)
4. spacious	cramped	(	)
5. impartial	biased	(	)

[2] それぞれの語句の説明が正しければT(True)、間違っていればF(False)で答えなさい。

6. foremost	in the greatest quantity, amount, degree etc.	(	)
7. pressing	needing to be dealt with immediately	(	)
8. handy	weighing less than average	(	)
9. invaluable	have no value, importance, or use	(	)
10. ample	more than enough	(	)

[3] 以下の文の空所に当てはまる語句を語群の中から選んで答えなさい。

11. Unfortunately, all the tables are (　　　　) at the moment.

12. Our leader is quite (　　　　) that we should meet the deadline.

13. Our sales increase was a (　　　　) 3% due to fierce competition.

14. I'm (　　　　) to working at various places across the nation.

15. I would like you to get (　　　　) with the new system.

```
a. modest     b. acquainted     c. occupied
d. accustomed     e. insistent
```

[4] 指定された文字で始まる語句を書き入れて、それぞれの文を完成させなさい。

16. We spared no expense in making (d   ) yet lightweight digital cameras.
　　丈夫で軽量なデジタルカメラを作るために、私たちは費用を惜しみませんでした。

17. I asked Bayside Freight to (e   ) delivery of our order.
　　ベイサイド・フレイト社に依頼して当社の注文の配送を早めてもらいました。

18. This software (f   ) your travel and accommodation arrangements.
　　このソフトはあなたの旅行や宿泊の手配を容易にします。

19. I think it is (w   ) to participate in the beach clean-up activity.
　　海岸の清掃活動に参加するのは価値があることだと思います。

20. He is (s   ) responsible for the store management.
　　彼はその店舗経営の責任を一手に担っています。

[5] 括弧内の語句を並べ替えて、それぞれの文を完成させなさい。

21. The building inspector (facility / that / us / sound / is / assured / the / structurally).
　　(　　　　　　　　　　　　　　　　　　　　　　　　　　　　　　)

22. This is a good (for / network / writers / opportunity / to / aspiring) with editors.
　　(　　　　　　　　　　　　　　　　　　　　　　　　　　　　　　　)

23. Upgraded (available / our / Web site / is / software / from / readily).
　　(　　　　　　　　　　　　　　　　　　　　　　　　　　　　　　　)

24. All guests (breakfast / entitled / a / are / complimentary / to) in the restaurant.
　　(　　　　　　　　　　　　　　　　　　　　　　　　　　　　　　　)

25. Each item (check / from / given / thorough / factory / shipped / a / our / is / quality).
　　(　　　　　　　　　　　　　　　　　　　　　　　　　　　　　　　)

[解答]

1. S　2. A　3. S　4. A　5. A　6. F (→most)　7. T　8. F (→lightweight)　9. F (→worthless) 10. T　11. c　12. e　13. a　14. d　15. b　16. durable　17. expedite　18. facilitates 19. worthwhile　20. solely　21. assured us that the facility is structurally sound　22. opportunity for aspiring writers to network　23. software is readily available from our Web site　24. are entitled to a complimentary breakfast　25. shipped from our factory is given a thorough quality check

このセクションでは、「概念・現象」に関する語句を12のカテゴリに分けて紹介します。まずはobligation、mandate、incur、borneなど、見るからに難しそうな語句が並ぶ「義務・負担」のカテゴリから見ていきましょう。これらは主にPart 7（長文読解問題）の契約や規則に関わる文書に登場します。

義務・負担

obligation
[à(:)blɪɡéɪʃən]

名 C U 義務、義理

★ ob（〜の方に）＋ lige（結ぶ）＋ ation
→〜の方に結び付けること→〜を
強いること→義務

☑ Our company has a social **obligation** to recycle our products.
（当社には、自社の製品をリサイクルする社会的義務があります）

obligatory
[əblíɡətɔ̀:ri]

形 義務の

➤ **obligatory** audit （義務検査）

mandatory
[mǽndətɔ̀:ri]

形 義務の、強制的な

mandate
[mǽndeɪt]

動 他 〜に（…を）義務付ける 名 C 命令、指令

★ mand（＝hand（手の））＋ ate →手
で指示する

💬「〈人・組織〉is mandated to V」「〈規則〉is mandated」「mandate that S V（原形）」のいずれかのかたちをとることが多い。

☑ Every employee is **mandated** to comply with this rule.
（全従業員は、この規則を守ることが義務付けられています）

☑ These measures will be **mandated** by the committee.
（これらの措置は、委員会によって義務付けられます）

mandated

[mǽndeɪtɪd]

形 義務付けられた

> **mandated** word limit （規定の語数制限）

owe

[ou]

動他 ① 〜に（…の）義務を負っている ② 〜のおかげである

💬「owe〈人〉〈義務／お金／感謝／謝罪など〉」または「owe〈義務／お金／感謝／謝罪など〉to〈人〉」のかたちで使うことが多い。

☑ I **owe** you an apology.

（私はあなたに謝罪しなければなりません）

☑ The technician couldn't repair my mobile phone, so I **owed** him nothing. （技術者は私の携帯電話を修理できなかったので、私は彼に修理代金を支払う必要がありませんでした〔何の支払い義務も負いませんでした〕）

> the money **owed** to him （彼に借りているお金）

10

概念・現象

duty

[djúːti]

名 C U ① 義務 ② 職務（通例 duties）

★ du(e)（負う、借りる）+ ty →負うべきもの

> on **duty** （勤務中で）

assume

[əsjúːm]

動他 ① 〜だと想定する、推測する ② 〜を前提とする ③（責任など）を負う、引き受ける

★ as（〜の方へ）+ sume（取る）→自分の方に取る→引き受ける

> **assume** responsibilities （責任を担う）

take on

（仕事や責任など）を引き受ける

> **take on** work （仕事を引き受ける）

incur

[ɪnkə́ːr]

動他 ①（費用など）を負担する ②（好ましくないこと）を招く

★ in（上に）+ cur（走る、流れる）→〜の上に流れてくる→自身に及ぶ義務を負う

> **incur** an expense （費用を負担する）

☑ You can request reimbursement for any expenses you **incur**.

（あなたが負担した費用の払い戻しを請求することができます）

bear
[beər]

動他 ① 〜を我慢する、〜に耐える ② (責任など)を負う ③ (費用など)を負担する ④ (しるしや証など)を持つ、有する

🐟 bear – bore – borne と活用変化する。過去形の bore、過去分詞の borne の形にも慣れておくこと。

borne
[bɔːrn]

形 義務を負った

🐟 bear の過去分詞。

☑ Moving expenses will be **borne** by the company.
(引っ越し費用は会社が負担いたします)

impose
[ɪmpóuz]

動他 ① (規則や罰などの義務)を課す 自 ② (相手にとって都合が悪いことを)無理強いする

★ im (中に) + pose (置く) → 中に置く → 課す

overload
[òuvərlóud]

動他 ① 〜を過度に積み込む ② (人)に過度な負担をかける

municipal
[mjunísɪpəl]

形 地方自治体の

★ mun(i) (義務、負担、労働) + cip (つかむ) + al → 市民を守る義務を負った

municipality
[mjunìsɪpǽləṭi]

名C 地方自治体

責任・責務

accountable
[əkáunṭəbl]

形 ① 説明できる ② 説明責任がある

★ a(c) (〜を) + count (考える、数える) + able → お金を数えることができる → 収支を説明できる → 説明責任のある

accountability

[əkàunʈəbíləʈi]

名U 説明責任

responsible

[rɪspá(:)nsəbl]

形 ① 責任がある ② (問題などの)原因となる ③ (思慮分別が
あって)信頼できる

☑ We cannot be held **responsible** for any lost or stolen
items during a tour.
(ツアー中の紛失や盗難につきましては責任を負いかねます)

responsibility

[rɪspà(:)nsəbíləʈi]

名U ① (一般的な)責任 C ② (職務としての)責任

★ re (元に) + spons (誓う、応じる) + ible (できる) + ity →誓い
返すことができること、反応できること

> take full[complete] **responsibility** (全責任を負う)

> fall within the **responsibilities** of the floor manager
(フロアマネージャーの責任範囲に含まれる)

☑ Ms. Drew agreed to take on an added **responsibility**.
(ドリューさんは追加で責任を引き受けることに同意しました)

liable

[láɪəbl]

形 ① (liable to V のかたちで)〜しがちである ② 法的責任がある

★ li (結ぶ) + able →結ぶことができる→関連がある→しがちで
ある→責任がある

liability

[làɪəbíləʈi]

名U 法的責任

bear

[beər]

動他 ① 〜を我慢する、〜に耐える ② (責任など)を負う ③ (費
用など)を負担する ④ (しるしや証など)を持つ、有する

> **bear** (the) responsibility for the project
(プロジェクトの責任を負う)

be to blame

責めを負うべきである

☑ He **is to blame** for the system trouble this morning.
(今朝のシステムトラブルは彼のせいです)

in charge of

〜を担当して

保証・確実

guarantee

[gæ̀rəntíː]

動他 〜を(…に)保証する

> **guarantee** customers the quality (顧客に品質を保証する)

10

概念・現象

sure [ʃʊər]	形 ① 確信して ② (sure to Vのかたちで)きっと〜する
make sure	① 〜を確認する ② 確実に〜する ☑ Please **make sure** you submit the report by Friday. (金曜日までに必ずレポートを提出してください)
ensure [ɪnʃʊ́ər]	動他 〜を確かにする ★ en(〜にする)+sure(確かな)→確かにする
insure [ɪnʃʊ́ər]	動自他 ① (〜に)保険をかける 他 ② 〜を確かにする ★ in(=en)(〜にする)+sure(確かな)→確かにする→保証する →保険をかける
assure [əʃʊ́ər]	動他 ① (人)に〜を保証する ② 〜を確実にする 💬 ①は「assure〈人〉that S V」または「assure〈人〉of N」の かたちで使う。 ★ a(s)(〜の方へ)+sure(確かな)→確かな方向へ→保証する ☑ He **assured** us that the repairs will be completed within 48 hours. (48時間以内に修理を完了させることを彼は私たちに保証してくれま した)
rest assured **(that) 〜**	〜が保証されているのでご安心ください ☑ **Rest assured that** we will protect your personal information. (お客様の個人情報は保護しますのでご安心ください)
reassure [rìːəʃʊ́ər]	動他 〜を安心させる ★ re(再び)+assure(保証する)→繰り返し保証する→安心さ せる
certain [sə́ːrtən]	形 ① 確信して ② 確かな ③ ある、特定の

★cert（ふるいにかける、分ける）+
ain→ふるいにかけて残った→確
かな、特定の

差異・相違

difference
[dífərəns]

名 C U ① 違い　単 U ② (違いの)差、開き

> make a **difference**　(違いが生じる、重要な影響を与える)

discrepancy
[dɪskrépənsi]
🅐 アクセント

名 C U 相違、矛盾

margin
[márdʒɪn]

名 C ① (数量や程度の)差　② (物や場所の)縁、端　③ (ページ
の)余白

★marg（境界）+ in→境界が表すもの→差、縁→余白

distinction
[dɪstíŋkʃən]

名 C U ① 差異、区別　U ② 特徴、特質　③ 優秀さ

★di（離れて）+ stinct（刺す）+ ion →
刺して離すこと→区別

> **distinction** between private and
public matters
(公私の区別)

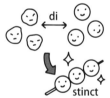

全体・個別

entire
[ɪntáɪər]

形 全ての、全体的な

entirely
[ɪntáɪərli]

副 全て、全体的に

whole
[hoʊl]

形 全ての

general
[dʒénərəl]

形 ① 全体的な　② 一般的な

★gene（生まれる・種）+ ral →生まれた種全体の→一般的な

10
概
念
・
現
象

generally
[dʒénərəli]
副 ① 全体的に ② 一般的に

across the board
全体的に

partial
[pá:rʃəl]
形 ① 部分的な、一部の ② 不公平な
★ part(i)(分ける) + al →部分的な→偏った

portion
[pɔ́:rʃən]
名C ① 部分、一部 ② (食事の)一人分
> significant **portion** (かなりの部分)

individual
[ìndɪvídʒuəl]
形 ① 個別の ② 個人向けの
★ in (～ない) + di (離れて) + vide (分ける) + al →分け離すことができない→個々の、個人の

respective
[rɪspéktɪv]
形 それぞれの
> **respective** authors (それぞれの著者)
☑ Both companies have an outstanding reputation in their **respective** industries.
(両社は、それぞれの業界で優れた評判を得ています)

respectively
[rɪspéktɪvli]
副 それぞれ

行列・配列

line
[laɪn]
名C ① 線 ② 列 ③ 路線 ④ (商品の)ラインナップ、シリーズ
⑤ 台詞 動他 ～を一列に並べる
☑ A **line** of trees partially screens a house from the street.
(並木が家を通りから部分的に遮っています)

row
[roʊ]
名C ① (人や物の)列 ② (行列の)行 動自他 (ボートを)漕ぐ

column
[ká(:)ləm]
名C ① (建築物を支える)円柱 ② (新聞などの)囲み記事、コラム ③ (行列の)列

scheme
[ski:m]
名C ① (公的な)計画、構想 ② (体系的な)配置、配列
> code **scheme** (コード体系)
> color **scheme** (配色)

方法・手段・流儀

means
[mí:nz]

名C 方法、手段

method
[méθəd]

名C 方法、手段

manner
[mǽnər]

名単 ① 方法、やり方 ② 態度

➢ in a timely **manner** （適時に、タイムリーに）

➢ in an orderly **manner** （整然と、順序良く）

➢ in a courteous **manner** （礼儀正しく）

fashion
[fǽʃən]

名CU ① ファッション ② 流行、流行のもの ③ やり方、方法

➢ in a timely **fashion** （タイムリーに、時宜にかなって）

☑ I expect my order would arrive in a timely **fashion**.
（注文したものがタイムリーに届くことを期待しています）

10

概念・現象

avenue
[ǽvənjù:]

名C ① 大通り、並木道 ② (目的達成のための)方法、手段

★ a (〜の方へ) + ven (行く、来る) + ue → 〜へ行く道

via
[váɪə, ví:ə]

前 ① (場所)を経由して ② (通信手段として)〜を用いて

by means of

(手段として)〜を用いて、〜によって

場面・状況

situation
[sìtʃuéɪʃən]

名C ① 状況 ② 立地

case
[keɪs]

名C ① 例、事例 ② 状況、場合、事実 ③ 理由、論拠 ④ 入れ物、容器 ⑤ 訴訟 (P326)

☑ In most **cases**, our return call is made within 10 minutes of your call.
（ほとんどの場合、お電話いただいてから10分以内に折り返しの電話を差し上げます）

☑ If this is the **case**, please do not hesitate to contact us at 555-4833.
（このような場合には〔もしこれが事実なら〕、お気軽に 555-4833 までご連絡ください）

| **condition** | 名C ① (場所や天気などの)状況(通例 conditions) ② (契約などの)条件 名U ③ (人や物の)状態 |
| [kəndíʃən] | |

context	名CU ① 状況、背景 ② 文脈
[ká(:)ntekst]	★ con(共に)+ text(織る)→文章と共に織り込むもの
	☑ It's crucial to secure a skilled workforce in any **context**.
	(いかなる状況でも熟練の労働力を確保することは大事です)

circumstance	名C ① 状況(通例 circumstances) ② 境遇(通例 circumstances)
[sə́:rkəmstæns]	★ circum(周りに)+ stance(立つ)→周りを取り囲んでその場を成り立たせているもの
	➤ under the **circumstances** (そのような状況下で)

目的・目標・対象

| **purpose** | 名C 目的 |
| [pə́:rpəs] | ★ pur(前に)+ pose(置く)→前に置く→行動の前に置くもの |

end	名単 ① 終わり C ② 端 ③ 目的
[end]	➤ to this[that] end (この〔その〕目的のために)
	☑ To this **end**, we are seeking professional photographers.
	(この目的のために、当社はプロのカメラマンを探しています)

| **be intended for** | ～に向けられている、～を対象としている |

be geared toward	～に向けられている、～を対象としている
	☑ Starting in June, we will hold a series of seminars **geared toward** young entrepreneurs.
	(6月から若手起業家向けの一連のセミナーを開催します)

subject	名C ① 話題、タイトル ② 被験者 形 (be subject to のかたちで) ～の影響を受ける、～の対象となる
	★ sub(～の下に)+ ject(投げる)→～の下へ投げる
	☑ Please be aware that our business hours are **subject** to change.
	(営業時間は変更になる場合があることをご承知おきください)
	☑ Text messages are **subject** to data communication fees.
	(テキストメッセージはデータ通信量がかかる可能性があります)

条件・仮定

condition
[kəndíʃən]

图C ① (場所や天気などの)状況(通例 conditions)　② (契約などの)条件　単U ③ (人や物の)状態

on condition that

〜という条件で

term
[təːrm]

图CU ① 期間、任期　② 観点　③ 関係　④ 条件　⑤ 用語

(P319)

💬 ②③④の意味で使う場合は通例 terms。

⇲ negotiate the **terms** of a contract　(契約条件を交渉する)

☑ Visit our Web site for more information, including **terms** and conditions.
(利用規約を含む詳細については、当社のウェブサイトをご覧ください)

prerequisite
[priːrékwəzɪt]

图C 必要条件、前提条件

in case

① 念のため　② (in case of や in case that のかたちで)〜に備えて、〜するといけないので

in the event

(in the event of や in the event that のかたちで)〜の場合には

⇲ **in the event of** rain　(雨が降った場合は)

☑ You will receive an e-mail **in the event that** your article is selected.
(あなたの記事が選ばれた場合は、メールでお知らせします)

as long as

① 〜と同じくらいの長さで　② 〜する限りは　③ 〜の間

provided that

(条件)〜である場合に限り

💬 that は省略可能だが、TOEIC では省略されないことが多い。

☑ **Provided that** Ms. Milne gives her approval, you can take a day off tomorrow.
(ミルンさんの承認があれば、明日休みを取ってもいいですよ)

☑ You may drive to work **provided that** you get a parking permit from the transportation operations department.
(交通事業部から駐車許可証を取得すれば、車で通勤してよいです)

10

概念・現象

granted that	(譲歩)〜だとしても、〜を認めるとしても
unless [ənlés]	接 もし〜しない場合は、〜の場合を除いて ➤ **unless** otherwise notified　(別途連絡がない限り) ➤ **unless** otherwise noted　(特に断りのない限り) ➤ **unless** otherwise specified　(特に指定のない限り)
if any	たとえあったとしても

増加・減少

increase [動 ɪnkríːs, 名 íŋkriːs]	動自他 増える、〜を増やす　名 C U 増加 ★ in(上に)+crease(増える)→上に増える
increasingly [ɪnkríːsɪŋli]	副 ますます ➤ become **increasingly** popular　(ますます人気が出てくる)
augment [ɔːgmént] ❶ アクセント	動他 (価値や量など)を増やす ★ aug(増える)+ment→増やす
accumulate [əkjúːmjulèɪt]	動自他 蓄積する、〜を蓄積させる ★ a(c)(〜の方へ)+cumul(積み上げる)+ate→積み上げる方へ
amplify [ǽmplɪfàɪ]	動他 〜を増大させる ★ ample(大きい、十分な)+ify→大きくする
soar [sɔːr]	動自 (急激に)増える
mount [maʊnt]	動自 ① 増える　自他 ② (馬や自転車に)乗る　他 ③ 〜を取り付ける、固定する　名 C ① 山(Mount)　② (スマートフォンなどの)固定器具、ホルダー ★ mount(突き出た)→突き出ている場所→山→山のように増える ☑ Overall costs of the project have been **mounting** steadily. (プロジェクトの全体的なコストは着実に増加しています)

increment
[íŋkrɪmənt]
🔔 アクセント

名C (数量などの)増加

★ in (上に) + cre (増える) + ment → 上に増えるもの

incrementally
[ìŋkrɪméntəli]

副 徐々に増加して

decrease
[動 dìːkríːs,
名 díːkriːs]

動自他 減る、〜を減らす　名CU 減少

★ de (下に) + crease (増える) → 下に増える → 減少する

decline
[dɪkláɪn]

動自 ① 減少する　自他 ② (〜を)断る　名U 減少

★ de (下に) + cline (傾く) → 下に傾く → 減少する、断る

reduce
[rɪdjúːs]

動他 (数量や値段など)を減らす

reduction
[rɪdʌ́kʃən]

名CU 削減、値引き

> price reduction　(値引き)

deplete
[dɪplíːt]

動他 〜を激減させる、枯渇させる

★ de (完全に、離れて) + ple (満たす) + te → 満たすことから完全に離れる → 激減させる

depletion
[dɪplíːʃən]

名U 激減、枯渇

diminish
[dɪmínɪʃ]

動自他 減る、〜を減らす

★ de (分離) + min (小さい) + ish → 小さくしていく

nosedive
[nóʊzdàɪv]

動自 (価値などが)急落する　名C 急落

★ nose (鼻) + dive (飛び込む) → 飛行機の鼻 (機首) から突っ込む → まっさかさまに落ちる

plummet
[plʌ́mɪt]

動自 (価値や量などが)激減する　名C 激減

10
概念・現象

超越・超過

surpass

[sərpǽs]

動他 **(数量や期待など)を** 超える、上回る

★ sur（上に）＋pass（通る）→上を通る→上回る

≻ **surpass** the target （目標を超える）

☑ Entrants of the competition are likely to **surpass** earlier predictions.

（大会の参加者は、以前の予測を上回る可能性があります）

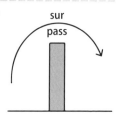

exceed

[ɪksíːd]

動他 **(数量や期待など)を** 超える、上回る

★ ex（外に）＋ceed（行く）→外に行く→上を行く→超える

☑ We are proud to announce record profits, far **exceeding** expectations.

（予想をはるかに上回る記録的な利益を発表できることを誇りに思います）

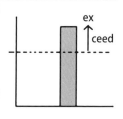

go over

① ～を検討する、見直す ② ～を超える

☑ The spending will cause us to **go over** our budget.

（その支出は私たちの予算を超える原因となります）

Section 11 | 関係性　　　🔊 176〜185

このセクションでは、人や物の「関係性」に関する語句を10のカテゴリに分けて紹介します。TOEICでは、Part 1（写真描写問題）で位置関係の語句、Part 5（短文穴埋め問題）やPart 6（長文穴埋め問題）で対比関係の語句、Part 7（長文読解問題）で因果関係の語句が頻出します。

包含・除外

include
[ɪnklúːd]

動他 〜を含める
★ in（中に）+ clude（閉じる）→中に閉じ込める→含める

exclude
[ɪksklúːd]

動他 〜を除外する
★ ex（外に）+ clude（閉じる）→外に閉じる→除外する

exclusive
[ɪksklúːsɪv]

形 ① 独占的な ② 唯一の ③ （会員）限定の ④ 高級な　(P316)
★ ex（〜の外に）+ clude（閉じる）+ sive→閉じて除外する

❯ **exclusive** use of the venue
（会場の独占使用）

❯ **exclusive** service
（（会員）限定のサービス）

clude
(=close)
ex

📝 We decided to offer an **exclusive** sale for members.
（会員限定のセールを実施することにしました）

enclose
[ɪnklóuz]

動他 ① 〜を同封する ② （フェンスなどで）〜を囲む
★ en（中に）+ close（閉じる）→中に閉じる→〜を閉じ込める

entail
[ɪntéɪl]

動他 （必然的に）〜を伴う
★ en（〜にする）+ tail（切る）→相続先を法的に区切る→〜に限って関与させる→〜を必要とする→〜を伴う
❯ **entail** hard work　（大変な作業を伴う）

involve
[ɪnvá(ː)lv]

動他 ① 〜を含む ② 〜を巻き込む、関与させる

🗨 他動詞なので「～を含む」と言いたい場合は、「～ involves.」ではなく「～ is involved.」と(受動態に)する必要がある。

★ in(中に)+volve(回る)→中に回る→巻き込む→～を含む

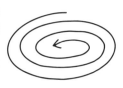

involvement [ɪnvά(:)lvmənt]	名 U 関与
contain [kəntéɪn]	動他 ① ～を含める ② ～を封じ込める、抑え込む ★ con(共に)+tain(保つ)→一緒に保つように中に入れる
count [kaʊnt]	動自 ① 大事〔重要〕である ② (count on のかたちで)～に頼る、～を当てにする 他 ③ ～を数える、合計する ④ ～を含める 自他 ⑤ (～を)認める 名 C ① 数えること ② 数値、合計 ☑ We have roughly 2,000 workers, not **counting** part-timers. (アルバイトを除いて、当社には約2000人の従業員がいます)
embrace [ɪmbréɪs]	動自他 ① (～を)抱きしめる 他 ② (考え方や意見など)を受け入れる ③ ～を含む ★ em(中に)+brace(抱き込む) ☑ This training course **embraces** several aspects of statistics. (この研修コースには統計学のいくつかの側面が含まれます)

except [ɪksépt]	前接 ～を除いて ★ ex(外に)+cept(取る)→外につかみ出す→除く
exception [ɪksépʃən]	名 C U 例外

exceptional
[ɪksépʃənəl]

形① 例外的な ② 格別な、並外れた

★ ex(外に)＋cept(つかむ)＋ion＋
al→外につかみ出すような

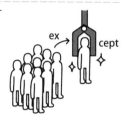

omit
[oumít]

動他 ～を除外する、省く

★ o(～の方へ)＋mit(送る)→外に送る→除外する→省く

omission
[oumíʃən]

名U ① 除外、省略、欠落 C ② 省かれたもの

besides
[bɪsáɪdz]

前① ～に加えて ② ～を除いて 副 それに加えて

★ be(=by)＋side(側)＋s→側(脇)に置いて
> every day **besides** Monday　(月曜を除く毎日)

11
関係性

結果・結論

consequence
[ká(:)nsəkwens]

名C 結果、結論

★ con(共に)＋seq(u)(続く)＋ence(もの)→原因に続いて生じるもの→結果

consequential
[kà(:)nsɪkwénʃəl]

形① 結果として生じる ② (社会的に)重要な

★ con(共に)＋seq(u)(続く)＋ence(こと)＋tial→原因に続いて生じる→結果として生じる→重要な
> **consequential** loss of earnings　(結果的な利益の損失)

conclusion
[kənklú:ʒən]

名C ① 結論 ② 締めくくり、結び

★ con(完全に)＋clude(閉じる)＋sion→議論を完全に閉じること

conclude

[kənklúːd]

動自他 ① (〜を)結論付ける 自 ② 終わる 他 ③ 〜を終わらせる

★ con (完全に) + clude (閉じる) → 完全に議論を閉じる

☑ The committee **concluded** that the new voting system was required.

(委員会は新しい投票制度が必要であると結論付けました)

con

clude (=close)

---

result

[rɪzʌ́lt]

名 C U 結果

★ re (元に) + sult (跳ぶ、跳ねる) → 元に跳ね返ってくるもの

関連・関与

pertain

[pərtéin]

動自 (直接) 関係する

★ per (通して、完全に) + tain (保つ) → 完全に関係を保つ

---

relate

[rɪléɪt]

動自 ① 関係がある、関連する 他 ② 〜を関連付ける

pertinent

[pə́ːrtənənt]

形 関連して

pertinent to

〜に関して

---

relevant

[réləvənt]

形 関連して

★ re (再び) + lev (軽い、持ち上げる) + ant → 再び取り上げられて → 関連して

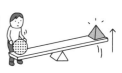

---

relevant to

〜に関して

☑ Thank you for returning the paperwork **relevant to** your employment.

(雇用に関連する書類を返送いただきありがとうございます)

---

further to

〜に関して

➢ **further to** the previous e-mail (前回のメールに関して)

in reference to

〜に関連して

☑ I'm writing **in reference to** a billing statement you sent me last month.
（先月送っていただいた請求書について書いています）

concerned

[kənsə́:rnd]

形 ① 関係して ② 心配して

★ con（共に）＋cern（ふるいにかける、分ける）＋ed→共にふるいにかけられて→関係して

➢ as far as I am **concerned**　（私に関する限り）

☑ Your essay topic needs to be **concerned** with wildlife conservation. （皆さんのエッセイのトピックは、野生生物の保護に関係している必要があります）

concerning

[kənsə́:rnɪŋ]

前 〜に関して、〜について

★ con（共に、完全に）＋cern（ふるいにかける、分ける）＋ing→完全にふるいにかけて→話題を切り分けて→〜に関して

➢ **concerning** the schedule
（スケジュールに関して）

☑ The information **concerning** safety measures remains the same.
（安全対策に関する情報に変更はありません）

11

関係性

regarding

[rɪgá:rdɪŋ]

前 〜に関して、〜について

★ re（再び、後ろを）＋gard（見る）＋ing→後ろを見る→〜の件を振り返る→〜に関して

➢ **regarding** the schedule （スケジュールに関して）

☑ We'd like to provide a suggestion **regarding** your concerns.
（あなたの懸念について提案をさせていただきたいと思います）

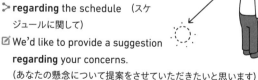

respecting

[rɪspéktɪŋ]

前 〜に関して、〜について

★ re（後ろを）＋spect（見る）＋ing→後ろを見る→〜の件を振り

返る→〜に関して

☑ A discussion will take place **respecting** the hiring next quarter. （来期の採用に関して議論が行われる予定です）

when it comes to	〜について言えば
term [tə:rm]	名 C U ① 期間、任期 ② 観点 ③ 関係 ④ 条件 ⑤ 用語 (P319) 💬 ②③④の意味で使う場合は通例 terms ➢ (be) on good **terms** with 〜 （〜と良好な関係である） ➢ (be) on speaking **terms** with 〜 （〜と話す間柄である）
involvement [ɪnvá(:)lvmənt]	名 U 関与
commitment [kəmítmənt]	名 C ① 確約 U ② 関与、献身 ★ com（完全に）＋ mit（送る）＋ ment →完全に送ること→全てを委ねること ➢ **commitment** to the project （プロジェクトへの関与〔献身〕）
associate [動 əsóuʃièɪt, 名形 əsóuʃiət]	動 他 ① 〜を関連付ける ② 〜から（…を）連想する 名 C 同僚 形 準〜、副〜 ➢ **associate** publicist （副広報担当）
engage [ɪngéɪdʒ]	動 自 ① 関与する、従事する 他 ② （興味や関心など）を引く ➢ **engage** in the sales campaign （販売キャンペーンに参加する）
regardless [rɪgá:rdləs]	副 それにもかかわらず 形 （regardless of のかたちで）〜にもかかわらず、〜に関係なく ★ re（再び、後ろを）＋ gard（見る）＋ less（ない）→後ろを見ない →関係がない

位置関係

near [nɪər]	副 前 近くに 形 近くの 💬 形容詞としての用法は nearer や nearest に限られる。 ☑ The hotel is **near** (to) the airport. （そのホテルは空港の近くにあります）

nearby
[形 níərbaɪ, 副 nìərbáɪ]

形 近くの 副 近くで

📝 We went to a **nearby** park to eat lunch out.
（私たちは外で昼食をとるために近くの公園に行きました）

➤ work **nearby** （近くで働く）

---

handy
[hǽndi]

形 ① 役立つ ② 手元にある

➤ keep my belongings **handy** （所持品を手元に置いておく）

---

immediate
[ɪmíːdiət]

形 ① (時間的に)すぐの ② 急を要する ③ (人との関係性が)近い

★ im (～ない) + medi (間の) + ate →間が空いていない→近い

➤ **immediate** supervisor （直属の上司）

---

adjacent to

～に隣接した ※adjacentのdは発音しないので注意

➤ **adjacent to** the city center （都心に隣接して）

---

adjoining
[ədʒɔ́ɪnɪŋ]

形 隣接している

★ ad (～の方へ) + join (加わる) + ing
→～へ加わる→隣につく→隣接する

➤ **adjoining** area （隣接地域）

---

proximity
[prɑ(ː)ksíməti]

名 U (距離や時間が)近いこと、近所

★ proxim (近い) + ity →近いこと、近所

➤ in **proximity** to the station （駅の近くに）

---

surrounding
[səráʊndɪŋ]

形 周辺の

★ sur (上に、超えて) + (o)und (波立つ) + ing →上に波立つ→
周りを取り囲む

➤ **surrounding** area （周辺地域）

📝 Pablo's Shoe Repair serves female office workers who
work in the **surrounding** area. （パブロ靴修理店は周辺地域
で働く女性会社員にサービスを提供しています）

---

neighboring
[néɪbərɪŋ]

形 近隣の

➤ **neighboring** area （近隣地域）

---

vicinity

[vəsínəṭi]

名Ⓤ 近所、近辺

> in the **vicinity** of the hotel　（ホテルの近くに）

---

side by side

横に並んで

---

abreast

[əbrést]

副 横に並んで

★ a(=on)（続いて）＋breast（胸）→胸を並べた状態で

---

opposite

[á(:)pəzɪt]

形 ①（場所が）反対側の　②（性質などが）正反対の　名Ⓒ 反対

前 〜の反対側に

★ o(p)（〜に向かって）＋pose（置く）＋it→〜に対して置いた

☑ Our new branch is located **opposite** a train station.

（当社の新しい支店は駅の向かいにあります）

---

across from each other

お互いに向かい合って

---

on top of each other

重なり合って

前後関係

follow

[fá(:)lou]

動自他 ①（〜の）後に続く　②（〜を）理解する 他 ③（規則など）に従う

💬 ①の意味で使われる場合は「A follows B.」（AがBの後に続く）を受動態にした「B is followed by A.」（Bに続いてAが行われる）のかたちをとることが多い。

☑ Prof. Yang's keynote address will be **followed** by a short video.

（ヤング教授の基調講演に続いて短いビデオの上映があります）

☑ Your trip will be to our main office tomorrow, **followed** by visits to our factories by the end of the week.

（出張で明日は本社、そのあと週末までに工場を訪問していただきます）

---

follow up on

〜について追って対応する

> **follow up on** an interview　（面接の追加対応をする）

---

precede

[prɪsíːd]

動他 〜に先行する

💬 「A precedes B.」（AがBに先行する）を受動態にした「B is

---

preceded by A.」（A に続いて B が行われる）のかたちをとる
ことが多い。

★ pre（前に）＋cede（行く）→前に行く→先行する

☑ Dr. Ali's keynote address will be **preceded** by a short video.
（短いビデオ上映に続いてアリ博士の基調講演があります）

| former | 形 ① (出来事が)前の ② 前任の ③ 前者の 名(the former の |
| [fɔ́ːrmər] | かたちで)前者 |

| formerly | 副 以前は |
| [fɔ́ːrmərli] | |

| previous | 形 以前の |
| [príːviəs] | ★ pre（前に）＋via（道）＋ous →前に通った道の→以前の |

| previously | 副 以前は |
| [príːviəsli] | |

| latter | 形 後者の 名 (the latter のかたちで)後者 |
| [lǽtər] | |

ahead	副 前に
[əhéd]	★ a（〜の方へ）＋head（頭）→先頭の方へ→前方に
	➢ ahead of schedule （予定より早く）
	➢ ahead of time （前もって）
	➢ ahead of one's competitors （競合他社に先んじて）

| behind | 前副 ① 〜の後ろに ② (時間や予定など)に遅れて |
| [bɪháɪnd] | ➢ behind schedule （予定より遅れて） |

上下関係

| supervisor | 名C 管理者、上司、監督 |
| [súːpərvàɪzər] | ★ super（上に）＋vise（見る）＋or（人）→上から見る人 |

| subordinate | 名C 部下 |
| [səbɔ́ːrdɪnət] | ★ sub（下に）＋ord(i)（順番）＋nate →順番が下の人→部下 |

report	動自他 ① (〜を)報告する 自 (report to のかたちで) ② 〜の部
[rɪpɔ́ːrt]	下である ③ 〜に到着したことを伝える 名C 報告書
	★ re（後ろの）＋port（港、運ぶ）→後ろに情報を伝える

11
関係性

☑ You **report** to Ms. Plum in the sales department.
（あなたは営業部のプラムさんの部下です）

因果関係

(be) due to

① ～する予定で ② ～が原因で、～のおかげで ③ ～に当然与えられるべきで　(P314)

★ du(e)（負う、借りる）→((be) due to のかたちで) ～がその責任を負っていて、～に功績があって

≻ **due to** the delay （遅れが原因で）

☑ **Due to** the inclement weather, the airplane didn't take off. （悪天候が原因で、飛行機は離陸しませんでした）

owing to

～が原因〔理由〕で

on account of

～が原因〔理由〕で

thanks to

① ～のおかげで ② ～のせいで

≻ **thanks to** his dedication （彼の献身のおかげで）

cause

[kɔːz]

動他 ～を引き起こす、～の原因となる 名C ① 原因 U ② 理由、動機

☑ Heavy traffic has **caused** delays on the interstate freeway. （大渋滞のため州間高速道路で遅れが生じています）

pose

[pouz]

動他 ① (問題など)を引き起こす 自 ② ポーズをとる

≻ **pose** a problem （問題を引き起こす）

≻ **pose** an issue （問題を提起する）

result in

～という結果になる

☑ Canceling your reservation on the same day will **result in** no refund. （当日のキャンセルは払い戻しできません）

lead to

～につながる、～という結果になる

☑ The purchase of the software will not **lead to** our productivity improvement.
（そのソフトの購入は私たちの生産性の向上にはつながりません）

212

| **bring about** | ～(という結果)を**もたらす**、～を**引き起こす** |
| | ≻ **bring about** a change　(変化をもたらす) |

contribute to	① ～に**貢献**〔寄付、寄稿〕**する** ② ～の**原因となる**
	☑ This decision might **contribute to** unfavorable market conditions.
	(この判断は、好ましくない市況につながる可能性があります)

attribute [動 ətríbjùːt, 名 ǽtrɪbjùːt]	動他 ～を(…に)**起因すると考える** 名C **特質、特徴**
	💬 attribute A to B(AをBのおかげだと考える、AをBのせいにする)のかたちで使うことが多い。
	★ a(t)(～の方へ)＋tribute(貢物、賛辞)→～に賛辞を与える、～に原因を与える
	☑ Its success can be **attributed** to various promotional campaigns.　(その成功は、さまざまな販売促進キャンペーンに起因すると考えることができます)

11
関係性

come from	～から**生じる**
	☑ System troubles often **come from** human errors.
	(システム障害はしばしば人的ミスによって起こります)

| **result from** | ～に**起因する** |
| | ☑ We're dealing with problems **resulting from** operational errors.　(私たちは操作ミスに起因する問題に対処しています) |

| **stem from** | ～から**生じる**、～が**原因である** |
| | ≻ **stem from** a lack of information　(情報不足が原因である) |

| **now that** | ～した今、今や～なので |

| **thus**
[ðʌs] | 副 **その結果、従って** |
| | ☑ The new sign uses larger letters and **thus** is much easier to read.　(新しい看板はより大きな文字を使用しているため、格段に読みやすくなっています) |

対比関係

while

[hwaɪl]

[接] ① ~する間に ② ~の一方で、~ではあるが [名単] 時間、期間

☑ While never a big fan of his novels, I often read some of them on weekends.

(私は彼の小説の大ファンというわけではありませんが、週末によく読んでいます)

despite

[dɪspáɪt]

[前] ~にもかかわらず

★ de(下に)+spite(見る)→~を下に見る→~をものともしない

☑ Despite high ticket prices, every performance was sold out immediately.

(高額なチケットにもかかわらず、全ての公演がすぐに売り切れました)

in spite of

~にもかかわらず

★ spite(=dispit(下に見る、軽蔑する))→~を下に見る→~をものともしない

regardless of

~にかかわらず、~に関係なく

★ re(再び、後ろを)+gard(見る)+less(ない)→後ろを見ない→関係がない

notwithstanding

[nɑ̀(:)twɪðstǽndɪŋ]

[前副] ~にもかかわらず、~に関係なく

★ not(ない)+with(抵抗して※)+stand(立つ)+ing→抵抗して立たない→抵抗せずに立てる→ものともしない~→~にもかかわらず

※ 古英語ではwithは「反対(=against)」の意味を表す

🔊 前置詞として使う場合、通常は「notwithstanding N」のかたちをとるが、まれに名詞句の後ろに置いて「N notwithstanding」のかたちをとることもできる。

☑ Notwithstanding harsh weather, the staff remained cheerful.

(悪天候にもかかわらず、スタッフは元気いっぱいでした)

☑ His advice notwithstanding, she decided to proceed with the plan.

214

（彼の忠告にもかかわらず、彼女は計画を進めることにしました）

相互関係

mutual
[mjúːtʃuəl]

形 相互の、お互いの

★ mute（変える、動く、移動する）＋al→お互いの間で動く

mutually
[mjúːtʃuəli]

副 お互い、互いに

> **mutually** beneficial （互いに有益な）

> **mutually** exclusive （互いに排他的な）

reciprocal
[rɪsíprəkəl]
🔴 アクセント

形 相互関係の

★ re（後ろで）＋cip（つかむ）＋pro（前に）＋cal→後ろで受け取って前に返す→相互の

依存関係

depend on

〜に依存する、〜に頼る

★ de（下に）＋pend（吊るす）→下に吊るす→〜の下にぶら下がった状態にする→〜に依存する

> **depend on** the weather （天気に依存する）

☑ We suggest an appropriate venue **depending on** the size of your event.
（当社は、お客様のイベントの規模に応じて適切な会場をご提案します）

count on

〜に頼る、〜を当てにする

☑ You can **count on** our quality products.
（当社の高品質な製品を信頼していただくことができます）

hinge on

〜に依存する、〜次第である

> **hinge on** the situation （状況に依存する）

11

関係性

復習テスト 10

[1] それぞれ2つの語句が同義語ならS(Synonym)、反意語ならA(Antonym)で答えなさい。

1. sure	certain	(	)
2. entire	whole	(	)
3. formerly	previously	(	)
4. marginal	significant	(	)
5. soar	plummet	(	)

[2] それぞれの語句の説明が正しければT(True)、間違っていればF(False)で答えなさい。

6. municipal	relating to the government of a city	(	)
7. respective	showing respect	(	)
8. mount	to increase gradually	(	)
9. exclusive	costing plenty of money	(	)
10. commitment	the willingness to give your energy and time to something	(	)

[3] 以下の文の空所に当てはまる語句を語群の中から選んで答えなさい。

11. Moving expenses will be (　　　) by the company.

12. Starting in June, we will hold a series of seminars (　　　) toward young entrepreneurs.

13. Rest (　　　) that we will protect your personal information.

14. Prof. Yang's keynote address will be (　　　) by a short video.

15. Its success can be (　　　) to various promotional campaigns.

a. followed	b. geared	c. attributed
d. borne	e. assured	

［4］指定された文字で始まる最も適切な単語で各文の空所を埋めなさい。

16. You can request reimbursement for any expenses you (i   ).
     あなたが負担した費用の払い戻しを請求することができます。

17. We are proud to announce record profits, far (e   )
     expectations.
     予想をはるかに上回る記録的な利益を発表できることを誇りに思います。

18. We'd like to provide a suggestion (r   ) your concerns.
     あなたの懸念について提案をさせていただきたいと思います。

19. You may drive to work (p   ) that you get a parking permit
     from the transportation operations department.
     交通事業部から駐車許可証を取得すれば、車で通勤してよいです。

20. (D   ) to the inclement weather, the airplane didn't take off.
     悪天候が原因で、飛行機は離陸しませんでした。

［5］括弧内の単語を並べ替えて、各文を完成させなさい。

21. I expect (would / my / fashion / arrive / timely / a / in / order).
     (   )

22. Entrants of the (predictions / are / to / competition / surpass / likely /
     earlier).
     (   )

23. The information (same / safety / remains / concerning / the / measures).
     (   )

24. Our new (train / is / opposite / a / branch / station / located).
     (   )

25. Your trip will be to our main office tomorrow, (by / visits / week / to / the /
     our / end / followed / by / of / the / factories).
     (   )

［解答］

1. S 2. S 3. S 4. A 5. A 6. T 7. F (→respectful) 8. T 9. F (→expensive) 10. T
11. d 12. b 13. e 14. a 15. c 16. incur 17. exceeding 18. regarding/respecting
19. provided 20. Due 21. my order would arrive in a timely fashion 22. competition are
likely to surpass earlier predictions 23. concerning safety measures remains the same
24. branch is located opposite a train station 25. followed by visits to our factories by the
end of the week

このセクションでは、「規範・規律」に関する語句を3つのカテゴリに分けて紹介します。特に「順守・遵守」のカテゴリで紹介する語句は、Part 7（長文読解問題）を中心にリーディングセクションで頻出するので、全て覚えるようにしましょう。

規則・規制

policy
[pá(:)ləsi]

名 C U ① 方針　C ② (保険会社との)契約、証書
> insurance **policy** （保険証書）

regulation
[règjuléɪʃən]

名 C ① 規則、規定(通例regulations)　U ② 規制、取り締まり
★ reg(u)(王、支配、規則)+lation→王が定めたもの

regulate
[régjulèɪt]

動 他 ① (法律などによって)〜を規制する　② 〜を調節する

procedure
[prəsíːdʒər]

名 C U 手順、手続き
★ pro(前に)+ced(行く)+ure→物事を前に進める手順
> implement **procedures** （手続きを実行する）
> safety **procedures** （安全手順）

protocol
[próʊṭəkà(:)l]

名 U ① (外交上の)儀礼、しきたり　C ② (国家間の)協定、議定書　③ (実験などを行う上で守るべき)規定
> safety **protocol** （安全規定）

順守・遵守

follow
[fá(:)loʊ]

動 自 他 ① (〜の)後に続く　② (〜を)理解する　他 ③ (規則など)に従う
> **follow** the company policy （会社の方針に従う）

obey
[oʊbéɪ]

動 自 他 (規則や指示などに)従う
★ ob(〜に向かって)+ey(聴く)→〜の声を聴く→従う
> **obey** the guidelines （指針に従う）

deliver
[dɪlívər]

動 自 他 ① (〜を)配達する　他 ② (演説など)を行う　③ (約束など)を守る、果たす
> **deliver** *one's* promise （約束を守る）

fulfill
[fʊlfíl]

動他 ① (望みや目標など)を達成する、叶える ② (義務や使命など)を遂行する ③ (約束)を守る、果たす

★ ful (完全に) + fill (満たす) → 全て満たす

> fulfill a promise　(約束を守る)

redeem
[rɪdíːm]

動他 ① (金券など)を換金する、(商品券など)を商品と引き換える ② (redeem *oneself* のかたちで)名誉を回復する ③ (約束など)を果たす

★ re (後ろに) + deem (買う) → 買い戻す → 約束 (義務) を買い戻す → 約束を果たす

> redeem a promise
> (約束を果たす)

12

規範・規律

observe
[əbzə́ːrv]

動他 ① 〜を観察する ② (規則など)を守る ③ (祝日など)を祝う

★ ob (〜の方に) + serve (保つ、仕える) → 〜の方に目線を保つ

🖋 We ask that the following rules be **observed** while you are telecommuting.
(在宅勤務中は、以下のルールをお守りください)

observance
[əbzə́ːrvəns]

名U 順守

comply with

(規則や命令など)に従う

★ com (共に、完全に) + ply (満たす、重ねる) → 重ね合わせる

> **comply with** the guidelines
> (ガイドラインに従う)

🖋 Every employee is mandated to **comply with** this rule.
(全従業員は、この規則を守ることが義務付けられています)

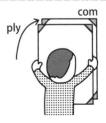

compliance	名U 順守
[kəmpláıəns]	

adhere to

① ～にしっかり貼りつく ② (規則など)に従う

★ ad (～の方へ) + here (= stick) (刺
す) →くっつく→従う

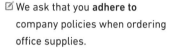

> **adhere to** the guidelines
> (ガイドラインに従う)

☑ We ask that you **adhere to**
company policies when ordering
office supplies.
(事務用品を注文する際は、会社の方針に従ってください)

adherence	名U 順守
[ədhíərəns]	

stick to

(法律など)を順守する

conform to

① (考え方や行動など)に合わせる ② (規則など)に従う

★ con (共に、完全に) + form (形、
型) →完全に型にはめる

> **conform to** the guidelines
> (ガイドラインに従う)

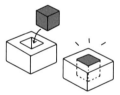

abide by

(規則や決定事項)に従う

★ a (～の方へ) + bide (とどまる) →
決まり事の方へ身を留める

> **abide by** the guidelines
> (ガイドラインを守る)

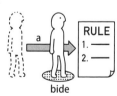

legal
[líːgəl]

形 ① 合法の ② 法律の

★ leg（選ぶ、集める、法）+ al →法の→合法の

legitimate
[lɪdʒítəmət]

形 ① 合法の ② 正当な、まっとうな

順番・順序

order
[ɔ́ːrdər]

動 自 他 ①（〜を）注文する 他 ②（人）に命令する 名 C ①（in order to Vのかたちで）〜するために ② 注文 ③ 注文品 ④ 命令 C U ⑤ 順番 U ⑥ 正常な状態 (P318)

≻ in alphabetical **order** （アルファベット順に）

≻ in chronological **order** （年代順に）

following
[fɑ́(ː)louɪŋ]

前 〜の後に、〜に続いて 形 次の 名 C 支持者、ファン

☑ A networking party will be held **following** the annual meeting. （年次総会後に人脈づくりのパーティーが開催されます）

≻ the **following** year （翌年）

subsequent
[sʌ́bsɪkwənt]
🔊 アクセント

形 次の、その後の

★ sub（下に）+ seq(u)（続く）+ ent（こと）→その後の

≻ the **subsequent** year （翌年）

precede
[prɪsíːd]

動 他 〜に先行する、〜より先に起きる

★ pre（前に）+ cede（行く）→前に行く

initial
[ɪníʃəl]

形 最初の 名 C 頭文字

★ in（中に）+ it（行く）+ ial →〜の中へ入って行く→最初の

≻ **initial** talks （初会談、最初の話し合い）

on a first-come, first-served basis

先着順で

☑ Application for these events is **on a first-come, first-served basis**. （これらのイベントへの申込みは先着順です）

このセクションでは、「時間・空間」に関する語句を8つのカテゴリに分けて紹介します。特に「時間・期間」と「期限・締切」の語句が大事なので、コロケーションや例文で押さえておくとスコアアップにつながります。

過去・現在・未来

past
[pǽst]

形 ① 前の ② 最近の ③ 元〜 前副 ① (時間)を過ぎて ② (場所)を通り過ぎて ③ (時)が経って ④ (ある状況、段階)を過ぎて 名単 過去

> **past** contest （過去の大会）

> over the **past** month （この1カ月）

> in the **past** year （この1年）

☑ She is a **past** president of Urban Design.
（彼女はアーバン・デザイン社の元社長です）

☑ I don't have anything **past** five o'clock this week.
（今週の5時以降は何も予定が入っておりません）

☑ Weeks went **past** without any news.
（何のニュースもなく数週間が過ぎました）

☑ Call the same number as in the **past**.
（以前と同じ番号にお電話ください）

present
[名形prézənt,
動prizént]

名 C 贈り物 形 ① 出席して、居合わせて ② 現在の
動 他 ① 〜を提示する ② 〜を与える、プレゼントする　　(P318)

> our **present** members （私たちの現在のメンバー）

current
[kə́:rənt]

形 現在の 名 C (水や空気の)流れ

★ cur (走る、流れる) + ent →流れている、走っている→現在の

currently
[kə́:rəntli]

副 現在

contemporary
[kəntémpərèri]

形 ① 現代の ② 同時代〔年代〕の 名 C 同時代〔年代〕の人

★ con (共に) + tempo (時間) + (r)ary →共に時間を共有する

upcoming
[ʌ́pkʌ̀mɪŋ]

形 近づきつつある、来たる、今度の

★ up (上に) + come (行く、来る) + ing →目の前に現れ出てくる

> **upcoming** seminar　（今度のセミナー）

☑ Thank you for notifying us about the **upcoming** convention.
（来たる会議についてお知らせいただきありがとうございます）

forthcoming
[fɔ̀ːrθkʌ́mɪŋ]

形 近づきつつある、来たる、今度の

★ forth（前に）+ come（行く、来る）+ ing →目の前にやってくる

down the road

① 道の先に　② 将来

☑ I hope to work in London **down the road**.
（将来ロンドンで働きたいと思っています）

時間・期間

term
[təːrm]

名 C U ① 期間、任期　② 観点　③ 関係　④ 条件　⑤ 用語

(P319)

💬 ②③④の意味で使う場合は通例terms。

> spring **term**　（春学期）

☑ He is in his first **term** as chairperson of the committee.
（彼はその委員会の委員長として1期目です）

session
[séʃən]

名 C ① 集まり、会合　② （ある活動を行う）期間　③ 学期

★ se（座る）+ sion →座って行う集い

period
[píəriəd]

名 C ① 期間　② 時代　③ 授業の1コマ

★ peri（周りの）+ od（道）→周りを巡る道→時の一巡り→期間

☑ New employees learn basic skills and knowledge during
a training **period**.
（新入社員は研修期間中に基本的な技術や知識を学びます）

duration
[djuəréɪʃən]

名 U 継続期間

★ dur（持ちこたえる）+ ation →持ちこたえている長さ

> for the **duration** of the contract　（契約期間中に）

☑ All guest rooms have been booked for the **duration** of the
event.　（イベント期間中の客室は全て予約で埋まっております）

tenure
[ténjər]

名 U 在職期間、任期

☑ Ms. Walters has solved many business problems
throughout her **tenure** at Runway Systems.

（ウォルターズさんは、ランウェイ・システムズでの在職期間中、ビジネス上の問題を数多く解決してきました）

stint
[stɪnt]

名C 任務期間

☑ Jack began his **stint** at the institute in March.
（ジャックは3月にその研究所での任務を開始しました）

probation
[proʊbéɪʃən]

名U 仮採用期間、試用期間

★ probe(prove)（試す、証明する）＋ ation →仕事をする能力があることを証明する期間

➢ **probation** period （仮採用期間）

probationary
[proʊbéɪʃənèri]

形 試用期間中の

residency
[rézɪdənsi]

名U 医者の研修期間

★ residen(t)（居住者）＋ cy →病院での居住→医者の研修期間

☑ I'm going to participate in a three-month **residency** programme abroad.
（海外で3カ月の研修医プログラムに参加する予定です）

sabbatical
[səbǽṭɪkəl]

名CU （大学教授の）サバティカル休暇、長期有給休暇

★ ユダヤ教のSabbath（7日に一度の安息日）が語源。転じて、大学教員に与えられる長期休暇をsabbatical leaveと呼ぶ。

☑ Professor Watkins will be leaving for a short-term **sabbatical** to teach a course overseas. （ワトキンス教授は、海外の講座を担当しに短期のサバティカル休暇に旅立ちます）

temporary
[témpərèri]

形 一時的な

★ tempo（時間）＋ ary →時間的な→一時的な

temporarily
[tèmpərérəli]

副 一時的に

🗩 「ある期間〔時間帯〕のみ」というニュアンス。

☑ The store is closed **temporarily** from May 1 to June 30.
（そのお店は5月1日から6月30日まで一時的に閉店しています）

tentative
[téntətɪv]

形 暫定的な、仮の

> tentative plan　（仮の計画、試案）

tentatively
[téntətɪvli]

副 暫定的に、仮に

💬「物事が確定するまでの間とりあえず」というニュアンス。

☑ Seung-ho Park has **tentatively** agreed.
（パク・スンホは暫定的に同意しております）

provisional
[prəvíʒənəl]

形 暫定的な、仮の

★ pro（前に）+ vision（見ること）+ al →前を見る→先々を見る→
先々変わる可能性がある→仮の

provisionally
[prəvíʒənəli]

副 暫定的に、仮に

💬「先々変わる可能性があるので」というニュアンス。

☑ The event has been **provisionally** arranged for the
beginning of July.
（その行事は7月上旬（開催）で暫定的に調整されています）

overnight
[òuvərnáɪt]

形 ① 一晩の ② 突然の　副 ① 一晩、夜通しで ② 突然

> overnight delivery　（翌日配送）

decade
[dékeɪd]

名 C 10年

★ deca（10）+ de → 10年（間）

> a decade ago　（10年前）

> for the past decade　（過去10年間）

> for decades　（何十年もの間）

☑ It has been a privilege leading this company over the
past **decades**.　（過去数十年にわたり、この会社を率いることがで
きたのは光栄なことです）

intermission
[ìntərmíʃən]

名 C ① 中断 ② 幕間、休憩時間

★ inter（間に）+ mit（送る）+ sion →間に送り込む→劇と劇の
間に時間を置く→中断、休憩時間

indefinitely
[ɪndéfənətli]

副 ① 漠然と、曖昧に ② 無期限に

★ in（～ない）+ definite（明確な、限定的な）+ ly →明確でなく、

13

時間・空間

限定されていなくて→曖昧に、永久に

quarter
[kwɔ́:rʒər]

名C ① 4分の1 ② 四半期、3カ月 ③ 地域、地区 ④ 宿舎

💬 quarter はもともと「4番目」という意味で、そこから「4分の1」「1年を4つに分けたうちの一区画〔期間〕」「町の一区画にある軍人の住居、宿舎」という意味になった。

for the time being

当面の間

so far

これまでのところ

thus far

これまでのところ

☑ This year's festival was the most successful **thus far**.
（今年のフェスティバルはこれまでで最も成功しました）

around-the-clock

形 24時間営業の

➢ **around-the-clock** operation　（24時間営業）

turnaround
[tɔ́:rnəràʊnd]

名U ① 業務処理時間 ② （悪い状況からの）好転 ③ （意見などの）方向転換

➢ fast **turnaround**　（速い対応〔業務処理時間〕）

☑ I'm satisfied with your quick **turnaround** regarding design changes.
（私は、設計変更に関する貴社の迅速な対応に満足しています）

lapse
[læps]

動自 ① 期限が切れる、失効する ② 経過する　名C ① 見落とし、うっかりミス ② 経過

➢ **lapse** of time　（時間の経過）

期限・締切り

deadline
[dédlàɪn]

名C 締切り

★ dead（死の）+ line（線）→越えてはならない線→そこを越えると記事がボツになるタイミング→期限、締切り

expire
[ɪkspáɪər]

動自 有効期限が切れる、失効する

★ex（外に）+(s)pire（息）→外に息を吐き出す→息が切れる→息を引き取る→期限が切れる

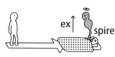

☑ My membership will **expire** at the end of the year.
（私の会員資格は年末に有効期限切れになります）

expiration [èkspəréiʃən]	名U 期限切れ、(契約などの)満了 ＞**expiration** date　（期日）

lapse [læps]	動自 ① 期限が切れる、失効する ② 経過する　名C ① 見落とし、うっかりミス ② 経過 ☑ Your yearly membership will **lapse** on May 31. （年間メンバーシップは5月31日に失効します）

due [djuː]	形 ① (be due to Vのかたちで)〜する予定である ② (支払いの)期限が来て、義務を負って ③ ((be) due toのかたちで)〜が原因〔理由〕で、〜のおかげで ④ ((be) due toのかたちで)〜に当然与えられるべき　名C (duesのかたちで)会費　(P314) ★du(e)（負う、借りる）→支払義務を負って→支払期限が来て ＞**due** date　（締切り日） ☑ Balance **due** upon completion: \$200 （終了時に支払うべき差額：200ドル） ☑ Your yearly membership fees are **due** next month. （あなたの年会費の支払い期限は来月です）

overdue [òuvərdjúː]	形 (支払いなどの)期限が過ぎた ★over（超えて）+du(e)（負う、借りる）→支払い期日を超えて

best-before date	賞味期限

no later than	遅くとも〜までに ☑ Payment is due **no later than** two weeks in advance of the date booked. （お支払いはご予約日の2週間前までにお願いします）

13

時間・空間

rarely
[réərli]

副 めったに〜ない

seldom
[séldəm]

副 ほとんど〜ない

> **seldom** in the news　(めったに話題にならない)

occasionally
[əkéɪʒənəli]

副 時折

frequently
[frí:kwəntli]

副 頻繁に

periodically
[pìəriá(:)dɪkəli]

副 定期的に

★ period(期間)+ical+ly→一定期間を経て→定期的に

annual
[ǽnjuəl]

形 年に一度の、毎年恒例の

★ ann(u)(1年=year)+al→年に一度

> **annual** convention　(毎年恒例の会議)

biannual
[bàɪǽnjuəl]

形 年に二度の、半年に一度の

★ bi(2)+annual(年に一度)→年に
二度

> **biannual** conference
(半年に一度の会議)

☑ It's about time for our company
to undergo a **biannual** inspection.
(そろそろ当社も半年に一度の検査を受ける時期です)

biennial
[baɪéniəl]

形 2年に一度の、隔年の

🗨 -ennial は何年に一度行われるの
かを表す。

> **biennial** conference
(2年に一度の会議)

☑ The world-famous **biennial** gala
will be held on February 26.
(世界的に有名な2年に一度の祝祭は2月26日に開催されます)

centennial [senténiəl]	形 100年の、100周年記念の　名C 100周年記念(祭) ★ cent(100)＋ennial(=annual)(年に一度)→100年に一度
at all times	常時
as soon as	～するとすぐに
immediately [ɪmíːdiətli]	副 即座に、すぐに ★ im(～ない)＋medi(間の)＋ate＋ly→間が空かないように
upon [əpən, əpá(ː)n]	前 ① ～の上に ② ～の後すぐに、～次第 ❯ upon completion of the project　(プロジェクトが終了次第)
once [wʌns]	接 ① 一旦～したら、～するとすぐに　副 一度、かつて
readily [rédɪli]	副 ① たやすく ② 快く、すぐに ☑ He readily accepted the job offer. (彼は仕事のオファーを快く受け入れた)
promptly [prá(ː)mptli]	副 ① 迅速に ② (時間)ちょうどに ★ pro(前に)＋mpt(取る)＋ly→目の前にさっと取るように→即座に→ちょうどに ☑ I was able to arrive there promptly at 8:00 A.M. (私は午前8時ちょうどにそこに到着できました)
timely [táɪmli]	形 時宜を得た、タイミングの良い
simultaneously [sàɪməltéɪniəsli]	副 同時に ★ simul(同じ)＋taneous＋ly→時を同じくして→同時に
as of	① ～時点で ② ～以降 ❯ as of early next week　(来週初め以降)
last-minute	形 土壇場の ❯ last-minute change　(土壇場の変更)

13

時間・空間

amid	前 ① 〜の最中に ② 〜に囲まれて
[əmíd]	★ a（〜の中に）＋mid（真ん中）→〜の最中に
	≻ **amid** the sales campaign （販促キャンペーンの最中に）

| **midst** | 名 U ① 真ん中 ② 最中 |
| [mídst] | ≻ in the **midst** of a negotiation （交渉の真っ最中で） |

機会・チャンス

opportunity	名 C U 良い機会、好機
[à(:)pərtʃúːnəṭi]	★ o(p)（〜の方へ）＋port（港、運ぶ）＋ity →港に向かうこと→好機
	≻ job **opportunity** （雇用機会）
	≻ at every **opportunity** （事あるごとに）

| **chance** | 名 C U ① 可能性 C ② 良い機会、好機 |
| [tʃæns] | |

| **chances are (that) 〜** | おそらく〜であろう |
| | ☑ **Chances are** you don't know the app since it was recently launched. （最近発売されたアプリなので、もしかしたらあなたはご存じないかもしれません） |

privilege	名 C U ① 特権、役得 単 ② 幸運な機会、栄誉
[prívəlɪdʒ]	★ privi (private)＋leg(e)（選ぶ、集める、法）→個人に適用される法→特権→栄誉
	☑ It is a **privilege** to make a speech in front of such a large audience. （こんなに大勢の聴衆の前でスピーチできて光栄です）

空間・スペース

| **space** | 名 U ① 空間 C ② （特定の用途のための）場所 C U ③ 空地 |
| [speɪs] | |

| **room** | 名 C ① 部屋 U ② スペース ③ 余地 |
| [ruːm] | ☑ I believe there's always **room** for improvement. （私は常に改善の余地があると思っています） |

| **vacancy** | 名 C ① 職の空き、欠員 ② 空室 |
| [véɪkənsi] | ★ vac（空っぽ）＋ancy →空きの状態 |

🖺 Visit our Web site to browse a list of **vacancies** of the storage units. （当社のウェブサイトにアクセスして、保管庫の空き状況のリストをご覧ください）

範囲・領域

range
[reɪndʒ]

名C ① 範囲　CU ② (音などが届く)距離

field
[fiːld]

名C ① 野原　② 分野　動他 (質問など)にうまく対応する
＞ scientific **field** （科学分野）

profession
[prəféʃən]

名C 専門分野の職業、専門職
★ pro(前に)＋fes(言う)＋sion→人前で話す自分の専門領域

coverage
[kʌ́vərɪdʒ]

名U ① 報道、取材　② 対象範囲、適用対象　③ 補償範囲
🖺 This Web site provides good **coverage** of environmental issues. （このウェブサイトは環境問題を幅広く取り上げています）
＞ medical **coverage** （医療保障）
＞ insurance **coverage** （保険の補償範囲）

cover
[kʌ́vər]

動他 ① 〜を覆う、隠す　② 〜を取り上げる、扱う、取材する　③ 〜を対象にする、含める、まかなう、負担する　④ (一時的に人の仕事など)を引き受ける、代行する　名C ① 覆い　② 表紙
(P325)

★ co(完全に)＋over(覆う)
＞ the topic to **cover** （取り上げるテーマ）
🖺 The two-day seminar **covers** everything we'd like to know.
（その2日間のセミナーは、私たちが知りたいことを全て網羅しています）

extensive
[ɪksténsɪv]

形 広範囲に及ぶ、幅広い
★ ex(外へ)＋tend(伸ばす、延ばす)＋sive→外へ足を伸ばす

表面・側面

surface
[sə́ːrfəs]

名C 表面　動自 (問題などが)表面化する

aspect
[ǽspèkt]

名C 側面

13
時間・空間

このセクションでは、「料理・食事」に関する語句を5つのカテゴリに分けて学んでいきます。TOEICではluncheonやbanquetをはじめ、さまざまなイベントでケータリングサービスやレストランを利用するため、「料理・食事」に関する語句をしっかりと押さえておく必要があります。

食事の名称・スタイル

meal
[míːl]
名C ① 食事 ② 食べ物

dish
[dɪʃ]
名C ① 皿 ② (一皿の)料理
☑ During the tour, you can sample restaurant dishes.
（ツアーでは、レストランの料理を試食することができます）

platter
[plǽtər]
名C ① (料理を盛る)大皿 ② 大皿料理

diet
[dáɪət]
名C ① 食事療法、ダイエット CU ② 食事

dietary
[dáɪətèri]
形 食事に関する
> dietary preference （食事の好み）

cuisine
[kwɪzíːn]
名U ① 料理法 ② (レストランなどの)料理
> authentic cuisine （本場の料理）
> Indian cuisine （インド料理）

culinary
[kʌ́lənèri]
形 料理に関する
★ culina(台所)+ry→台所の、料理の
> culinary course （料理教室）

fare
[feər]
名C ① (公共交通機関などの)運賃 U ② 食事

board
[bɔːrd]
名C ① 板 ② 取締役会、役員会 U ③ 食事 動自他 (飛行機や船などに)乗る (P323)
★ board(板)→テーブルに並べられるもの→食事
● 宿泊施設で提供される食事について言う。
> pay for room and board （部屋代と食事代を支払う）

delicacy
[délɪkəsi]

名U ① 繊細さ ② (他人への)思いやり C ③ ごちそう

>seasonal **delicacies** （季節のごちそう）

The restaurant serves its award-winning **delicacies** throughout the year.
（そのレストランでは、年間を通して受賞歴のある料理を提供しています）

treat
[tri:t]

名C ① もてなし ② おごり ③ 楽しみ ④ ごちそう 動他 ① ～を扱う、～に対処する ② ～におごる

>drinks and **treats** （飲み物とごちそう）

starter
[stáːrtər]

名C 前菜

appetizer
[ǽpɪtàɪzər]

名C 前菜

hors d'oeuvre
[ɔ̀ːr dɔ́ːrv]
❶ 発音

名C 前菜、オードブル

entrée
[áːntrèɪ]
❶ 発音

名C 主菜

staple
[stéɪpl]

名C ① 主食 ② ホチキスの針 動他 ～をホチキスで留める
形 ① 主要な ② 主食の

>the **staples** of Indian cuisine （インド料理の主食）

luncheon
[lʌ́ntʃən]

名CU (正式な)昼食会

banquet
[bǽŋkwət]

名C (公的な)夕食会、晩餐会

buffet
[bəféɪ]
❶ 発音

名C セルフサービス式の食事、ビュッフェ

potluck
[pɑ̀(:)tlʌ́k]

名C 持ち寄り形式の食事

★ pot（鍋）+ luck（運）→鍋の中身は運任せ→持ち寄り料理

sample
[sǽmpl]

動他 ① ～を試食〔試飲〕する ② ～を標本として選ぶ 名C ① 見本、試供品 ② 標本

14

料理・食事

☑ I'd like you to **sample** some dishes from the menu.
（メニューからいくつかの料理を試食してみてください）

all-you-can-eat	形 食べ放題の
all-you-can-drink	形 飲み放題の

飲食物・食材

snack [snæk]	名C 軽食、お菓子
refreshments [rɪfréʃmənts]	名複 (イベントなどで提供される)軽飲食物
beverage [bévərɪdʒ]	名C 飲料 ★ bever(飲む)＋age→飲むもの
ingredient [ɪngríːdiənt]	名C 食材 ★ in(中に)＋gredi(入る)＋ent→中に入っているもの
produce [動 prədjúːs, 名 próudjuːs]	動他 〜を生産する、製造する 名U 農作物 ★ pro(前に)＋duce(導く)→導き出す→生産する→田畑で生産したもの→農作物 🗨 fresh や local などの形容詞で修飾されていたり、produce の後ろに section が続いていたりする場合は「農作物」の意味。 ➢ **produce** from local farmers （地元農家の農作物） ☑ These are the newest additions to our **produce** section. （これらが青果売り場に新しく加わったものです）

菓子・スイーツ

fudge [fʌdʒ]	名U ファッジ 🗨 キャラメルのような柔らかいキャンディー。
truffle [trʌ́fl]	名C ① トリュフ ② トリュフチョコレート 🗨 トリュフのような見た目のチョコレート菓子。
brownie [bráʊni]	名C ブラウニー 🗨 ナッツ入りのチョコレートケーキ。

234

confectionery	名U ① 菓子類、ケーキ類 C ② 菓子屋、ケーキ屋
[kənfékʃənèri]	★ con(共に)＋fect(作る)＋ion＋ery→砂糖やシロップと一緒に混ぜて作られたもの→菓子類

pastry	名U ① ペイストリー生地(パイやタルトなどを作るための生地) C ② (パイやタルトなどの)焼き菓子
[péɪstri]	★ paste(練り物)＋ry→練り物を焼いて作るお菓子
	☑ Our **pastries** are made with local flour, butter, and milk.
	(私たちの焼き菓子は、地元の小麦粉、バター、牛乳で作られています)

レシピ・調理工程

knead	動他 (生地など)を練る
[niːd]	

bake	動自他 (〜を)焼く
[beɪk]	

grill	動自他 (〜を)直火で焼く、網焼きにする 名C ① (直火焼き用の)調理器具、グリル ② 網焼き料理店、バーベキュー店
[grɪl]	

season	名C 季節 動他 〜に味付けをする
[síːzən]	

seasoning	名CU 調味料
[síːzənɪŋ]	

condiment	名C 調味料
[ká(ː)ndɪmənt]	

味・風味

taste	名C ① (飲食物の)味 U ② 味覚 CU ③ 好み 動自 ① (〜の)味がする 他 ② 〜を味見する
[teɪst]	
	＞taste test (試食〔試飲〕、味見)

flavor	名C ① (飲食物の)風味、味 単 ② 趣、特色 動他 〜に風味を付ける
[fléɪvər]	

savor	名単U 味わい、香り 動他 (飲食物や経験など)を味わう
[séɪvər]	

savory	形 風味の良い
[séɪvəri]	

14

料理・食事

このセクションでは、「数量・比較」に関する語句を8つのカテゴリに分けて紹介します。TOEICではリスニングセクション、リーディングセクションを問わず、数量に関する語句が頻出します。また、数量の比較に用いられる語句も、読解とスコアアップには欠かせません。

数字・数量

figure
[fígjər]

名C ① 数字 ② 人物 動 (figure out のかたちで)〜がわかる

> sales **figures** （売り上げの数字）

☑ Attendance **figures** from last month's trade fair will be released today.
（先月の見本市の出席者数が本日発表されます）

intake
[íntèik]

名U ① 摂取量 CU ② 入学者数、採用者数

★ in（中に）＋ take（取る）→ 中に取る
→ 摂取、採用者数

> calorie **intake** （カロリーの摂取量）

☑ Our company has a yearly **intake** of new graduates from abroad.
（当社では毎年、海外から新卒者を受け入れています）

quota
[kwóuṭə]

名C ① (上限としての)割り当て量 ② (販売などの)ノルマ

> sales **quota** （販売ノルマ）

多い・少ない

a lot of

たくさんの〜、数多くの〜

lots of

たくさんの〜、数多くの〜

a host of

(驚くほど)たくさんの〜、数多くの〜

> a host of social events （数多くの交流イベント）

a number of

① いくらかの〜 ② たくさんの〜、数多くの〜

an array of	たくさんの〜、数多くの〜
	➤ an array of jars　（ずらりと並んだビン、数多くのビン）

plenty of	たくさんの〜

multiple [mʌ́ltɪpl]	形 多数の、2つ以上の
	★ multi（多数）＋ple（重ねる、折る）→たくさん重ねた→多数の

considerable [kənsídərəbl]	形 (数量などが) かなりの
	★ con（完全に）＋sider（星）＋able→完全に星を見る→しっかり見る→注目に値する数の→かなりの数の

substantial [səbstǽnʃəl]	形 (数量などが) かなりの
	★ sub（下に）＋stance（立つ）＋tial →下に立って存在するもの（=物質） でいっぱいの→数量がかなりの

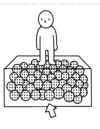

数量・比較

numerous [njúːmərəs]	形 数多くの
	➤ numerous products　（数多くの製品）

vast [væst]	形 ① (数量が) 膨大な　② (土地などが) 広大な

bulk [bʌlk]	名 C 単 ① 大量、多量　U ② かさ、体積〔容積〕
	➤ order in bulk　（大量に注文する、大口注文する） ➤ bulk purchases　（一括購入、まとめ買い）

majority [mədʒɔ́(ː)rəţi]	名 単 ① 大多数　② 過半数
	★ maj（大きい）＋or（より）＋ity→〜より大きいこと→大多数

minority [mənɔ́ːrəţi]	名 単 ① 少数の人々　C ② (人種や宗教などの) 少数派 (通例 minorities) U ③ 未成年 (の期間)
	★ min（小さい）＋or（より）＋ity→〜より小さいこと→少数

fraction

[frǽkʃən]

名C ごく少量

➤ a **fraction** of the time　（わずかな時間）

容量・容積

capacity

[kəpǽsəti]

名単 ① 容量　② 役割　CU ③ 能力

★ cap(a)（頭、つかむ）＋ city →つかむ能力、役割、器の大きさ

➤ be filled to **capacity**　（満杯〔満席〕である）

volume

[vá(ː)ljəm]

名C ①（本などの）巻　U ②（音や交通などの）量　C ③（空間や物の）体積、容積

★ vol（回る）＋ ume →巻く→（本などの）巻→量、体積

比例・割合

unparalleled

[ʌnpǽrəlèld]

形 比類のない、前代未聞の

🗨 良いことにも悪いことにもどちらにも使える。

★ un（〜ない）＋ para（並べる、そばの、補助的な、超えた、対する）＋ el ＋ ed →並べることができない→比類のない

➤ **unparalleled** success　（比類のない成功）

proportional

[prəpɔ́ːrʃənəl]

形 ①（大きさや数量などが）比例した　② 均整のとれた、釣り合った

proportion

[prəpɔ́ːrʃən]

名CU ① 割合、比率　U ② 均整、釣り合い

★ pro（〜のための）＋ portion（分け前、一部）→全体の中の一部→割合

➤ in **proportion** to *one*'s experience
（〜の経験に応じて〔関連して〕）

📝 A significant **proportion** of customers has responded to our survey.
（かなりの割合のお客様からアンケートのご回答をいただきました）

rate

[reɪt]

動他 〜を評価する　名C ① 割合　② 価格

📝 Could you come up with some ideas to improve our referral **rate**?
（紹介率を改善するためのアイディアをいくつか考え出していただけますか）

ratio

[réɪʃiòʊ]

名C 割合

比較・同等

equal
[íːkwəl]

形 同等の 動他 〜に等しい、匹敵する 名C 同等の人〔物〕

☑ A security deposit **equal** to two months' rent is required.
（家賃の2カ月分の保証金が必要です）

equivalent
[ɪkwívələnt]

形 同等の 名C 同等の物

★ equi（等しい）＋ val（力、価値）＋ent
→価値が等しい

☑ Applicants must have a bachelor's degree or **equivalent** credentials.
（応募者には学士号または同等の資格が求められます）

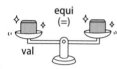

comparable
[ká(:)mpərəbl]

形 ① 比較できる ② 同等の、匹敵する

★ com（共に）＋ pare（並べる、そばの）＋ able →共に並べることができる→比較できる、同等の

☑ The replacement is **comparable** in price to the original model we used.
（交換品の価格は私たちが使用していた元のモデルと同程度です）

15

数量・比較

comparably
[ká(:)mpərəbli]

副 同等に、同程度に

≻ **comparably** priced （等価格で）

compare
[kəmpéər]

動他 ① 〜を比較する 自 ② 匹敵する

commensurate
[kəménsərət]

形 （大きさや数量などが）同等の、釣り合った

★ com（共に）+ mensur（measure）（測る）+ ate →共に測る→目方が一緒の→釣り合った

☑ Competitive salary is **commensurate** with your experience and ability.
（給与は経験と能力に応じて優遇します）

近似・類似

nearly
[níərli]

副 ① ほとんど、約 ② もう少しで、危うく（しそうになる）

➢ **nearly** 50 percent of the attendees　（約半数の出席者）

approximately
[əprá(:)ksɪmətli]

副 （数量について）ほとんど、約

★ a(p)（〜の方へ）+ proxim（近い）+ ate + ly →〜の方に近い

☑ The meeting will last **approximately** 90 minutes.
（会議はおよそ90分続く予定です）

roughly
[rʌ́fli]

副 （大きさや数量について）おおよそ

➢ **roughly** 2,000 audience members　（おおよそ2000人の聴衆）

similar
[símələr]

形 似ている、同様の

★ simil（同じ）+ ar →同じの

similarity
[sìməlǽrəti]

名 C U 似ていること、類似

identical
[aɪdénṭɪkəl]

形 まったく同じの、そっくりの

alike
[əláɪk]

形 似ている、同様の　副 同様に

適切・節度

appropriately
[əpróupriətli]

副 適切に

appropriate
[əpróupriət]

形 適切な

suitable
[súːṭəbl]

形 ふさわしい、適切な

★ suit（続く）+ able →続けることができる→ふさわしい

☑ This room is spacious and **suitable** for large meetings.

（この部屋は広々していて大規模会議に適しています）

properly
[prá(ː)pərli]

副 適切に、きちんと

proper
[prá(ː)pər]

形 適切な、（社会的または法的に）正しい

sound
[saʊnd]

形 ① 十分な ② しっかりとした ③ 妥当な、理にかなった
名 C U 音 動自 ～のように聞こえる (P321)
➢ sound judgment （妥当な判断）

moderately
[má(ː)dərətli]

副 ① 適度に ② 控え目に

moderate
[形 má(ː)dərət,
動 má(ː)dərèit]

形 ① （温度や速度などが）適度な ② （気候や性格が）穏やかな
動自他 ① （性格などを）穏やかにする ② （～の）司会を務める
★ mode（型）＋rate →型にはまった→節度のある→程良い
☑ Moderate exercise is essential to keep you healthy.
（健康維持のためには適度な運動が欠かせません）

規模・程度

highly
[háɪli]

副 かなり、非常に

considerably
[kənsídərəbli]

副 かなり
☑ Sales of cosmetics have decreased **considerably** over the past two years.
（化粧品の売り上げは、過去2年間で大幅に減少しました）

markedly
[máːrkɪdli]
🔊 発音

副 （変化や差異が）際立って、著しく

tremendously
[trəméndəsli]

副 大いに、ものすごく

enormously
[ɪnɔ́ːrməsli]

副 大いに、膨大に
★ e（外に）＋norm（標準）＋ous＋ly →標準から外れて→並外れて
☑ Our city's population has grown **enormously** in recent years.
（私たちの市の人口は、近年ものすごく増加しています）

exponentially
[èkspənénʃəli]
副 指数関数的に、急激に

drastically
[dræstɪkəli]
副 大幅に、劇的に

overwhelmingly
[òʊvərʰwélmɪŋli]
副 圧倒的に

sizable
[sáɪzəbl]
形 (数量が)大きめの
➢ a **sizable** amount of money （かなりの金額）

utmost
[ʌ́tmòʊst]
形 最大限の、最大の 名単 最大限
★ ut(=out)(外に)+most(最も)→最も外に際立って→最大の

slightly
[sláɪtli]
副 わずかに、少しだけ

marginally
[máːrdʒənəli]
副 わずかに、少しだけ
✍ I participated only **marginally** in the party last night.
（私は昨夜、パーティーにほんのわずかだけ参加しました）

fairly
[féərli]
副 ① 公平に ② そこそこ、まずまず

nominal
[ná(ː)mənəl]
形 ① 名前だけの、名目上の ② (金額が)ほんのわずかな
★ nomin(名前)+al→名ばかりの→わずかな
➢ **nominal** fee （わずかな料金）

subtle
[sʌ́tl]
形 (違いなどが)気付きにくい、わかりにくい

closely
[klóʊsli]
副 ① 注意深く ② 密接に
➢ work **closely** with other teams
（他のチームと密接に作業する）

Section 16 | IT・科学技術 ◀) 210

このセクションでは、「IT・科学技術」に関する語句を紹介します。TOEICではserver、workstation、peripheral、spreadsheet、tutorial、archiveといったIT関連の語句が登場するので、見聞きして瞬時に意味がわかるようにしておくことが大事です。

IT・科学技術

server
[sə́ːrvər]

名C ① (コンピューターの)サーバー ② 給仕係

☑ **Servers** have been down since this morning.
（今朝からサーバーがダウンしています）

workstation
[wə́ːrkstèɪʃən]

名C ① (個人用の)作業机、作業スペース ② (個人が業務で使用する)高性能コンピューター

★ work (作業) + station (立ち止まるところ) →作業のために立ち止まる場所→作業机→作業机に置くコンピューター

☑ I installed data analysis software on my **workstation** today.
（今日、ワークステーションにデータ分析用のソフトウェアをインストールしました）

laptop
[lǽptà(ː)p]

名C ノート型パソコン

★ lap (膝) + top (上) →膝の上で使えるコンピューター

desktop
[désktà(ː)p]

名C ① 机の上 ② デスクトップ(パソコン起動時に表示されるアイコンが並ぶ画面)

❯ **desktop** computer （卓上コンピューター）

tablet
[tǽblət]

名C ① 錠剤 ② タブレット型コンピューター

peripheral
[pərífərəl]

名C 周辺機器(マウス、キーボード、プリンターなど、コンピューターに接続して使う機器) 形 周辺の

★ peri (周り) + pher (運ぶ) + al →周辺の持ち運び品→周辺機器

16

IT・科学技術

screen
[skríːn]

名C (テレビやパソコンの)画面、(映画館などの)スクリーン
動他 ① (荷物など)を検査する ② (候補者など)を選考する
③ (映画など)を上映する ④ ～を隠す (P320)

☑ The audience is facing a **screen**.
(聴衆はスクリーンの方を向いています)

monitor
[má(ː)nəṭər]

動他 ～を監視する 名C 監視装置
★ mon (示す、警告) + or (もの、人) →示すもの

hardware
[háːrdwèər]

名U ① ハードウェア ② 金物
★ hard (固い) + ware (物) →固い金属物→さまざまな金属部
品から構成されるコンピューター本体

☑ It could be a **hardware** issue.
(ハードウェアの問題かもしれません)

software
[só(ː)ftwèər]

名U ソフトウェア
🗨 hard の対義語が soft であることから hardware の対義語とし
て作られた言葉。

application
[æplɪkéɪʃən]

名CU ① 応募、申込書 ② 応用、用途 C ③ アプリケーション
ソフト (短縮形は app) (コンピューターにインストールして使う、ユー
ザーが特定の作業を行うためのソフトウェアのこと) (P316)
★ a(p) (～の方に) + ply (満たす、重ねる) + cation →～の方に
身を重ねること→適用、応用、応募

☑ We have developed a new **app** that monitors your health
information and daily activity.
(あなたの健康情報と毎日の活動を監視する新しいアプリを開発しま
した)

spreadsheet
[sprédʃìːt]

名C ① 表計算ソフト ② 集計表
★ spread (広がり) + sheet (シート) →広大な領域を持つシート
☑ The **spreadsheet** contains sales figures during the last
quarter.
(集計表には前四半期の売上高が含まれています)

archive
[ά:rkàɪv]

名 C 保管文書、保存記録
★ arch（長、頭、支配）＋ ive →頭の方の（前の）記録→古い記録
➢ access to the **archives** （保存記録へのアクセス）

prompt
[prɑ(:)mpt]

形 迅速な 動他 (人)を駆り立てる、促す 名 C プロンプト（入力を促す記号）

account
[əkáʊnt]

名 C ① 口座 ② 取引(情報) ③ 顧客 ④ 説明 ⑤ (コンピューターの)アカウント ⑥ 考慮 動自 (account for のかたちで)
① (割合)を占める ② ～の説明となる (P320)
★ a(c)（～を）＋ count（考える、数える）→お金を数える→勘定→口座、報告、説明、(取引口座を持つ)顧客、アカウント
☑ My **account** seems to have been locked since this morning.
（今朝から私のアカウントがロックされているようです）

programming
[próʊgræmɪŋ]

名 U ① (コンピューターの)プログラミング ② (テレビやラジオの)プログラム、番組

tutorial
[tjutɔ́:riəl]

名 C ① 個人指導 ② (ソフトウェアなどの使い方を教える)指導プログラム 形 個人指導の
☑ I was thinking that you could give them a **tutorial**.
（私はあなたが彼らに指導プログラムを行えるのではないかと考えておりました）

16
IT・科学技術

compatible
[kəmpǽṭəbl]

形 ① 相性が良い ② 互換性のある(異なる機種間でハードウェアやソフトウェアが問題なく動作する)
★ com（共に）＋ pati（苦しむ）＋ ble →共に苦しみを感じ合うことができる→気が合う→相性が良い→互換性のある
☑ This device is **compatible** with almost all laptop computers.
（この機器はほぼ全てのノートパソコンと互換性があります）

incompatible
[ìnkəmpǽṭəbl]

形 ① 相性が悪い ② 互換性のない

Section 17　健康・医療

◀) 211〜212

このセクションでは、「健康・医療」に関する語句を2つのカテゴリに分けて紹介します。数は多くありませんが、アクセントの位置や発音に注意が必要なものがいくつかあります。繰り返し音読して正しい音で覚えるようにしましょう。

健康・運動

exercise
[éksərsàɪz]

名 U ① 運動　C ② (具体的な)運動　③ 活動
> aerobic **exercise**　(有酸素運動)
> team-building **exercises**　(チームを結束させるための活動)

workout
[wɔ́ːrkàut]

名 C (体を鍛えるための)運動、トレーニング
> **workout** clothing　(運動着)

aerobics
[eróubɪks]
🔊 発音

名 U 有酸素運動、エアロビクス
★ aero (空気) + bi(o) (生命) + cs →空気が好きな生命→好気性菌→有酸素活動→有酸素運動

well-being

名 U 健康で幸せな気持ち、幸福
★ well (満足な) + be (ある) + ing →満足な状態であること

wellness
[wélnəs]

名 U 健康であること
★ well (満足な) + ness →満足であること→健康であること

fitness
[fítnəs]

名 U ① 健康　② 適性
★ fit (合う) + ness →体が環境に合う→健康
✍ Ms. Watkins asked for volunteers to promote the employee **fitness** program.
(ワトキンスさんは、従業員の健康プログラムを促進するためにボランティアを募りました)

shape
[ʃeɪp]

名 C U ① 形　② (人や物の)状態、調子　動 他 ① (考えなど)を形づくる　② (物)を形成する
> in good **shape**　(調子が良い)
> keep in **shape**　(体型〔健康〕を保つ)

医療・製薬

clinic
[klínɪk]

名**C** 診療所

★ clin(傾く)＋ic→傾くベッドがある場所

pharmacy
[fáːrməsi]

名**C** 薬局

pharmaceutical
[fàːrməsúːṭɪkəl]
🔊 発音

形 製薬の

≫ **pharmaceutical** company （製薬会社）

remedy
[rémədi]

名**C** ① 治療、治療薬　② (問題などの)解決策

★ re(再び)＋med(治療)＋y→再び治す→治療

medication
[mèdɪkéɪʃən]

名**C U** 医薬、薬物療法

📝 The **medication** has finally been approved.
（その医薬〔薬物療法〕は最終的に承認されました）

vaccine
[væksíːn]
🔊 発音アクセント

名**C U** ワクチン

allergy
[ǽlərdʒi]
🔊 アクセント

名**C U** アレルギー

patient
[péɪʃənt]

形 忍耐強い　名**C** 患者

★ pat(i)(感じる、痛む)＋ent(人)→痛みを感じる人→患者

≫ **patient** care　（患者のケア）

📝 Not only Inagi Clinic **patients** but the general public can use the shuttle.
（イナギ・クリニックの患者だけでなく一般の人もそのシャトルバスを利用することができます）

17

健康・医療

[1] それぞれ2つの語句が同義語ならS(Synonym)、反意語ならA(Antonym)で答えなさい。

1. fulfill	redeem	(	)
2. legitimate	illegal	(	)
3. rarely	frequently	(	)
4. appropriately	suitably	(	)
5. remedy	solution	(	)

[2] それぞれの語句の説明が正しければT(True)、間違っていればF(False)で答えなさい。

6. subsequent	happening or coming after something else	(	)
7. provisional	likely to come about	(	)
8. biannual	happening once every two years	(	)
9. cuisine	a style of cooking	(	)
10. commensurate	to mark an important event in the past	(	)

[3] 以下の文の空所に当てはまる語句を語群の中から選んで答えなさい。

11. Ms. Walters has solved many business problems throughout her (   ) at Runway Systems.

12. It has been a privilege leading this company over the past (   ).

13. All guest rooms have been booked for the (   ) of the event.

14. A significant (   ) of customers has responded to our survey.

15. The restaurant serves its award-winning (   ) throughout the year.

a. duration   b. tenure   c. proportion
d. decades   e. delicacies

［4］指定された文字で始まる最も適切な単語で各文の空所を埋めなさい。

16. Every employee is mandated to (c   ) with this rule.
    全従業員は、この規則を守ることが義務付けられています。

17. Thank you for notifying us about the (u   ) convention.
    来たる会議についてお知らせいただきありがとうございます。

18. I was able to arrive there (p   ) at 8:00 A.M.
    私は午前8時ちょうどにそこに到着できました。

19. These are the newest additions to our (p   ) section.
    これらが青果売り場に新しく加わったものです。

20. The replacement is (c   ) in price to the original model we used.
    交換品の価格は私たちが使用していた元のモデルと同程度です。

［5］括弧内の単語を並べ替えて、各文を完成させなさい。

21. He is (his / as / term / in / chairperson / first) of the committee.
    (   )

22. Payment (due / than / advance / weeks / later / two / is / in / no) of the date booked.
    (   )

23. For a limited time, (off / can / ferry / 10 percent / you / receive / a / fare / regular).
    (   )

24. Could you (some / with / referral / up / to / our / come / ideas / rate / improve)?
    (   )

25. This (is / almost / device / computers / with / all / compatible / laptop).
    (   )

［解答］

1. S　2. A　3. A　4. S　5. S　6. T　7. F (→ prospective)　8. F (→ biennial)　9. T
10. F (→ commemorate)　11. b　12. d　13. a　14. c　15. e　16. comply　17. upcoming
18. promptly　19. produce　20. comparable　21. in his first term as chairperson　22. is due no later than two weeks in advance　23. you can receive 10 percent off a regular ferry fare　24. come up with some ideas to improve our referral rate　25. device is compatible with almost all laptop computers

このセクションでは、「場所・地域」に関する語句を16のカテゴリに分けて紹介します。TOEICではさまざまな場所が登場します。Part 3 (会話問題) やPart 4 (説明文問題) では、会話やトークが行われている場所が設問で問われることも多いため、場所の名称をしっかりと押さえておく必要があります。

土地・建物

property
[prá(:)pərṭi]

图 C U ① (土地、建物などの)物件　U ② 所有物、財産
C ③ 特性、属性(通例 properties)　④ (舞台などの)小道具(通例 properties)

★ proper (自分自身の) + ty →自分のもの→財産、家屋

☑ Did you send the pictures of the Forest Street **property**?
(フォレスト通りの物件の写真を送ってくれましたか)

premises
[prémɪsɪz]

图複 (建物も含めた)土地、敷地、構内

★ pre (前に) + mise (送る、置く) →
前に置かれるもの→前提→あらか
じめ遺書で述べてあること→土地
や建物のこと

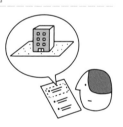

⟩ on the **premises**　(敷地内で)

campus
[kǽmpəs]

图 C U (大学や会社の)構内

footprint
[fútprìnt]

图 C ① 足跡　② (土地の)占有面積、(機器の)設置面積

★ foot (足) + print (印刷) →足の印
刷→足跡で測る土地の広さ

☑ We'll move to the office building
on Gower Street with smaller
footprints.
(より占有面積の小さいガワー通りの
商業用ビルに引っ越します)

architecture
[ɑ́:rkətèktʃər]

名U ① 建築(様式) ② 構造

★ arch(i)(長、頭、支配)+tect(作る)+ure →建築家が作るもの

construction
[kənstrʌ́kʃən]

名U ① 建設 C ② 建築物

★ con(共に)+struct(積む)+ion →共に積むこと→建設

structure
[strʌ́ktʃər]

名CU ① 構造 C ② 構造物

★ struct(積む)+ure →積まれたもの→構造物、建築物

skyscraper
[skáɪskrèɪpər]

名C 超高層ビル

> ever-taller **skyscrapers** (絶えず高くなる超高層ビル)

landmark
[lǽndmà:rk]

名C ① 目印となる建物 ② 歴史的建造物、名所 ③ 画期的な出来事

★ land(土地)+mark(印)→土地に付けた印

> industrial **landmark** (産業史跡)

> restore the historic **landmark**
(歴史的建造物を修復する)

☑ Our tour bus will take you to Taipei's major **landmarks**.
(当社の観光バスが皆様を台北の主要な名所にお連れいたします)

facility
[fəsíləti]

名C ① 施設、設備 U ② 才能

18

場所・地域

★ facili(容易)+ty →活動を容易にする場所や能力

> manufacturing **facility** (製造施設)

☑ The much-awaited fitness **facility** is scheduled to open in March.
(待望のフィットネス施設は3月にオープンする予定です)

laboratory
[lǽbərətɔ̀:ri]

名C 研究所、実験室

★ labor(a)(労働)+tory(場所)→働く場所→研究所

dormitory
[dɔ́:rmətɔ̀:ri]

名C 学生寮

---

retreat
[rɪtríːt]

名 C U ① 撤退、後退 ② (方針などの)撤回 C ③ 避難所、保養所 動自 ① 撤退する、後退する ② (計画などから)手を引く ③ (静かで安全な場所へ)避難する

★ re (後ろに) + treat (引く) →第一線から身を引く場所

shed
[ʃed]

名 C 小屋、物置 動他 ① ~を捨てる ② (光など)を落とす ③ (涙)を流す

≻ build a **shed** (小屋を建てる)

☑ Mr. Rhee built a storage **shed** for his family.
(リーさんは家族のために物置小屋を作りました)

wing
[wɪŋ]

名 C ① (鳥や飛行機などの)翼 ② (建物の)翼(よく)、ウィング(建物から翼のように張り出している部分)

pillar
[pílər]

名 C 支柱

column
[ká(:)ləm]

名 C ① (建築物を支える)円柱 ② (新聞などの)囲み記事、コラム ③ (行列の)列

beam
[biːm]

名 C ① 光線 ② (建物や橋に使われる)梁

≻ support **beam** (支持梁)

façade
[fəsáːd]

名 C ① (建物の)正面 ② うわべ、見せかけ

広場・庭

park
[pɑːrk]

名 C ① 公園 ② (特定の目的のために作られた)広場 動自他 (~を)駐車する

☑ **Park** benches are unoccupied.
(公園のベンチには誰もいません)

≻ amusement **park** (遊園地)

≻ ball **park** (野球場)

≻ industrial **park** (工業団地)

plaza
[pláːzə]

名 C 広場

landscape
[lǽndskèɪp]

名C ① 風景 ② 風景画 動他 (公園や庭)の景観を整える

★ land (土地) + scape (状態) → 土地の状態 → 風景

landscaping
[lǽndskèɪpɪŋ]

名U 造園

★ land (土地) + scape (状態) + ing
→ 土地の状態を整えること

> **landscaping** company （造園会社）

☑ For a limited time, we will sell **landscaping** products off the regular price.
（期間限定で、造園商品を通常価格から値引きして販売します）

courtyard
[kɔ́ːrtjɑ̀ːrd]

名C (四方を建物で囲まれた)中庭

★ court (宮廷) + yard (庭) → 宮廷の庭 → 中庭

patio
[pǽtioʊ]

名C ① 中庭 ② 屋外の飲食スペース、テラス

☑ You can also enjoy live music performances at an outdoor **patio**.
（中庭で生演奏をお楽しみいただくこともできます）

backyard
[bæ̀kjɑ́ːrd]

名C 裏庭

flower bed

花壇

water fountain

噴水

18
場所・地域

海辺・港

bay
[beɪ]

名C 湾

coast
[koʊst]

名C 海岸

shore
[ʃɔːr]

名CU 海岸、岸辺

port
[pɔːrt]

名CU 港

dock
[dɑ(ː)k]

名C ① 船着き場、波止場 ② (荷物などの)積み降ろし場

動他 (船など)を波止場に着ける

☑ Some boats are **docked** in the harbor.
（港にボートが数隻停泊している）

pier
[pɪər]

名C ① 埠頭、桟橋 ② 橋脚

☑ There is a famous seafood restaurant at the **pier**.
（その桟橋には有名なシーフードレストランがあります）

lighthouse
[láɪthàʊs]

名C 灯台

道路・通り

avenue
[ǽvənjùː]

名C ① 大通り、並木道 ② (目的達成のための)方法、手段

★ a (〜の方へ) + ven (行く、来る) + ue →〜へ行く道

pavement
[péɪvmənt]

名C ① 歩道 U ② 舗装面

pave
[peɪv]

動他 〜を舗装する

> **pave** a road （道路を舗装する）

boardwalk
[bɔ́ːrdwɔ̀ːk]

名C (板張りの)遊歩道

🗨 海岸付近に作られることが多い

trail
[treɪl]

名C (舗装されていない)小道、山道

ramp
[ræmp]

名C ① (段差をつなぐ)傾斜路、スロープ ② (高速道路の出入り口にある)傾斜道路

overpass
[óʊvərpæ̀s]

名C 陸橋

★ over (超えて) + pass (通る) →道路の上を通る→陸橋

> pedestrian **overpass** （歩道橋）

intersection
[ìntərsékʃən]

名C 交差点

★ inter (間) + sect (切り分ける) + ion →間を切り分けられた道路

divider
[dɪváɪdər]

名C ① 仕切り(板) ② (道路の)分離帯

> center **divider** （中央分離帯）

carpool lane

相乗り車専用レーン

🗨指定の人数以上乗車している車だけが走行できる車線のこと。

curb
[kəːrb]

名C ① 抑制 ② (歩道の)縁石 動他 ～を抑制する

> along the **curb** （縁石に沿って）

curbside
[kə́ːrbsàɪd]

名C 道路脇、道端 形 道路脇の、道端の

down the road

① 道の先に ② 将来

☑ There's a nice restaurant **down the road**.
（この道の先に素敵なレストランがあります）

工事現場

scaffolding
[skǽfəldɪŋ]

名U (建設の)足場

☑ Some **scaffolding** is leaning against a wall.
（足場がいくつか壁に立てかけられている）

platform
[plǽtfɔ̀ːrm]

名C ① 台 ② (建設の)足場 ③ 基盤 ④ (駅の)ホーム

★ plat(=flat)（平らな）+ form（形、型）→平らな形の台

☑ A construction crew is working on a **platform**.
（工事作業員の人たちが台〔足場〕の上で作業している）

debris
[dəbríː]

名U 瓦礫、破片

❶発音

lumber
[lʌ́mbər]

名U 材木

log
[lɔ(ː)g]

名C ① 丸太 ② (コンピューターの)ログ、記録 動自 (log in または log out のかたちで)ログインする、ログアウトする

cone
[koʊn]

名C ① 円錐 ② 円錐標識(工事現場に置かれる円錐形の保安器具(カラーコーン))

> traffic[safety] **cones** （安全誘導のための円錐標識）

18
場
所
・
地
域

hard hat	ヘルメット
heavy machine	重機

飲食店・レストラン

eatery [í:tэri]	名C 飲食店 ★ eat（食べる）+ ery →食べるところ ≻ local **eateries** （地元の飲食店）
restaurant [réstэrэnt]	名C レストラン ★ restaur(=restore)（回復する）+ ant →食べてエネルギーを回復させるところ
dining establishment	飲食施設
patio [pǽt̬iou]	名C ① 中庭 ② (飲食店の)屋外の飲食スペース、テラス
awning [ɔ́:nɪŋ]	名C 日よけ、ひさし
parasol [pǽrэsɔ̀(:)l]	名C 日傘、パラソル ★ para（対する）+ sol（太陽）→太陽に対抗する→日傘

大学・教育機関

college [ká(:)lɪdʒ]	名CU ① (一般に)大学 ② 単科大学 ③ (特殊)専門学校 ★ co（共に）+ leg(e)（選ぶ、集める）→共に選ばれ集められた学生が学ぶ場所
university [jùːnɪvɚ́ːrsэt̬i]	名CU ① 大学 ② (単科大学と区別して)総合大学 ★ uni（1つ）+ verse（回る、向ける、曲がる）+ ity →教授と生徒が1つになって回る場所→大学
academy [эkǽdэmi]	名C ① 学術団体、協会 ② (特殊)専門学校
conservatory [kэnsɚ́ːrvэtɔ̀:ri]	名C ① 貯蔵室 ② 温室 ③ 音楽学校 ★ con（共に、完全に）+ serve（保つ、仕える）+ atory（場所）→完全な音楽教育を提供する場所→音楽学校 ☑ A new wing will be built next to the existing **conservatory**.

（既存の音楽学校の隣に新棟を建設する予定です）

auditorium
[ɔ̀ːdɪtɔ́ːriəm]

名C ① (劇場などの)観客席 ② (大学などの)講堂
★ au(d)(聴く)＋it(o)(行く)＋rium(場所)→聴きに行く場所

ホテル・宿泊施設

accommodation
[əkà(ː)mədéɪʃən]

名U ① 宿泊施設(米では通例 accommodations) ② 和解
★ ac(〜の方へ)＋com(共に)＋mod
(型)＋ate＋tion→共に同じ型(の
部屋)にはめる

❯book the **accommodations**
(宿泊施設を予約する)

❯**accommodation** arrangements
(宿泊施設の手配)

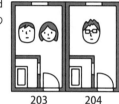

203　　204

inn
[ɪn]

名C 宿、宿屋

lodging
[lá(ː)dʒɪŋ]

名U 滞在場所、宿屋

cabin
[kǽbɪn]

名C ① (山や森にある)小屋 ② 船室

cottage
[ká(ː)tɪdʒ]

名C (田舎などにある)小屋

check in

① (ホテルのフロントで)宿泊手続きをする、(空港のカウンターで)
搭乗手続きをする、(建物の窓口で)入館手続きをする ② (荷物)
を預ける ③ (with 〜) (〜に)連絡する　　(P329)

❯**check in** at a hotel　(ホテルで宿泊手続きをする)

check out

① (ホテルなどで)チェックアウトする ② (レジで)精算する
③ 〜をよく確認する ④ (図書館で)(本)を借りる　　(P330)

❯**check out** at noon　(正午にチェックアウトする)

18
場所・地域

出入口・玄関

doorway
[dɔ́ːrwèɪ]

名C 戸口、出入口

doorstep
[dɔ́ːrstèp]

名C 出入口の階段

exit
[éɡzət]

名C ① 出口 ② 退出 動自他 (〜から)退出する

★ ex(外に)+it(行く)→外に出て行くところ→出口

porch
[pɔːrtʃ]

名C (建物の)屋根付き玄関

ramp
[ræmp]

名C ① (段差をつなぐ)傾斜路、スロープ ② (高速道路の出入り口にある)傾斜道路

railing
[réɪlɪŋ]

名C 手すり

🖍 A woman is holding on to a **railing**.
(女性が手すりにつかまっている)

handrail
[hǽndrèɪl]

名C 手すり

会場・立地

venue
[vénjuː]

名C 会場

site
[saɪt]

名C ① (イベントなどの)会場 ② (建物などの)用地

location
[loʊkéɪʃən]

名C ① 場所 CU ② (撮影などの)現場

★ loc(場所)+at(e)+ion→置いた場所→立地

➤ open a new **location** (新規拠点を開設する)

located
[lóʊkeɪtɪd]

形 (建物などが)位置して

situated
[sítʃuèɪtɪd]

形 (建物などが)位置して

会社・企業
(事業所・店舗)

headquarters
[hédkwòːrtərz]

名複 本社、本部

★ head(頭)+quarters(宿舎)→司令官兵舎→指令本部

headquarter

[hédkwɔ̀:rʧər]

動他 ～の本社を置く

🗨 基本的に受動態で使う。

☑ Maxwell Co., **headquartered** in London, has factories around the world.

（マックスウェル社はロンドンに本社があり、世界中に工場を持っています）

branch

[brænʧ]

名C ① 枝 ② 支店

establishment

[ɪstǽblɪʃmənt]

名U ① 設立、創業 C ② 事業所、店舗

★ e（外に）+ stablish（立てる）+ ment →外に立てること→設立

➢ dining **establishment** （飲食施設）

☑ I am confident Mr. Kovac will be an asset to your **establishment**.

（私は、コヴァックさんがあなたの店舗にとって役立つ人材になると確信しています）

flagship

[flǽgʃip]

形 主力の、最も重要な 名C ① 旗艦店 ② 主力商品

★ flag（旗）+ ship（船）→旗艦

➢ **flagship** store （旗艦店）

workplace

[wɔ́:rkplèis]

名C 職場、仕事場

work site

職場、仕事場

workshop

[wɔ́:rkʃà(:)p]

名C ① セミナー、研修会 ② 作業場

★ work（作業）+ shop（店）→作業場、学びの場

☑ A man is wearing a pair of goggles at a **workshop**.

（男性が作業場でゴーグルをしている）

会社・企業（工場・倉庫）

factory

[fǽktəri]

名C 工場

★ fact（作る）+ ory（場所）→作る場所

plant

[plænt]

名C ① 植物 ② 工場 動他 ～を植える

★ plant（平らな）→平らな足の裏で踏んで植えるもの→植物→

18

場所・地域

植物を植える→〜を作る→製品を作る場所→工場

> manufacturing **plant** （製造工場）

garage [gərɑ́ːʒ]	名 C ① 車庫、屋内の駐車場 ② 自動車修理工場

> parking **garage** （立体駐車場）

> pay **garage** （有料駐車場）

☑ You need to park your car in the designated parking **garage**.
（指定された駐車場に車を停める必要があります）

☑ I'm at the **garage** right now to have my broken car repaired.
（私は今、故障した自分の車を修理してもらうために自動車修理工場にいます）

brewery [brúːəri]	名 C ① ビール醸造所 ② ビール会社

★ brew（醸造する）+ ery（場所）

winery [wáɪnəri]	名 C ワイン醸造所

★ wine（ぶどう酒）+ ery（場所）

refinery [rɪfáɪnəri]	名 C （石油や砂糖などの）精製所

★ refine（精製する）+ ery（場所）

warehouse [wéərhàʊs]	名 C 倉庫、保管庫

★ ware（物）+ house（家）→物を置いておく家→倉庫

会社・企業
（福利厚生）

benefit [bénɪfɪt]	名 C U ① 恩恵、ためになること C ② 福利厚生（通例 benefits） ③ （benefit 〜）慈善（目的の）〜　動 自 他 得をする、（〜に）恩恵をもたらす

★ bene（良い）+ fit（作る）→良いものを生む→ためになる

> **benefits** package （福利厚生）

> employee **benefits** （従業員給付、福利厚生）

☑ We offer competitive salaries and employee **benefits**.
（当社は競争力のある給与と福利厚生を提供します）

perk [pəːrk]	名 C （通常の給料に加えて受け取る）**手当**、**特典**（通例 perks） 💬 perquisite の短縮形。 ➢ offer special **perks** （特別な手当を提供する）

環境・雰囲気

atmosphere [ǽtməsfìər]	名 C U ①（人や場所が醸し出す）**雰囲気**、**ムード** 単 ② **大気**（通例 the atmosphere） ➢ create an **atmosphere** of cooperation （協力的な雰囲気を生み出す）
ambience [ǽmbiəns]	名 単 （場所が醸し出す）**雰囲気** ★ amb（周囲）+ ience → 周囲の環境 ➢ quiet **ambience** （静かな雰囲気）
setting [séṭɪŋ]	名 C ①（機械などの）**設定** ②（物語などの）**設定**、**背景** ③ **環境** ④ **舞台装置** ⑤ **設置**（方法） ⑥ **一式** (P322) 📝 It is sometimes important to talk with clients in a relaxed social **setting**. （時にはリラックスした社交の場で顧客と話すことも大事です） 📝 Dr. Lin focuses on her studies of woodland plants and **settings**. （リン博士は森林植物とその環境に関する研究に注力しています）
climate [kláɪmət]	名 C U ① **気候** C ②（特定の）**環境** ★ clim（傾く）+ ate → 地軸の傾きにより生じるもの → 気候 ➢ business **climate** （ビジネス環境）
ecological [ìːkəlá(ː)dʒɪkəl]	形 ① **生態学の** ② **環境保護の**
eco-friendly	形 **環境に優しい**
environmentally-friendly	形 **環境に優しい**

地域・地区

region [ríːdʒən]	名 C **地区** ★ reg（王、支配、規則）+ ion → 王が支配した領土 → 地区

18

場所・地域

province
[prá(:)vɪns]

名C (行政上の)州、省

★pro(前に)+vince(戦う、征服する、勝利する)→前に征服する→既に征服している土地

county
[káunʈi]

名C 郡

district
[dístrɪkt]

名C ① (行政上の)地区 ② (ある特徴を持つ)地域、地方

★di(離れて)+strict(引く)→引き離された地域→地区

➤business district　(商業地区)

downtown
[dàuntáun]

形 中心街の、商業地区の　副 中心街に、商業地区に

★down(下に)+town(町)→町の低地にあるもの→中心街

☑More than \$10,000 was raised to create bike lanes downtown.
(中心街に自動車専用レーンを作るために、1万ドルを超えるお金が集まりました)

metropolis
[mətrá(:)pəlɪs]

名C 主要都市、大都市

★metro(母なる)+polis(police)(都市)→主要都市

metropolitan
[mètrəpá(:)lətən]

形 大都市の

outskirts
[áutskə̀:rts]

名複 郊外

★out(外の)+skirts(縁)→街の外縁部→郊外

native
[néɪʈɪv]

形 ① その土地で生まれた ② 母国の　名C ① その土地で生まれた人 ② 先住民

★na(生まれる)+tive→その土地に生まれた

➤native to the town　(その町出身の)

local
[lóukəl]

形 その土地の、地元の

➤local favorite　(地元の人気者、ご当地グルメ)

rural [rúərəl]	形 田舎の ★ rur（開けた土地）+ al →開けた土地の→田舎の
urban [ə́ːrbən]	形 都会の
civil [sívəl]	形 市民の ★ civ（都市）+ il →都市に住む→市民の ≻ civil engineering　（土木工学） 🗨 土木工学 = 市民生活の基盤を形成する土木技術（橋、トンネル、道路、ダムなどの建設）に関する学問。

自然・動植物

plant [plænt]	名 C ① 植物　② 工場　動 他 ～を植える ★ plant（平らな）→平らな足の裏で踏んで植えるもの→植物
grove [grouv]	名 C 林、木立
canopy [kǽnəpi]	名 C ① 天蓋　② 林冠（屋根のように大地を覆う森林の上層部）
cavern [kǽvərn]	名 C （大きな）洞窟
wildlife [wáɪldlàɪf]	名 U 野生生物 🗨 動物と植物の両方を含む。
botanical [bətǽnɪkəl]	形 植物の、植物学の ≻ botanical garden　（植物園）
nursery [nə́ːrsəri]	名 C ① 苗床、園芸店　② 子供部屋　③ 保育園、託児所 ≻ apple nursery　（りんご園） ✒ Our plant nursery has been in business for over 50 years. （私たちの種苗店は創業して50年以上経ちます）

18 場所・地域

このセクションでは、「人物・職業」に関する語句を24のカテゴリに分けて紹介します。TOEICでは全パートでさまざまな職業の人が登場し、Part 3（会話問題）、Part 4（説明文問題）、Part 7（長文読解問題）では登場人物の職業を問う問題が出題されます。中には聞き慣れない職業や呼び名もありますが、頑張って全て覚えましょう。

職業（飲食）

server
[sə́:rvər]

名C ①（コンピューターの）サーバー ② 給仕係
★ serve（仕える）+ er（人）
☑ How many **servers** do we need for the banquet on Friday?
（金曜日の夕食会には何人の給仕スタッフが必要ですか）

caterer
[kéitərər]

名C ケータリング〔仕出し〕業者
🗨 イベントやパーティーに出向いて料理を提供する業者。
★ cater（仕出しする）+ er（人）
☑ When will the **caterers** come? （仕出し業者はいつ来ますか）

職業（販売）

vendor
[véndər]

名C 売り子、物売り
★ vend（売る）+ or（人）
☑ Some **vendors** are selling merchandise outside.
（物売りが屋外で商品を販売している）

cashier
[kæʃíər]
❶ 発音アクセント

名C レジ係
★ cash(i)（現金）+ er（人）→ 現金を扱う人

sales representative

営業担当者、販売員
🗨 sales associate や sales clerk でも同じ。

職業（映画・演劇）

producer
[prədjú:sər]

名C ①（映画、ドラマなどの）製作者 ②（農作物の）生産者
★ pro（前に）+ duce（導く）+ er（人）→ 導き出す人

director
[dəréktər]

名C ① 監督 ② 部長
★ direct（導く）+ or（人）

playwright
[pléɪràɪt]

名C 劇作家

💬 演劇の脚本を書く人。

★ play（演劇）+ wright(=worker)（作業者）→演劇作品の作り手

dramatist
[dræmətəst]

名C 劇作家

💬 演劇の脚本を書く人。

★ drama（演劇）+ (t)ist（人）→演劇作品の作り手

scriptwriter
[skríptràɪtər]

名C 脚本家

★ script（書く）+ writer（作家）→台本を書く人

choreographer
[kɔ̀(:)riá(:)grəfər]
⚠ 発音アクセント

名C 振付師

★ choreo（踊り）+ graph（書く）+ er（人）→踊り方を書く人

performer
[pərfɔ́:rmər]

名C 役者、演奏者

★ perform（行う）+ er（人）

cast
[kæst]

名C （舞台や映画などの）出演者

usher
[ʌ́ʃər]

名C （劇場、映画館などの）案内係

職業（芸術）

artisan
[á:rtəzən]

名C 職人

★ art(i)（つなぐ、技術、芸術）+ (s)an（人）→技術を持った人

☑ These products are made by local **artisans**.
（これらの製品は地元の職人によって作られています）

craftsman
[kræftsmən]

名C 職人

★ craft（作る能力）+ man（人）→作る能力を持った人

artist in residence

招待芸術家

💬 招かれて作品制作を行う芸術家。

☑ Ms. Flores first came here as an **artist in residence** at the City Gallery. （フローレスさんは最初、シティー・ギャラリーの招待芸術家としてここに来ました）

19
人物・職業

| **writer in residence** | 招待作家 |
| | 🗨 招かれて執筆活動を行う作家。 |

| **sculptor** | 名 C 彫刻家 |
| [skʌ́lptər] | |

| **engraver** | 名 C 彫刻家 |
| [ɪŋgréɪvər] | ★ en(中に)＋grave(重い、掘る、彫る)＋er(人)→中に彫る人 |

職業(セキュリティー)

| **guard** | 名 C 守衛、門番 |
| [gɑːrd] | ＞ security **guard** （警備員） |

| **janitor** | 名 C ① (建物の)管理人 ② 門番 |
| [dʒǽnətər] | ★ jani(門)＋tor(人)→門番、管理人 |

auditor	名 C 監査役、監査人
[ɔ́ːdətər]	🗨 企業の経理や業務内容などにルール違反がないかチェックする人。
	★ au(d)(聴く)＋it(行く)＋or(人)→聴きに行く人
	🖋 The evaluation report will be completed by a certified **auditor**. (評価報告書は、認定された監査人によって完成されます)

inspector	名 C 検査官
[ɪnspéktər]	★ in(中を)＋spect(見る)＋or(人)→中を見る人
	＞ bridge **inspector** (橋を検査する人)

職業（管理・清掃）

custodian
[kʌstóudiən]

名C 管理人

★ custodia（守る）＋an（人）→管理人

superintendent
[sù:pərmténdənt]

名C ①（アパートの）管理人 ②（施設や組織の）監督責任者

★ super（上に）＋in（中に）＋tend（世話、注意）＋ent（人）→上から監視しながら中の人の世話をする人

▷ building **superintendent**
（建物の管理人、建築監督責任者）

janitor
[dʒǽnətər]

名C ①（建物の）管理人 ②門番

★ jani（門）＋tor（人）→門番、管理人

✎ All cleaning tasks are completed by our **janitors** on a monthly basis.
（全ての清掃作業は、毎月管理人によって行われます）

housekeeper
[háuskì:pər]

名C ①清掃作業員 ②家政婦

★ house（家）＋keeper（守る人）

✎ We are seeking **housekeepers** to work here at the Bayside Hotel.
（ここベイサイド・ホテルで働く清掃作業員を募集しています）

cleaner
[klí:nər]

名C ①清掃人、清掃業者 ②クリーニング店（通例cleanersまたはcleaner's）名CU ③掃除機 ④洗浄剤

✎ The **cleaners** arrived on time and shampooed the carpets.
（清掃業者は時間通りに到着してカーペットを洗浄しました）

✎ Where are the closest dry **cleaners**?
（最も近いドライクリーニング店はどこにありますか）

職業（出版）

author
[ɔ́:θər]

名C 著者 動他 ～を執筆する

★ au(th)（増える）＋or（人）→何かを生み出して増やす人

✎ Ms. Milne has **authored** several books on wildlife.
（ミルンさんは野生生物に関する本を何冊か執筆しています）

19

人物・職業

coauthor

[kouɔ́:θər]

名C 共著者　動他 ～を共著者として執筆する

☑ Dr. Bell **coauthored** the article with Dr. Hays.

（ベル博士はヘイズ博士と共著でこの記事を執筆しました）

biographer

[baɪɑ́(:)grəfər]

❗ アクセント

名C 伝記作家

★ bio（生物、生命）+ graph（書く）+ er →人物について書く人

journalist

[dʒə́:rnəlɪst]

名C 新聞記者、報道記者

editor

[édəʈər]

名C 編集者

★ edit（編集する）+ or（人）

publisher

[pʌ́blɪʃər]

名C 発行者、出版社

💬 出版を生業としている人または会社。編集者が編集した原稿を書籍のかたちにして出版する責任者。

proofreader

[prú:frì:dər]

名C 校正者

💬 出版前に原稿上の文章をチェックして誤りを訂正する人。

★ proof（校正刷り）+ read（読む）+ er（人）

copywriter

[ká(:)piràɪʈər]

名C 広告文作成者、コピーライター

★ copy（複写する）+ write（書く）+ er（人）

☑ We are currently seeking an enthusiastic **copywriter** to join our team.　（現在、私たちのチームに参加する熱意のあるコピーライターを探しています）

職業（建築・工事）

architect

[ɑ́:rkɪtèkt]

名C 建築家

★ arch（長）+ tect（技術、組み立てる）→建築に長けている人

decorator

[dékərèɪʈər]

名C 装飾者

★ decorate（飾る）+ or（人）

➢ interior **decorator**　（室内装飾家、内装業者）

welder

[wéldər]

名C 溶接工

★ weld（溶接）+ er（人）

☑ These goggles are designed specifically for **welders**.

（これらのゴーグルは、溶接工向けに特別設計されています）

plumber

[plʌ́mər]

🔔 発音

名 C 配管工

★ plumb（鉛）＋er（人）→鉛管を修理する人

carpenter

[káːrpəntər]

名 C 大工

★ carpent（二輪馬車）＋er（人）→馬車を作る人→大工

apprentice

[əpréntɪs]

名 C 弟子、見習い

★ apprent（=apprehend）（つかむ）＋ice →技術をつかもうとする人

▷ work as an **apprentice**
（見習いとして働く）

☑ Job duties include supervising **apprentices**.
（職務には、見習いを監督することが含まれます）

職業（医療）

therapist

[θérəpɪst]

名 C 療法士、セラピスト

▷ physical **therapist** （理学療法士）

☑ I'm calling to make an appointment with a **therapist**.
（セラピストとの予約を取るために電話しています）

veterinarian

[vètərənéəriən]

名 C 獣医

💬 短縮形は vet。

★ veterinary（荷役用の家畜の治療に関する）＋an（人）→動物の治療をする人

職業（学校・教育）

chancellor

[tʃǽnsələr]

名 C ① 大臣、首相 ② 大学の総長

★ chancel（格子で仕切られた空間）＋or（人）→仕切られた特別な部屋で働く人

dean

[diːn]

名 C 大学の学部長

☑ Any update to the curriculums must be approved by the **dean** of faculty.
（カリキュラムを更新する場合は、学部長の承認が必要です）

19

人物・職業

職業（法律）

attorney
[ətə́ːrni]

名C 弁護士

★a(t)（〜の方へ）+ torn(=turn)（回る）+ ey（人）→弁護する側に回る人

paralegal
[pæ̀rəlíːgəl]

名C 準弁護士

💬 弁護士を補助する人。

★para（並べる、そばの、補助的な、超えた、対する）+ legal（法の）→法律家のそばで補助的な仕事をする人

☑ **Paralegals** help attorneys with paperwork and other legal tasks.
（準弁護士は書類仕事やその他法律業務で弁護士を支援します）

expert witness

専門家証人

💬 専門知識に基づいて法廷で証言する学者。

☑ Tim Walton agreed to appear in court as an **expert witness**.
（ティム・ウォルトンは専門家証人として出廷することに同意しました）

court reporter

法廷記者（法廷でのやり取りを記録する記者）

職業（企業・会社）

proprietor
[prəpráɪəṭər]
❗発音アクセント

名C 経営者

clerical worker

事務員

receptionist
[rɪsépʃənɪst]

名C 受付係

★reception（受付）+ ist（人）→受付にいる人

spokesperson
[spóʊkspə̀ːrsən]

名C 代弁者、広報担当者

💬 会社を代表して方針や施策、新商品などの説明をする人。

★spoke（<speak）（話す）+ s + person（人）→代理で話す人

☑ The company's **spokesperson** predicts the project will take three years to complete. （同社の広報担当者は、プロジェクトが完了するまでに3年かかると予測しています）

publicist

[pʌ́blɪsɪst]

名 C 宣伝係、広報担当者

★ public（公の）+ ist（人）→公にする人

> associate **publicist** （副広報担当）

☑ We are looking for an experienced **publicist** to support our team. （私たちのチームをサポートしてくれる経験豊富な広報担当者を探しています）

bookkeeper

[búkkìːpər]

名 C 帳簿係

☑ Your experience as a **bookkeeper** makes you an ideal candidate for the accounting position.
（簿記の経験があるあなたは、経理職の理想的な候補者です）

accountant

[əkáʊntənt]

名 C 経理担当者、会計士

★ a(c)（〜を）+ count（考える、数える）+ ant →お金を数える人

職業（不動産）

real estate

不動産

> **real estate** agency （不動産会社）

> **real estate** agent （不動産業者）

realtor

[ríːəltər]

名 C 不動産業者

landlord

[lǽndlɔ̀ːrd]

名 C 家主

★ land（土地）+ lord（主人）→土地の主人

☑ You can negotiate with the **landlord** about the monthly rent.
（毎月の家賃については、家主と交渉することができます）

職業（旅行・航空）

travel agent

旅行代理店の従業員

☑ The **travel agent** readily accepted Mr. Rosen's last-minute request.
（旅行代理店は、ローゼン氏の土壇場の要求を快く受け入れました）

tour guide

ツアーガイド

flight attendant

客室乗務員

19

人物・職業

職業（美術館・図書館）

curator
[kjuəréiṭər]
● アクセント

图C ① 学芸員、館長 ② (動物園の)園長

☑ **Curator** Timothy Warner will briefly talk about the history of the museum.
(館長のティモシー・ワーナーが博物館の歴史について簡単に話します)

librarian
[laɪbréəriən]

图C 図書館員、司書

★ library (図書館) + ian (人)

☑ Owen Clement, the head **librarian,** will lead the tour.
(主任司書のオーウェン・クレメントがツアーを案内します)

storyteller
[stɔ́ːriṭèlər]

图C 語り手

🐟 朗読をしたり子供に絵本の読み聞かせなどを行ったりする人。

★ story (物語) + tell (言う) + er (人)

職業 (公職)

governor
[gʌ́vərnər]

图C 知事

★ govern (統治する) + or (人)

minister
[mínɪstər]

图C 大臣

★ mini (小さい) + ster (人) →国民に仕える小さい人→大臣

➢ transportation **minister** (交通大臣)

mayor
[méɪər, méə]

图C 市長、町長

★ may (大きい) + or (人) →偉大な人

diplomat
[dípləmæt]

图C 外交官

★ di (2つ) + plo (重ねる、折る) + mat → 2つに折るもの→卒業証書、公文書→公文書を用いる人→外交官

official
[əfíʃəl]

图C ① 役人 ② (特定の任務を担う)職員、当局者 形 公の、公式の

➢ city **official** (市の役人)

➢ customs **official** (税関職員)

☑ **Officials** have confirmed that the bridge construction has been postponed indefinitely.
(当局者たちは、橋の建設が無期限に延期されたことを確認しました)

職業(その他専門職)

social worker 社会福祉士

🐾 貧しい人や家庭に問題を抱える人をサポートする人。

archaeologist
[à:rkiá(:)lədʒɪst]

名C 考古学者

★ archaeo(古い)+ logy(学問)+ ist(人)→考古学を学ぶ人

☑ **Archaeologist** Padma Medford will talk about the ongoing project. (考古学者のパドマ・メドフォードが進行中のプロジェクトについて語ります)

meteorologist
[mì:ţiərá(:)lədʒɪst]

名C 気象学者

★ meteor(天空現象)+ logy(学問)+ ist →天空現象を学ぶ人

landscaper
[lǽndskèɪpər]

名C 造園技師、造園業者

🐾 庭の設計から造形まで行う人。

★ land(土地)+ scape(状態)+ er(人)→土地の状態を整える人

➤ hire a **landscaper** (造園技師を雇う)

☑ Our garden is maintained by professional **landscapers** every month.
(私たちの庭は、毎月プロの造園家によって維持されています)

botanist
[bá(:)tənist]

名C 植物学者

★ botany(植物学)+ ist(人)→植物学を学ぶ人

☑ These articles are written by landscapers and **botanists**.
(これらの記事は造園家と植物学者によって書かれています)

arborist
[á:rbərɪst]

名C 樹木専門家

★ arbor(木)+ ist(人)→木に詳しい人

呼び名(ビジネス)

merchant
[mə́:rtʃənt]

名C 商人

★ merc(h)(取引する)+ ant(人)→取引する人

representative
[rèprɪzéntəţɪv]

名C ① 代表者、担当者 ② 販売員 形 代表的な

➤ sales **representative** (販売員)

➤ account **representative** (顧客アカウント〔業務〕担当者)

☑ Our **representative** will respond to your e-mail within

19

人物・職業

one business day.
(当社の担当者は1営業日以内にお客様のメールに返信します)

delegate
[名délɪɡət,
動délɪɡèɪt]

名C （組織から投票権や決定権を与えられた）代表者、代理人
動自他 （〜に）権限を委譲する

★ de（離れて）+ leg（選ぶ、集める、法）+ ate →法（契約）によって委任されて放たれる人

trustee
[trʌstíː]
❗ アクセント

名C 評議員、理事
➤ board of **trustees** （評議員会）

entrepreneur
[ɑ̀ːntrəprənə́ːr]
❗ 発音アクセント

名C 起業家
☑ Local **entrepreneurs** will attend the job fair and showcase their businesses. （地元の起業家が就職フェアに参加し、自分たちのビジネスを紹介する予定です）

applicant
[ǽplɪkənt]

名C 応募者

candidate
[kǽndɪdèɪt]

名C 候補者
➤ applicable **candidates** （適切な候補者）
➤ successful **candidate** （採用された候補者、合格者）

intern
[íntə̀ːrn]

名C 実習生
➤ work as an **intern** （教育実習生として働く）

commuter
[kəmjúːʈər]

名C 通勤〔通学〕者
★ com（完全に）+ mute（変える、動く、移動する）+ er（人）→完全に移動する人

telecommuter
[téləkəmjùːʈər]

名C 在宅勤務者
★ tele（遠く）+ commute（通勤する）+ er（人）→遠くに離れたまま通勤する人→仮想通勤者→在宅勤務者

provider
[prəváɪdər]

名C ① 供給者 ② インターネット接続業者

★ provide（供給する）+ er（人）

---

distributor
[dɪstríbjuʈər]

名C 流通業者、販売代理店

★ distribute（配布する）+ or（人）

> grocery **distributors** （食料品の流通業者）

☑ Apollo Systems is our primary **distributor** here in
Liverpool. （アポロ・システムズは、ここリバプールにおける当社の
主要な販売代理店です）

---

supplier
[səpláɪər]

名C 供給業者

★ su（下に）+ ply（満たす、重ねる）+ er（人）→下から満たして
くれる人

---

purveyor
[pərvéɪər]

名C 供給業者

★ pur（前に）+ vey（運ぶ）+ or（人）→品物を前に運ぶ人

---

contractor
[ká(:)ntræktər]
❶ アクセント

名C 請負業者

★ contract（契約）+ or（人）

> general **contractor** （総合建設請負業者、ゼネコン）

---

attendant
[əténdənt]

名C 係員

★ a(t)（〜の方へ）+ tend（伸ばす、延ばす）+ ant →〜の方へ意
識を持っていく人→係員

> flight[cabin] **attendant** （客室乗務員）

> sales **attendant** （販売員）

☑ Before entering the premises, you need to present your
identification to a gate **attendant**. （敷地内に入る前に、ゲー
ト係員に身分証明書を提示する必要があります）

19

人物・職業

---

liaison
[líːəzù(:)n, liéɪzən]
❶ 発音

名C 連絡係

呼び名（客）

customer

[kʌ́stəmər]

名C 購入客

★ custom（習慣）＋er（人）→習慣的に購入する人

≻ **customer** service （顧客サービス）

≻ repeat **customer** （常連客、リピーター）

client

[kláɪənt]

名C 顧客

★ cline（傾く）＋ent（人）→商品に身を傾けてくれる人

clientele

[klàɪəntél]

❶ アクセント

名単 顧客、常連客

≻ reach a broader **clientele** （より幅広い顧客層を獲得する）

guest

[ɡest]

名C 招待客、宿泊客

☑ Our top priority is to provide our **guests** with superb services.
（私たちの最優先事項は、お客様に優れたサービスを提供することです）

patron

[péɪtrən]

名C ① 常連客、利用者 ② 金銭援助者（パトロン）

★ patr(i)（父の）＋on→父のように支援する

☑ **Patrons** of the Central Library can also take advantage of our online program. （中央図書館の利用者は、当館のオンラインプログラムもご利用いただけます）

passenger

[pǽsɪndʒər]

名C 乗客

★ passage（通路）＋er（人）→通路を通る人

visitor

[vízətər]

名C 訪問客

★ vis（見る）＋it（行く）＋or（人）→見に行く人

☑ The Old City Theater has been open to **visitors** for more than 50 years. （オールド・シティ・シアターは、50年以上にわたって訪問者に開放されています）

audience

[ɔ́ːdiəns]

名C 聴衆

★ au(di)（聴く）＋ence→聞く人

≻ theater **audience** （劇場の観客）

276

spectator

[spékteɪʧər]

名C 観客、見物人

★ spect（見る）＋ate＋or（人）→見る人

☑ Seating 5,000 **spectators**, Green Hall is a historic city landmark. （5000人の観客を収容できるグリーンホールは、市の歴史的建造物です）

diner

[dáɪnər]

名C 食事客

★ dine（食事する）＋er（人）

account

[əkáʊnt]

名C ① 口座　② 取引（情報）　③ 顧客　④ 説明　⑤（コンピューターの）アカウント　⑥ 考慮　動自（account for のかたちで）

① （割合）を占める　② 〜の説明となる　(P320)

★ a(c)（〜を）＋count（考える、数える）→お金を数える→勘定→口座、説明、（取引口座を持つ）顧客

☑ Pondress Corporation is one of the largest **accounts** we've handled. （ポンドレス・コーポレーションは、私たちが受け持ってきた中で最も大きな顧客の1つです）

subscriber

[səbskráɪbər]

名C ①（新聞・雑誌などの）定期購読者　②（劇場などの）定期会員　③（インターネットサービス・ケーブルテレビ・電話などの）定期契約者、加入者、登録者

➢ magazine **subscribers** （雑誌の定期購読者）

☑ As **subscribers**, you can purchase tickets of our plays at reduced prices. （定期会員として、皆様は割引価格で演劇のチケットをご購入いただけます）

➢ Dear cable television **subscribers** （ケーブルテレビ定期契約者の皆様）

19

人物・職業

呼び名（同僚・知人）

coworker

[kóʊwə̀ːrkər]

名C 同僚

★ co（共に）＋worker（働く人）

colleague

[ká(ː)liːg]

名C 同僚

★ co（共に）＋league（選ぶ）→共に選ばれた人

associate

[動əsóʊʃièɪt,
名形əsóʊʃiət]

動他 ① 〜を関連付ける　② 〜から（…を）連想する　名C 同僚

形 準〜、副〜

☑ Thank you for accepting the position as sales **associate** at Home Supplies. （ホーム・サプライズ社の販売員としての職を引き受けていただき、ありがとうございます）

predecessor
[prédəsèsər]

名 C 前任者

★ pre（前に）＋decess(=decease)（去った）＋or（人）→前に去った人→前にその任にあたっていた人

fellow
[félou]

名 C ① （状況を共にする）仲間 ② （学会などの）会員 ③ （大学などの）特別研究員 形 仲間の

❯ **fellow** passengers （同乗者）

acquaintance
[əkwéintəns]

名 C 知人

★ a(c)（～の方へ）＋quaint（知る）＋ance →知っていること

☑ You can invite your friends, relatives, and **acquaintances** to the party. （パーティーには友達や親戚、知人を招待できます）

呼び名（住宅）

tenant
[ténənt]

名 C 賃借人、居住者

☑ Prospective **tenants** must submit a copy of their photo identification along with an application.
（入居予定者は、申請書と共に写真付き身分証明書のコピーを提出する必要があります）

resident
[rézidənt]

名 C ① 居住者 ② 研修医

★ re（後ろに）＋side（座る）＋ent（人）→後ろに座る人

neighbor
[néibər]

名 C 隣人

呼び名（食）

vegetarian
[vèdʒətéəriən]

名 C 菜食主義者

🗩 肉は食べないが、動物由来の卵や乳製品は口にする人。

★ vegeta(ble)（野菜）＋rian（人）→野菜を食べる人

vegan
[ví:gən]

名 C 完全菜食主義者

🗩 卵や乳製品も含めて、動物に関わるものを一切食べない人。

taster

[téɪstər]

名C ① 味見役 ② (味見用の)少量の飲食物

★ taste (味見する) + er (人)

呼び名(その他)

pedestrian

[pədéstriən]

名C 歩行者 形 歩行者の

★ pedester (徒歩で歩く) + ian (人) →徒歩で歩く人→歩行者(の)

➢ **pedestrian** overpass (歩道橋)

entrant

[éntrənt]

名C (大会への)参加者、(市場への)新規参入者

★ entr (入る) + ant (人)

critic

[krítɪk]

名C 批評家、評論家

★ cri (ふるいにかける) + tic →良し悪しを判断する人

companion

[kəmpǽnjən]

名C ① 仲間 ② 対の片方

★ com (共に) + pan (パン) + ion →共にパンを食べる

☑ We offer 20 percent off a ticket price for your **companion**.
(お連れ様のチケット代金を20%割引いたします)

celebrity

[səlébrəti]

名C ① 有名人 U ② 名声

★ celebr(i) (有名な) + ty

➢ **celebrity** chef (有名なシェフ)

personality

[pə̀:rsənǽləti]

名CU ① 性格 C ② 有名人

endorser

[ɪndɔ́:rsər]

名C (商品やサービスの)推薦者

➢ celebrity **endorser** ((商品やサービスの)有名人による推薦者)

人のグループ

party

[pá:rti]

名C ① 社交的な集まり ② (行動を共にする)一行、団体

☑ These survey forms need to be completed by each
person in your **party**. (あなたのグループの各人が、これらのア
ンケート用紙に記入する必要があります)

crew

[kru:]

名C ① (特別なスキルを持つ)作業班 ② (船や飛行機などの)
乗組員

➢ technical **crew** (技術班)

☑ Cleaning **crew** will come here on Friday evening to

19

人物・職業

vacuum the floor. （金曜日の夕方、清掃作業班が床に掃除機をかけにここに来る予定です）

panel
[pǽnəl]

名C ① (専門知識を持った)識者のグループ ② 羽目板

delegation
[dèlɪɡéɪʃən]

名C ① 代表団、派遣団 U ② (権限などの)移譲

★ de (離れて) + leg (選ぶ、集める、法) + ation →法 (契約) によって委任されて送るもの→派遣団

☑ We expect around 50 **delegations** and 10 speakers this year.
（今年は約50の代表団と10名の講演者を見込んでいます）

troupe
[truːp]

名C (役者や踊り子などの)一座、一団

force
[fɔːrs]

名C ① (特定の目的のために組織される)集団 ② 強い影響力
C U ③ 力、圧力

≻ task **force** （対策本部、問題解決のための特別チーム）
≻ sales **force** （営業チーム）
≻ labor **force** （労働力、労働人口）

focus group

フォーカスグループ(市場調査のための消費者グループ)

💬 インタビューやディスカッションを通じて得られる意見やアイディアを商品開発に役立てる。

committee
[kəmíti]

名C 委員会

★ com (完全に) + mit (送る) + ee (される人) →完全に送られた人→全てを委ねられ送り込まれた人→委任された人の集まり

≻ organizing **committee** （組織委員会）
≻ planning **committee** （企画委員会）

commission
[kəmíʃən]

動他 ～を委託する、(人)に委任する 名C ① 委託、委任
② 委員会 C U ③ 歩合、手数料

★ com (完全に) + mit (送る) + sion →完全に送ること→全てを委ねること

≻ set up a **commission** （委員会を設立する）

council
[káʊnsəl]

图C 議会、評議会
> city council （市議会）

chamber of commerce

商工会議所
💬 一定地域の商工業者で組織される非営利の経済団体。

management
[mǽnɪdʒmənt]

图U ① 経営、管理 ② 経営陣
★ man（手の）+ age + ment →手で動かすこと→管理、管理者

shop floor

① 工場の作業現場 ② 工場労働者

competition
[kɑ̀(ː)mpətíʃən]

图U ① 競争 ② 競争相手、競合他社 C ③ (競技)大会
☑ Exclusive service is what sets our fitness clubs apart from those of our **competition**. （会員限定のサービスが、当フィットネスクラブと競合他社とを切り分けるものです）

faculty
[fǽkəlti]

图C ① 学部 ② 能力 CU ③ 教授陣
☑ University **faculty** will review all the submitted documents. （大学の教授陣が提出された全ての書類を審査します）
> hire more faculty （より多くの教職員を採用する）

following
[fɑ́(ː)loʊɪŋ]

前 ～の後に、～に続いて 形 次の 图C 支持者、ファン
★ follow（追う）+ ing →追従者
☑ The jazz band has a big **following** especially in the southern area.
（そのジャズバンドのファンは、特に南部地域に多くいます）

19

人物・職業

[1] それぞれ2つの語句が同義語ならS(Synonym)、反意語ならA(Antonym)で答えなさい。

1. coworker	colleague	(	)
2. venue	site	(	)
3. rural	urban	(	)
4. fellow	opponent	(	)
5. establishment	business	(	)

[2] それぞれの語句の説明が正しければT(True)、間違っていればF(False)で答えなさい。

6. patio	an inner garden open to the sky	(	)
7. ramp	a piece of equipment that produces light	(	)
8. benefits	services or rights provided by an employer in addition to salary	(	)
9. representative	capable of being explained	(	)
10. janitor	someone whose job is to closely check a company's financial records	(	)

[3] 以下の文の空所に当てはまる語句を語群の中から選んで答えなさい。

11. It is sometimes important to talk with clients in a relaxed social (   ).

12. Our plant (   ) has been in business for over 50 years.

13. The travel (   ) readily accepted Mr. Rosen's last-minute request.

14. You can invite your friends, relatives, and (   ) to the party.

15. Prospective (   ) must submit a copy of their photo identification along with an application.

a. nursery   b. agent   c. tenants
d. acquaintances   e. setting

[4] 指定された文字で始まる語句を書き入れて、それぞれの文を完成させなさい。

16. Our tour bus will take you to Taipei's major (l　　　　　　).

当社の観光バスが皆様を台北の主要な名所にお連れいたします。

17. I'm at the (g　　　　　) right now to have my broken car repaired.

私は今、故障した自分の車を修理してもらうために自動車修理工場にいます。

18. These products are made by local (a　　　　　　).

これらの製品は地元の職人によって作られています。

19. The company's (s　　　　　　　　　) predicts the project will take three years to complete.

同社の広報担当者は、プロジェクトが完了するまでに3年かかると予測しています。

20. (P　　　　　　) of the Central Library can also take advantage of our online program.

中央図書館の利用者は、当館のオンラインプログラムもご利用いただけます。

[5] 括弧内の語句を並べ替えて、それぞれの文を完成させなさい。

21. For a limited time, we will sell (**regular / products / the / landscaping / price / off**).

(　　　　　　　　　　　　　　　　　　　　　　　　　　　　　)

22. The cleaners (**time / shampooed / and / carpets / on / arrived / the**).

(　　　　　　　　　　　　　　　　　　　　　　　　　　　　　)

23. These survey forms (**your / in / be / by / need / person / to / party / completed / each**).

(　　　　　　　　　　　　　　　　　　　　　　　　　　　　　)

24. Before entering the premises, (**need / gate / identification / a / your / to / you / to / present / attendant**).

(　　　　　　　　　　　　　　　　　　　　　　　　　　　　　)

25. (**that / bridge / postponed / the / confirmed / been / have / officials / construction / has**) indefinitely.

(　　　　　　　　　　　　　　　　　　　　　　　　　　　　　)

[解答]

1. S　2. S　3. A　4. A　5. S　6. T　7. F (→lamp)　8. T　9. F (→accountable)
10. F (→auditor)　11. e　12. a　13. b　14. d　15. c　16. landmarks　17. garage
18. artisans　19. spokesperson　20. Patrons　21. landscaping products off the regular price
22. arrived on time and shampooed the carpets　23. need to be completed by each person in your party　24. you need to present your identification to a gate attendant　25. Officials have confirmed that the bridge construction has been postponed

このセクションでは、「物・品物」に関する語句を19のカテゴリに分けて
紹介します。まずはsuppliesをはじめ、utensil、fixture、gear、kitなど
TOEICに頻出する語句が並ぶ「用具・備品」のカテゴリからスタートです。
訳を見てもイメージが湧かないものについては、ネットで画像検索して
確認するようにしましょう。

用具・備品

supplies
[səpláɪz]

名[複] 供給品、必需品、備品

★ su（下に）＋ply（満たす、重ねる）→下に満たすもの→供給品

❯ office **supplies**　（オフィス用品）

❯ cleaning **supplies**　（清掃用具）

☑ We ask that you adhere to company policies when
ordering office **supplies**.
（事務用品を注文する際は、会社の方針に従ってください）

utensil
[juténsəl]

名[C] 道具、用品

★ ute（使う）＋sil（物）→使う物→道具、器具

❯ kitchen **utensil**　（台所用品）

❯ writing **utensil**　（筆記用具）

amenity
[əmíːnəti]

名[C] ①（場所を）快適にするもの　②（ホテルの）備品、設備

❯ hotel **amenity**　（ホテルの備品）

fixture
[fíkstʃər]

名[C]（室内に取り付けられている）器具、備品（通例 fixtures）

★ fix（固定する）＋ture→固定すること→固定されたもの

instrument
[ínstrəmənt]

名[C] ①（医療などで使う）器具　②楽器　③手段

★ in（上に）＋stru（積む）＋ment→
上に積むもの→音を重ねていくた
めの道具→楽器

☑ I believe you have an aptitude
for making musical
instruments.　（あなたは楽器を作
る才能があると思います）

gear
[gɪər]

動 (be geared to[toward] のかたちで)〜に向けられている、〜を対象としている 名C ① 歯車 名C U ② (車などの)変速機 U ③ 道具一式

> gear drives　（歯車駆動装置）
> protective gear　（防具、防護服）
> camping gear　（キャンプ道具）

☑ No one is permitted to enter the lab without proper safety gear.
（適切な安全装備なしで実験室に入ることは許可されていません）

kit
[kɪt]

名C (道具などの)一式

> media kit　（メディアキット）
💬 報道機関に配布する資料一式。
> do-it-yourself kit　（日曜大工道具）

hardware
[háːrdwèər]

名U ① ハードウェア ② 金物

> hardware store　（金物店）

rake
[reɪk]

動自他 (熊手で)(〜を)かき集める 名C 熊手

hose
[hoʊz]
🔊 発音

名C ホース 動他 〜にホースで水をかける

ladder
[lǽdər]

名C はしご

stepladder
[stéplæ̀dər]

名C 脚立

wheelbarrow
[hwíːlbæ̀roʊ]

名C 手押し車、一輪車

💬 handbarrow（手押し車）でも同じ。
★ wheel（車輪）＋barrow（運ぶ）→車輪付き運搬具→手押し車

☑ One of the workers is loading bricks into a wheelbarrow.
（作業員の1人がレンガを手押し車に積み込んでいる）

20
物・品物

scale	名 C 秤 (通例 scales)
[skeɪl]	✍ Place your baggage on the **scales** and pay depending on its weight. (手荷物を秤に載せ、その重さに応じて料金をお支払いください)

knob	名 C (ドアや引き出しの)取っ手
[nɑ(:)b]	

bulb	名 C ① 電球 ② 球根
[bʌlb]	

toner	名 U (印刷機で使う)インク
[tóʊnər]	

microscope	名 C 顕微鏡
[máɪkrəskòʊp]	★ micro (小さい) + scope (見る) → 小さなものを見る機器

telescope	名 C 望遠鏡
[téləskòʊp]	★ tele (遠く) + scope (見る) → 遠くを見る → 望遠鏡

家具・インテリア

cupboard	名 C 戸棚
[kʌ́bərd] ❶ 発音	★ cup (コップ) + board (板) → コップを置く棚 ✍ Dishes and place mats are stored in the **cupboard** next to the door. (食器とテーブルマットは、ドア横の戸棚に収納されています)

cabinet	名 C ① 戸棚 ② 閣僚
[kǽbɪnət]	

closet	名 C 戸棚、押し入れ
[klɑ́(:)zət]	＞ supply **closet** (備品収納庫)

rack	名 C 棚、衣類掛け
[ræk]	＞ display **rack** (陳列棚) ＞ clothing **rack** (衣類掛け、ハンガーラック) ＞ bicycle[bike] **rack** (自転車ラック) 🗨 自動車やバスの車体に取り付ける自転車固定用のラック。

bookshelf	名 C 本棚
[bʊ́kʃèlf]	🗨 bookcase でも同じ。

table
[téɪbl]

名C テーブル

> coffee **table** （コーヒーテーブル）

💬 ソファーの前などに置く背の低い小さめのテーブル。

stool
[stuːl]

名C 腰掛け、スツール

💬 背もたれ、ひじ掛けのない椅子のこと。

couch
[kaʊtʃ]

名C （2、3人掛けの）長椅子、ソファー

drapery
[dréɪpəri]

名C ① 厚手のカーテン（通例 draperies） ② （ひだのある）掛け布 U ③ （生地店が販売する）生地、織物

lighting
[láɪţɪŋ]

名U 照明

> bright LED **lighting** （明るいLED照明）

✍ Dark lenses will reduce glare from **lighting**.
（暗いレンズは照明のまぶしい光を軽減します）

lighting fixture

照明器具

✍ **Lighting fixtures** are suspended from the ceiling.
（照明器具が天井から吊り下がっている）

carpeting
[káːrpəţɪŋ]

名U じゅうたん類、敷物類

rug
[rʌg]

名C じゅうたん、マット

bedding
[bédɪŋ]

名U 寝具類

💬 シーツや毛布など。

✍ We're using an outside cleaning service to wash the hotel's **bedding**.
（ホテルの寝具類の洗濯には外部のクリーニング業者を利用しています）

furnishings
[fɔ́ːrnɪʃɪŋz]

名複 備え付け家具、装飾品

> home **furnishings** （家財道具）

fitting
[fíţɪŋ]

名C ① 家具、調度品（通例 fittings） U ② 試着

20

物
・
品
物

台所・食卓

sink
[sɪŋk]
名C 流し台

stove
[stoʊv]
名C (調理用の)コンロ、レンジ

oven
[ávən]
名C (調理用の)オーブン、かまど

microwave
[máɪkrəwèɪv]
名C 電子レンジ　動他 ～を電子レンジで調理する〔温める〕
★ micro(小さい)＋wave(波)→マイクロ波で調理する機器
☑ Secure at least five centimeters of space around a microwave.
（電子レンジの周囲は少なくとも5センチのスペースを確保してください）

pot
[pɑ(ː)t]
名C ① (深い)鍋　② (植物などを植える)鉢　③ (コーヒーやお茶の)容器、ポット　動他 (植物など)を鉢植えする

pan
[pæn]
名C (浅い)鍋、平鍋　動他 ～を酷評する

griddle
[ɡrídl]
名C (調理用の)鉄板

cutting board
まな板

cutlery
[kʌ́tləri]
名U 食卓食器類
🗩 スプーン、フォーク、ナイフなど。
☑ We make cutlery of the finest quality for high-end customers.　（当社は高級志向のお客様向けに最高品質の食卓食器類を作っています）

tableware
[téɪblwèər]
名U 食卓食器類

silverware
[sílvərwèər]
名U (銀製)食器類
🗩 スプーン、フォーク、ナイフなど。

kitchenware
[kítʃənwèər]
名U 台所用品、調理器具

cookware [kúkwèər]	名 U 調理器具
housewares [háʊswèərz]	名 複 家庭用品、台所用品
kitchen utensil	台所用品、調理器具 ✑ Thank you for your recent purchase of our **kitchen utensils**. （先日は当社の台所用品をご購入いただきありがとうございます）
platter [plǽṭər]	名 C ① (料理を盛る)大皿 ② 大皿料理

飾り・装飾品

centerpiece [sénṭərpìːs]	名 単 ① 最重要項目、中心 C ② (テーブルの)中央装飾品 ★ center（中央）+ piece（一部）→中央部→テーブルの中央に置く装飾品 ✑ We need more **centerpieces** for the reception. （披露宴のテーブルに置く中央装飾品がもっと必要です）
ornament [ɔ́ːrnəmənt]	名 C ① 装飾品 U ② 装飾、飾り付け
décor [deɪkɔ́ːr] ❶ 発音	名 単 U (室内)装飾 ➢ interior **décor**　（室内装飾）
tapestry [tǽpɪstri]	名 C U タペストリー 💬 絵や模様が美しい壁掛けの織物。

部屋・オフィス

fireplace [fáɪərplèɪs]	名 C 暖炉
blind [blaɪnd]	名 C 日よけ 形 死角の 動 他 ～の目をくらませる
shade [ʃeɪd]	名 U ① 陰 C ② (窓に取り付ける)日よけ、ブラインド ③ 色合い、色調 動 他 ～を日陰にする

20

物・品物

fan
[fæn]

名C ① 扇風機、うちわ　② 熱狂的支持者、ファン　動他 (扇風機やうちわで)～に風を送る

≫ ceiling fan　（天井に付いている扇風機）

windowsill
[wíndoʊsìl]

名C 窓台

ledge
[ledʒ]

名C ① 狭い棚　② (崖などの)岩棚

≫ window ledge　（窓台）

outlet
[áʊtlèt]

名C ① 直販店、アウトレット　② (電源プラグの)差込口、コンセント　③ 排水口、換気口

★ out (外に) + let (放つ) →外に放つ→出口

workstation
[wɔ́ːrkstèɪʃən]

名C ① (個人用の)作業机、作業スペース　② (個人が業務で使用する)高性能コンピューター

★ work (作業) + station (立ち止まるところ) →作業のために立ち止まる場所→作業机→作業机に置くコンピューター

≫ workstation divider
（個人用作業スペースの仕切り）

☑ Employees are always required to keep their **workstations** neat and clean.
（従業員は常に、自分の作業デスク〔スペース〕を整頓してきれいに保つことが求められています）

divider
[dɪváɪdər]

名C ① 仕切り(板)　② (道路の)分離帯

≫ workstation divider　（個人用作業スペースの仕切り）

美術館

artwork
[áːrtwə̀ːrk]

名U ① (本や雑誌の)挿絵、写真　名CU ② (絵画などの)美術品、手工芸品

★ art (技術、芸術) + work (作品) →芸術作品

☑ Some **artwork** is hanging on the wall.
（絵画が壁にかけられている）

artifact
[áːrtɪfæ̀kt]

名C (歴史的に価値のある)工芸品

🔊 発掘で見つかる古い時代の道具や武器、装飾品など。

★ art(i) (技術、芸術) + fact (作る) →技術を駆使して作ったもの

290

portrait
[pɔ́:rtrət]

名C 肖像画

mural
[mjúərəl]

名C 壁画

> restore a **mural** （壁画を修復する）

☑ Local artists will collaborate to create a **mural** at Seattle Central Station.

（地元の芸術家が協力してシアトル中央駅の壁画を制作します）

sculpture
[skʌ́lptʃər]

名CU 彫刻

素材・原料

material
[mətíəriəl]

名CU ① 素材、原料 U ②（何かを行う上で必要な）用具(materialsも可) ③（本や映画などの）題材

★ matter（母なるもの）+ ial → 材料、物質

resource
[rí:sɔ:rs]

名C ① 資源（通例resources） ② 資産、財産（通例resources） ③（指導用の）教材

★ re（再び）+ source（湧き上がる）→ 再び湧き上がるもの → 資源

fabric
[fǽbrɪk]

名CU 生地、織物

linen
[línɪn]

名U リネン、リンネル製品(linensも可)

🗩 亜麻布で織られたシーツやテーブルクロスなど。

☑ Housekeeping staff always assorts towels and bed **linens** returned from the laundry.

（クリーニング店から戻ってきたタオルやベッドシーツ、枕カバーを客室清掃員がいつも分類しています）

textile
[tékstaɪl]

名C 織物

★ text（織る、編む）+ ile → 織られたもの → 織物

> **textile** industry （繊維産業）

drapery
[dréɪpəri]

名C ① 厚手のカーテン（通例draperies） ②（ひだのある）掛け布 U ③（生地店が販売する）生地、織物

20

物・品物

upholstery

[ʌphóulstəri]

名U ① (椅子などの)布張り ② 布張りの材料

💬 張り布や詰め物の綿など。

☑ **Upholstery** options are listed in the catalog.
(張り地のオプションはカタログに記載されています)

reupholstery

[rìːʌphóulstəri]

名U (椅子などの)張り替え

upholstered

[ʌphóulstərd]

形 (椅子などが)布張りされた

➢ **upholstered** furniture (布張りの家具)

reupholstered

[rìːʌphóulstərd]

形 (椅子などが)布が張り替えられた

filling

[fílɪŋ]

名C U 詰め物

商品・在庫

merchandise

[máːrtʃəndàɪz,
mɔ́ːrtʃəndàɪs]

名U 商品

★ merchant(取引する人、商人)+dise→商人が扱うもの→商品

➢ **merchandise** credit (商品用クレジット)

💬 店舗限定の商品支払い用ポイント。

line

[laɪn]

名C ① 線 ② 列 ③ 路線 ④ (商品の)ラインナップ、シリーズ
⑤ 台詞 動他 ～を一列に並べる

☑ We're planning a marketing campaign to promote our
new product **line**.
(当社は新しい製品ラインを宣伝するためのマーケティングキャンペー
ンを計画しています)

flagship

[flǽgʃip]

形 主力の、最も重要な 名C ① 旗艦店 ② 主力商品

★ flag(旗)+ship(船)→旗艦

➢ upcoming **flagship** (次の主力商品)

specialty

[spéʃəlti]

名C ① 専門、得意分野 ② 名物、特産品

souvenir

[sùːvəníər]
❶ 発音アクセント

名C 土産

★ sou(下に)+ven(行く、来る)+ir→下に来る→意識の下に入っ
てくるもの→土産

> souvenir shop　（お土産店）

inventory [ínvəntɔ̀ːri]	名 C U ① 在庫　C ② 品物リスト　動 他 〜の一覧表を作る

> inventory control　（在庫管理）

> take an inventory　（在庫を調べる、棚卸しをする）

☑ We need to streamline our **inventory** control by using dedicated software.
（専用のソフトウェアを使用して当社の在庫管理を合理化する必要があります）

小包・荷物

package [pǽkɪdʒ]	名 C ① 小包　② (食品などの)容器

★ pack（包む）＋ age

packing [pǽkɪŋ]	名 U 荷造り、梱包(材)

> inquire about a **packing** error
（梱包エラーについて問い合わせる）

☑ Do you have recommendations about **packing** materials?
（梱包材のおすすめはありますか）

parcel [páːrsəl]	名 C ① 小包　② (土地の)一区画

load [loʊd]	名 C ① 荷物　② 負荷、荷重　③ 仕事量　動 自 他 (荷物などを)積む

☑ I'm calling because I want to buy a **load** of wood at your store.
（あなたのお店で大量の木材を買いたいので電話しています）

☑ Boxes are being **loaded** onto a truck.
（箱がトラックに積み込まれているところです）

> **loading** dock[bay]　（荷物搬入口）

cargo [káːrgoʊ]	名 C U (船や飛行機で運ばれる)貨物

> **cargo** ship　（貨物船）

freight [freɪt]	名 U 貨物、貨物運送

baggage [bǽgɪdʒ]	名 U (旅行時の)手荷物、かばん類

20

物・品物

luggage	名 U (旅行時の)手荷物、かばん類
[lʌ́gɪdʒ]	
belongings	名複 所持品、所有物
[bɪlɔ́(ː)ŋɪŋz]	★ belong (帰属する) + ings →人に帰属するもの→所有物
	☑ You'll need to leave your **belongings** in the carton with a blue sticker on it.
	(持ち物は青いシールが貼られた段ボールに入れておく必要があります)
possessions	名複 所持品、所有物
[pəzéʃənz]	★ pos (能力) + sess (座る) + ions →能力がある人が座る→権威の座に就いて持つこと→所有

植物・草木

herb	名 C 薬草、ハーブ
[əːrb]	
potted plant	鉢植え植物
	☑ I think we should sell more **potted plants** to increase our revenue.
	(収益を増やすために鉢植え植物をもっと売るべきだと思います)
hedge	名 C 生け垣 動 自他 (直接的な回答などを)避ける
[hedʒ]	
shrub	名 C 低木
[ʃrʌb]	
bush	名 C 低木、茂み
[bʊʃ]	
lawn	名 C U 芝生
[lɔːn]	➢ **lawn** advertisement　(物件の芝生に立てられた広告看板)
weed	名 C 雑草 動 自他 (庭などの)雑草を取る
[wiːd]	
water	名 U ① 水　② (海や湖などの)水域 動 他 ① ～に水をやる
[wɔ́ːṭər]	② ～を水で薄める
	☑ A man is **watering** some trees.
	(男性が木々に水をあげている)

衣服・衣類

clothes
[klouz]

名 C 複 衣服

clothing
[klóuðiŋ]

名 U 衣類

garment
[gáːrmənt]

名 C 衣服、衣類

☑ The fair displays beautiful **garments** created by local designers.
(そのフェアでは、地元のデザイナーが手がけた美しい衣服が展示されます)

attire
[ətáɪər]

名 U 衣服

☑ We are required to wear business **attire** when meeting clients.
(私たちは顧客に会う際、ビジネス服を着用するよう義務付けられています)

apparel
[əpǽrəl]

名 U 衣服、衣類

outfit
[áutfìt]

名 C 衣服、衣類

★ out (外へ) + fit (合わせる) →外出時に着合わせるもの

uniform
[júːnɪfɔ̀ːrm]

名 C 制服、作業着、運動着

★ uni (1つ) + form (形、型) →同じかたちの服

hood
[hʊd]

名 C ① フード、頭巾 ② (車の)ボンネット

glove
[glʌv]

名 C 手袋

fashion
[fǽʃən]

名 C U ① ファッション ② 流行、流行のもの ③ やり方、方法

➢ **fashion** trend （ファッションの傾向）

入れ物・容器

container
[kəntéɪnər]

名 C 容器

★ con (共に) + tain (保つ) + er (もの) →共に保つもの→一緒に保つように中に入れるもの→容器

20

物・品物

compartment [kəmpάːrtmənt]	名 C ① (仕切られた)格納スペース ② (船や列車の)区画
	★ com (完全に) + part (分ける、別れる) + ment →完全に分けたもの→区画、収納庫
	➤ overhead **compartment** (頭上の収納棚)
vault [vɔːlt]	名 C 金庫
crate [kreɪt]	名 C (木やプラスチック製の)箱 動 他 ~を箱に詰める
	✎ Some **crates** are piled up beside the door. (ドアの側に木箱が積んであります)
carton [kάːrtən]	名 C ① 段ボール箱 ② (紙やプラスチック製の)容器
packet [pǽkət]	名 C ① (プラスチックや紙でできた)容器 ② 平たい小包 ③ (小さな袋に入った)資料一式
	★ pack (包む) + et (小さなもの)
	➤ a **packet** of flour (袋入りの小麦粉)
jar [dʒάːr]	名 C (食品などを保存するための)瓶
bin [bɪn]	名 C 容器
	➤ trash **bin** (ごみ箱)
	➤ recycling **bin** (リサイクルボックス)
	➤ overhead **bin** (頭上の荷物入れ)
wastebasket [wéɪstbæskət]	名 C ごみ箱
vase [veɪs, vɑːz]	名 C 花瓶
holder [hóʊldər]	名 C ① 所有者 ② 入れ物、ケース
	★ hold (保つ) + er (人、もの)
	➤ plastic **holder** (プラスチックのケース)
cartridge [kάːrtrɪdʒ]	名 C (インクなどの)小さな容器
	➤ ink **cartridges** (インクカートリッジ)

陶器・磁器

ceramics
[sərǽmɪks]

名U ① 陶芸　複 ② 陶磁器

☑ Our **ceramics** factory is located within walking distance from here.
（ここから徒歩圏内に当社の陶磁器工場があります）

porcelain
[pɔ́:rsəlɪn]

名U 磁器

≻ **porcelain** sculptures　（磁器の彫刻）

china
[tʃáɪnə]

名U 磁器

🗨 china は china dishes から dishes が落ちたもので、China（中国）から輸入された磁器を指す。

pottery
[pá(:)təri]

名U 陶器

★ pot（壺）+ (t)er（人）+ ry →壺作りの職人がいる場所→窯元→窯元で作られるもの

≻ fragile **pottery**　（壊れやすい陶器）

☑ **Pottery** is placed on the rack.
（陶器が棚の上に置かれている）

earthenware
[ɔ́:rθənwèər]

名U 陶器

★ earth（土）+ en（〜の）+ ware（物）→土から作られた物

券・チケット

coupon
[kjú:pɑ(:)n]

名C 割引券、優待券

voucher
[váutʃər]

名C ① 商品引換券、割引券　② 領収書

≻ credit **voucher**　（金券）

☑ Please find attached a **voucher** for 10% off a future purchase at our store.
（将来当店での買い物が10%オフになる割引券を添付致します）

stub
[stʌb]

名C ① （チケットなどの）半券　② （たばこや鉛筆の）使用後短く残った部分

≻ pay **stub**　（給与明細書）

20

物・品物

> ticket **stub** （チケットの半券）

☑ Present your ticket **stub** at the restaurant to receive 10% off your bill.
（レストランでチケットの半券を提示すると、お会計が10%割引になります）

チラシ・パンフレット

flyer
[fláɪər]

名C チラシ

> publicity **flyers** （宣伝用のチラシ）

brochure
[brouʃúər, bróuʃə]
❗ アクセント

名C 冊子、パンフレット

> company **brochure** （会社案内のパンフレット）

☑ See our **brochure** regarding our line of lighting equipment.
（照明機器のラインアップについては、パンフレットをご覧ください）

pamphlet
[pǽmflət]

名C 冊子、パンフレット

catalog
[kǽt̬əlɔ̀(:)g]

名C 商品目録、カタログ

★ cata（下に、完全に）＋log（言葉）→言葉で書き下したもの

literature
[lít̬ərətʃər]

名U ① 文学 ② 文献 ③（広告、チラシなどの）印刷物

> sales **literature** （販売促進資料）

文書・書類

guide
[gaɪd]

名C ① 案内人 ② 手引書、案内書 ③ 指針 動他 ～を導く

☑ The user **guide** will be updated soon.
（利用者のための手引書は間もなく更新される予定です）

handout
[hǽndàʊt]

名C 配布資料

prescription
[prɪskrípʃən]

名C ① 処方箋 ② 処方薬 ③ 規定

★ pre（前に）＋script（書く）＋ion →（医者が）前もって書くもの

☑ This **prescription** is good for two months.
（この処方箋は2カ月有効です）

specification
[spèsəfɪkéɪʃən]

名C 仕様（書）（通例 specifications）

warranty
[wɔ́(ː)rənʧi]

名 C U 保証(書)
> a five-year **warranty** （5年保証）
> under **warranty** （保証期間中で）

manuscript
[mǽnjuskrìpt]

名 C 原稿
★ manu（手の）＋ script（書く）→手で書いたもの→原稿

draft
[dræft]

名 C 下書き

paperwork
[péɪpərwə̀ːrk]

名 U ① 文書作業 ② 書類
> dispose of confidential **paperwork** （機密書類を処分する）

portfolio
[pɔːrtfóuliòu]

名 C ① 作品集 ② 書類入れ、かばん ③ （個人または会社が保有する全ての）有価証券、株券
★ port（運ぶ、港）＋ folio（葉、リーフ）
→持ち運びに便利なルーズリーフに描いたアート→（自作アートの）作品集、（作品集を持ち運ぶための）書類かばん

✍ You must submit a **portfolio** along with your résumé.
（履歴書と共に作品集を提出していただく必要があります）

packet
[pǽkət]

名 C ① （プラスチックや紙でできた）容器 ② 平たい小包
③ （小さな袋に入った）資料一式
★ pack（包む）＋ et（小さなもの）
> welcome **packet** （新入社員用の資料一式）
> information **packet** （資料集、書類一式）
> conference **packet** （会議書類一式）
> intern **packet** （インターン用の資料一式）
✍ I will send you an application **packet**.
（応募書類一式をお送りします）

残骸・残り物

debris
[dəbríː]
❶ 発音アクセント

名 U 瓦礫、破片
✍ A road crew is now removing **debris** from a highway.
（現在、道路作業員が幹線道路から瓦礫を取り除いています）

20
物・品物

remainder

[rɪméɪndər]

名C ① 残り (通例 the remainder) ② (割り算の)余り

★ re (後ろに) + main (とどまる) + der (もの) → 残りのもの

remaining

[rɪméɪnɪŋ]

形 残りの、残っている

➤ remaining balance (残高)

remain

[rɪméɪn]

動自 ① ～のままである ② (場所に)とどまる、残る

★ re (後ろに) + main (とどまる) → そのまま残る

➤ remain open (開放しておく)

➤ remain stable (安定した状態を保つ)

➤ remain intact (無傷の状態を保つ)

rest

[rest]

名U ① 残り (通例 the rest) C U ② 休み、休息 動自 ① 休む

自他 ② (～を)置く

☑ The **rest** will deal with other minor topics whenever possible.

(残りは、可能な限り他の重要ではないトピックを扱います)

電化製品・機器

equipment

[ɪkwípmənt]

名U 機器、設備

➤ office **equipment** (オフィス機器)

☑ See our brochure regarding our line of lighting **equipment**.

(照明機器のラインアップについては、パンフレットをご覧ください)

appliance

[əpláɪəns]

名C 電化製品

☑ Our home **appliances** feature a wireless connection to the Internet. (当社の家電製品は、インターネットにワイヤレス接続できるのが特徴です)

apparatus

[æpərǽtəs]

名U 器具、装置

★ a(p) (～の方へ) + para (準備する) + tus → ～のために準備されたもの → ある目的のために作られた装置

device

[dɪváɪs]

名C 機器、装置

vacuum

[vǽkjuəm]

動自他 (～に)掃除機をかける 名C 掃除機

treadmill

[trédmìl]

名C ランニングマシン

★ tread（踏む）＋mill（製粉機）→踏んで回す製粉機→回転して動く床の上を走る機器

☑ Our gym boasts state-of-the-art stationary bikes and **treadmills**.

（当ジムには、最新鋭のエアロバイクとランニングマシンがあります）

photocopier

[fóuṭoukà(:)piər]

名C コピー機

★ photo（光）＋copy（複写する）＋er→光で書き写すもの→複写機

☑ Taylor's new **photocopier** is quite expensive but well worth it. （テイラー社製の新しいコピー機はかなり高価ですが、それだけの価値があります）

copier

[ká(:)piər]

名C コピー機

➤ plug in a **copier** （コピー機のプラグを差し込む）

microphone

[máɪkrəfòun]

名C マイク

★ micro（小さい）＋phone（音）→小さな音を大きくする機器

kiosk

[kíːɑ(:)sk]

🔊 発音

名C ① 売店 ② 窓口 ③ （タッチパネル式の）端末、券売機

☑ There is a payment **kiosk** on the first floor of the main building.

（本館の1階に精算機がございます）

☑ Scan your bar code at any of our check-in **kiosks**.

（チェックイン端末でお手持ちのバーコードを読み取ってください）

物のグループ

fleet

[fliːt]

名C （車、船、飛行機などの）集団、グループ

➤ a **fleet** of vehicles （車両群）

unit

[júːnɪt]

名C ① （装置の）一式 ② （住居の）一戸、（部屋の）一室 ③ 単位 ④ （組織における単一の）集団、グループ (P324)

➤ air-conditioning **unit** （空調設備）

☑ Ms. Paxton works in the production **unit**.

（パクストンさんは生産部門で働いている）

20

物・品物

ビジネスでは必ずお金のやり取りが発生します。店は商品やサービスを売って「利益・収益」を上げ、従業員に「給与・報酬」を支払います。顧客は商品やサービスの対価として店に「料金・費用」を支払います。このセクションでは、そうした「お金・料金」に関する語句を5つのカテゴリに分けて紹介します。

利益・収益

earnings
[ə́:rnɪŋz]

名複 ① (企業の)利益 ② 報酬

★ earn (得る) + ings →得たもの

☑ LKO Cosmetics is proud to announce record **earnings** for the second quarter.
(LKOコスメティクスは、第2四半期の記録的な利益を発表できることを誇りに思います)

profit
[prá(:)fət]

名C U 利益 動自他 ① (〜の)役に立つ 自 ② 利益を上げる

★ pro (前に) + fit (作る) →前に作るもの→ビジネスを前に進めて作り出すもの→利益

profitable
[prá(:)fəṭəbl]

形 ① 儲かる ② 有益な、役立つ

profitability
[prà(:)fəṭəbíləṭi]

名U 収益性

lucrative
[lúːkrəṭɪv]
① 発音

形 儲かる

≫ **lucrative** business (儲かる商売)

revenue
[révənjùː]

名U 収益

★ re (後ろに) + ven (行く、来る) + ue →元に (会社に) 戻ってくるお金→収益

給与・報酬

salary
[sǽləri]

图 C U (定期的に支払われる)給与

> fixed **salary** （固定給）

☑ We consider previous work experience in the **salary** offer.
（給与の提示にあたっては、これまでの職務経験を考慮します）

wage
[weɪdʒ]

图 C (主に肉体労働の対価として支払われる時給などの)給与

☑ Our company offers competitive **wages** and training opportunities for those necessary.
（当社は競争力のある賃金と、必要な人のためにトレーニングの機会を提供しております）

pay
[peɪ]

图 U 給与　動 自 他 (〜を)支払う

☑ Employees who win these awards will receive additional **pay**.
（これらの賞を受賞した社員には、追加で給与が支払われます）

paid
[peɪd]

形 ① 支払済みの　② 有給の

> **paid** vacation （有給休暇）

bonus
[bóʊnəs]

图 C ① 賞与、特別手当　② 特典、思いがけない贈り物

☑ Employees who achieved excellent performance at work can receive **bonuses** at the end of the year.
（仕事で優秀な成績を収めた従業員は、年末に特別手当を受け取ることができます）

compensation
[kà(:)mpənséɪʃən]

图 U ① 補償(金)　② 報酬

★ com（共に）＋pense（吊るす）＋ation→共に吊るすこと→天秤で同じ重さになるように吊るすこと

☑ Our company offers you competitive **compensation** and benefits.
（当社は競争力のある報酬と福利厚生を提供いたします）

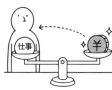

earnings

[ə́ːrnɪŋz]

名複 ① (企業の)利益 ② 報酬

★ earn (得る) + ings →得たもの

➤ average monthly **earnings** (平均月給)

remuneration

[rɪmjùːnəréɪʃən]

名 C U 報酬

★ re (元に) + mune (義務、負担、労働) + ration →(労働などの対価として)お金を戻す

mune

re

allowance

[əláuəns]

名 C ① 手当 ② 小遣い

★ allow (割り当てる) + ance →お金の割り当て→手当

➤ meal **allowance** (食事手当)

honorarium

[ɑ̀(ː)nəréəriəm]

名 C 謝礼金

☑ Mr. Hong donated his **honorarium** to the local children's hospital.

(ホン氏は自分の謝礼金を地元の小児病院に寄付しました)

incentive

[ɪnséntɪv]

名 C U ① 人を行動に駆り立てるもの ② 奨励[報奨]金

☑ New tax **incentives** reward companies that reduce their electricity usage.

(新しい税制優遇措置は電力使用量を削減する企業に見返りを与えます)

reward

[rɪwɔ́ːrd]

名 C U 見返り、褒美 動他 ～に報いる、見返りを与える

★ re (完全に、後ろへ、再び) + ward (見る) →人の行動をよく見る(顧みる)→褒美を与える、褒美

rewarding

[rɪwɔ́ːrdɪŋ]

形 やりがいのある

royalty

[rɔ́ɪəlti]

名 C 印税 (通例 royalties)

☑ Enclosed please find the detailed statement of **royalties** on your books.

（あなたの本の印税明細書を同封いたします）

補助金・資金

grant
[grǽnt]

動他 ① ～を与える ② ～を許可する 名C 補助金、助成金
> government **grants** （政府の補助金）
> **grant** project manager （助成金プロジェクトの管理者）

subsidy
[sʌ́bsədi]

名C （政府などからの）補助金、助成金
★ subside(収まる)+y→戦を収めるための予備軍→補助するもの

scholarship
[skɑ́(:)lərʃìp]

名C （学生向けの）奨学金
☑ The institute grants **scholarships** for those studying space science.
（その研究所は、宇宙科学を研究する学生に奨学金を提供します）

fund
[fʌnd]

名C ① 資金 ② 財源(通例 funds) 動他 ～に資金を提供する
★ fund (底、基盤)→商人にとっての基盤→資金

funding
[fʌ́ndɪŋ]

名U 資金提供、資金
> **funding** for a project （プロジェクトへの資金提供）
☑ Thank you for helping us to secure **funding** for our software development project.
（ソフトウェア開発プロジェクトの資金確保にご協力いただきありがとうございます）

fund-raising

形 資金集めの
★ fund (資金)+raise (集める)+ing
> **fund-raising** event （資金集めのイベント）

fundraiser
[fʌ́ndrèɪzər]

名C ① 資金集めのイベント ② 資金集めの担当者
★ fund (資金)+raise (集める)+er
> hold a **fundraiser** （資金集めのイベントを開催する）

21

お金・料金

料金・費用

fee

[fiː]

名C 料金

> late **fee** （延滞料）

> shipping **fee** （配送料）

> **fee** structure[schedule] （料金体系）

☑ Registration **fees** will be waived for those who have invitation codes issued by host companies.
（主催会社発行の招待コードをお持ちの方は、登録料が免除されます）

charge

[tʃɑːrdʒ]

名CU (利用料などの) 料金 動自他 (〜を) 請求する

★ char(車)+ge→車に荷物を積む→荷代を請求する→請求する

> room **charges** （室料）

overcharge

[動 òuvərtʃɑ́ːrdʒ,
名 óuvərtʃɑ̀ːrdʒ]

動自他 (〜に) 過剰請求する 名C 過剰請求

★ over(超えて)+charge(請求する)

cost

[kɔːst]

名C 費用 動他 〜に(費用、負担など)がかかる

> shipping **cost** （送料）

> **cost** estimate （費用の見積もり）

> utility **costs** （光熱費）

> at no **cost** （無料で）

> **cost** him a huge amount of time
（彼に膨大な時間をかけさせる）

expense

[ɪkspéns]

名CU 費用、出費

★ ex(外に)+pens(e)(吊るす)→天秤に吊るして割り出す数字

> travel **expenses** （交通費、旅費）

fare

[feər]

名C ① (公共交通機関などの)運賃 U ② 食事

> bus **fare** （バスの運賃）

☑ For a limited time, you can receive 10 percent off a regular ferry **fare**.
（期間限定で、フェリーの通常運賃が10%割引になります）

toll
[toʊl]

名 C (道路や橋などの)通行料金

☑ Don't forget to take transport costs into consideration, including **tolls**.
(通行料も含めて輸送コストを考慮するのを忘れないでください)

postage
[póʊstɪdʒ]

名 U 郵便料金

★ post (置く) + age →手紙を届けるための中継用の馬と騎手を間隔を空けて置く→郵便システム→郵便料金

tuition
[tjuíʃən]

名 U 授業料

☑ College **tuition** is $700 excluding tax.
(大学の授業料は税抜きで700ドルです)

rent
[rent]

名 C U 賃料 動 自 他 ① (部屋などを)借りる 他 ② (部屋など)を貸す

dues
[djuːz]

名 複 会費 (P314)

★ du(e) (負う、借りる)→支払いの義務を負って
≻ membership **dues** (会費)

☑ If you have not yet paid your **dues**, please do so.
(会費を未納の場合はお支払いください)

commission
[kəmíʃən]

動 他 ① ～を委託する ② (人)に委任する 名 C ① 委託、委任 ② 委員会 C U ③ 歩合、手数料

☑ He will get a 10 percent **commission** for each sale he makes.
(彼は販売するごとに10%の手数料を受け取ります)

installment
[ɪnstɔ́ːlmənt]

名 C ① 分割払いの1回分 ② (新聞などの)連載の1回分

★ in (中に) + stall(=stand) (立てる) + ment →期間の中に立てる(設定する)支払日→分割払い
≻ **installment** plan (分割払い方式)
≻ **installment** payment (分割払い)
≻ monthly **installment** (毎月の分割払い)

21
お金・料金

deposit

[dɪpá(:)zət]

名C ① (売買契約における)手付金　② (賃貸借契約における)保証金、敷金　③ (銀行)預金　動他 (お金や貴重品など)を預ける

★ de (離れて) + posit (置く) →お金を離して置く

> cash **deposit** （現金払いの手付金）

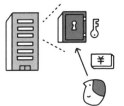

expenditure

[ɪkspéndɪtʃər]

名CU ① 支出額、出費　U ② 支出

★ ex (外に) + pend (吊るす) + iture →天秤に吊るして数字を計り出すこと→計り出した費用→出費

invoice

[ínvɔɪs]

名C (明細付き)請求書　動他 ～に請求書を送る

balance

[bǽləns]

名U ① バランス、平衡　C ② 残額、残高

> outstanding **balance** （未払い残高）

☑ This payment is not reflected in the **balance** shown.
（この支払いは、表示されている残高には反映されていません）

> **balance** due upon completion
（完了時に残高を支払う）

☑ The remaining **balance** is due no later than December 8.
（残額は12月8日までにお支払いください）

bill

[bɪl]

名C ① 請求書、勘定書　② 紙幣

> utility **bill** （公共料金の請求書）

> split the **bill** （割り勘にする）

billing

[bílɪŋ]

名U 請求書の作成〔発送〕

> **billing** address （請求書送付先住所）

> **billing** error （請求書の間違い）

☑ Please find attached a detailed explanation of our **billing** schedule.
（請求スケジュールの詳細な説明を添付しております）

支払い・返金

payment
[péɪmənt]

名Ｕ ① 支払い Ｃ ② 支払額

📝 Advance **payment** may be required.
（前払いをお願いする場合があります）

❥ make (a) **payment** （支払う）

📝 Please leave **payments** in the container.
（支払いはその容器に入れてください）

payable
[péɪəbl]

形 支払可能な、(負債などを)支払うべき

❥ a check made **payable** to ～
（振り出し先を～に指定した小切手）

remit
[rɪmít]

動自他 (～を)送金する

★ re (後ろに) + mit (送る) →送り返す→送金する

remittance
[rɪmítəns]

名Ｃ ① 送金額 Ｕ ② 送金

credit
[krédət]

名Ｕ ① 信用取引 ② 功績に対する称賛、映画のクレジット(功績を認めて製作者一覧に名前を載せること) 動他 ① (銀行口座など)に入金する ② ～のおかげだとする、～の功績とする

❥ **credit** an account （勘定の貸方に記入する、入金する）

📝 Your account will be **credited** by the end of the week.
（週末までにあなたの口座に入金されます）

match
[mætʃ]

動自他 ① (～に)合う、合致する 他 ② ～に合わせる、等しくする
③ ～と同額のお金を払う 名Ｃ ① 試合 単 ② 合致、適合

📝 Donations from the public were **matched** by the Medical Association.
（一般の人々からの寄付と同額が医師会により寄付されました）

refund
[名rí:fʌnd,
動rɪfʌnd]

名Ｃ 払い戻し、返金 動他 ～を払い戻す

★ re (再び) + fund (底、基盤、資金) →資金を返す

refundable
[rɪfʌndəbl]

形 払い戻しできる、返金可能な

21

お金・料金

nonrefundable

[nÀ(:)nrɪfʌ́ndəbl]

形 払い戻しできない、返金不可能な

reimburse

[rìːɪmbə́ːrs]

動他 ～に(…を)払い戻す、返金する

★ re(再び)+im(in)(中に)+burse (purse)(財布)→再び財布の中にお金を戻す

💬「reimburse〈人〉for N」または「reimburse N」のかたちで使うことが多い。

☑ Our company will **reimburse** you for your travel expenses.

（旅費は当社が負担いたします〔払い戻します〕）

☑ Any expenses relating to the project will be **reimbursed**.

（プロジェクトに関連する経費は全て払い戻されます）

reimbursement

[rìːɪmbə́ːrsmənt]

名CU 払い戻し、返金

➤ **reimbursement** after a business trip （出張後の払い戻し）

☑ You can request **reimbursement** for any expenses you incur.

（あなたが負担した費用の払い戻しを請求することができます）

rebate

[名 ríːbeɪt, 動 rɪbéɪt]

名C ① 割り戻し、リベート(支払われた額の一部を買手側に払い戻すこと) 動他 ～を割り戻す

➤ **rebate** on shipping charges （送料の割り戻し）

redeem

[rɪdíːm]

動他 ① (金券など)を換金する、(商品券など)を商品と引き換える ② (redeem *oneself* のかたちで)名誉を回復する ③ (約束など)を果たす

★ re(後ろに)+deem(買う)→買い戻す→金券と商品を交換する

➤ **redeem** a voucher

（引換券を換金する〔商品と引き換える〕）

☑ A coupon was **redeemed**. （クーポンが引き換えられた）

☑ You can **redeem** the points for discounts on our grocery items.

（貯まったポイントは、当社の食料品の割引きと交換することができます）

outstanding	形 ① 目立つ ② 並外れた ③ 未払いの
[àʊtstǽndɪŋ]	★ out（外に）＋ stand（立つ）＋ ing → 外に飛び抜けて立つ
	❯ outstanding balance（未払い残高）

21

お金・料金

復習テスト 13

[1] それぞれ2つの語句が同義語ならS(Synonym)、反意語ならA(Antonym)で答えなさい。

1. cutlery	silverware	(	)
2. belongings	possessions	(	)
3. expenditure	savings	(	)
4. coupon	voucher	(	)
5. profit	loss	(	)

[2] それぞれの語句の説明が正しければT(True)、間違っていればF(False)で答えなさい。

6. fabric	a piece of clothing	(	)
7. rake	a large body of water surrounded by land	(	)
8. packet	a set of documents provided for a particular purpose	(	)
9. deposit	a part of purchase money you pay beforehand	(	)
10. balance	the amount of money someone still owes after paying part of a debt	(	)

[3] 以下の文の空所に当てはまる語句を語群の中から選んで答えなさい。

11. One of the workers is loading bricks into a (　　　　).

12. Thank you for your recent purchase of our kitchen (　　　　).

13. Present your ticket (　　　　) at the restaurant to receive 10 percent off your bill.

14. There is a payment (　　　　) on the first floor of the main building.

15. You can request (　　　　) for any expenses you incur.

a. stub	b. reimbursement	c. wheelbarrow
d. utensils	e. kiosk	

[4] 指定された文字で始まる最も適切な単語で各文の空所を埋めなさい。

16. I believe you have an aptitude for making musical (i   ).
    あなたは楽器を作る才能があると思います。

17. We are required to wear business (a   ) when meeting clients.
    私たちは顧客に会う際、ビジネス服を着用するよう義務付けられています。

18. You must submit a (p   ) along with your résumé.
    履歴書と共に作品集を提出していただく必要があります。

19. A road crew is now removing (d   ) from a highway.
    現在、道路作業員が幹線道路から瓦礫を取り除いています。

20. You can (r   ) the points for discounts on our grocery items.
    貯まったポイントは、当社の食料品と交換することができます。

[5] 括弧内の単語を並べ替えて、各文を完成させなさい。

21. Dishes (in / place / stored / the / mats / and / cupboard / are) next to the door.
    (   )

22. Please (future / a / find / off / a / for / purchase / 10% / voucher / attached) at our store.
    (   )

23. Our (to / wireless / Internet / a / home / feature / connection / appliances / the).
    (   )

24. We ask that (supplies / ordering / to / policies / when / adhere / office / you / company).
    (   )

25. LKO Cosmetics is (for / to / quarter / record / proud / the / announce / second / earnings).
    (   )

[解答]
1. S 2. S 3. A 4. S 5. A 6. F (→garment) 7. F (→lake) 8. T 9. T 10. T 11. c
12. d 13. a 14. e 15. b 16. instruments 17. attire 18. portfolio 19. debris
20. redeem 21. and place mats are stored in the cupboard 22. find attached a voucher
for 10% off (10% off voucher for) a future purchase 23. home appliances feature a
wireless connection to the Internet 24. you adhere to company policies when ordering
office supplies 25. proud to announce record earnings for the second quarter

このセクションでは、TOEICで聴解・読解のカギを握る多義語を紹介します。Section1〜21で既に紹介した単熟語を中心に多義語として特に重要なものをランダムに取り上げました。頻出フレーズ・例文と共に全ての意味を覚えましょう。

※円グラフは、YBMが販売しているTOEIC定期試験既出問題集シリーズに収録されている7000問の問題データを元に、TOEIC指導塾X-GATEが作成。

due

[dju:]

形 ① (be due to Vのかたちで)〜する予定で　② (支払いの)期限が来て、義務を負って　③ ((be) due toのかたちで)〜が原因〔理由〕で、〜のおかげで　④ ((be) due toのかたちで)〜に当然与えられるべきで　名C (duesのかたちで)会費

☑ Your package has shipped and is **due** to arrive on December 10.

(あなたの荷物は発送され、12月10日に到着予定です)

➢ in **due** course　(やがて、そのうち)

➢ payment **due**　(支払い期限)

☑ Balance **due** upon completion: $200

(終了時に支払うべき差額：200ドル)

☑ Your yearly membership fees are **due** next month.

(あなたの年会費の支払い期限は来月です)

➢ **due** to the delay　(遅れが原因で)

☑ **Due** to the inclement weather, the airplane didn't take off.

(悪天候が原因で、飛行機は離陸しませんでした)

☑ This success is largely **due** to Geeta Kavi, who led the campaign.

(この成功は主に、キャンペーンを主導したギータ・カヴィの功績によるものです)

☑ Special thanks are **due** to Mr. Ito for his dedication to this project.

(本プロジェクトへの貢献に対し、特に伊藤氏に感謝致します)

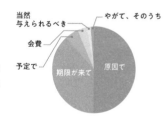

> membership **dues** （会費）

☑️ The **dues** are $20. （会費は20ドルです）

feature

[fíːtʃər]

動他 ① 〜を特徴とする ② 〜を特集する、取り上げる ③ 〜を呼び物にする、目玉とする 名C ① 特徴 ② 機能 ③ 特集

☑️ Our home appliances **feature** a wireless connection to the Internet.

（当社の家電製品は、インターネットにワイヤレス接続できるのが特徴です）

> **feature** a legendary guitarist in a magazine

（伝説的なギタリストを雑誌で特集する）

☑️ This exhibit **features** contemporary artwork from local artists.

（この展示会では、地元の芸術家による現代絵画を取り上げています）

> **feature** story （特集記事）

☑️ The most outstanding **feature** of this camera is its automatic battery charging.

（このカメラの最も顕著な特徴は、バッテリーの自動充電です）

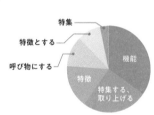

特集 / 特徴とする / 呼び物にする / 機能 / 特徴 / 特集する、取り上げる

contribute

[kəntríbjuːt]

❗️アクセント

動自 ① 貢献する ② 原因となる 自他 ③ (〜を)寄付する ④ (〜を)寄稿する

💬 自動詞として使う場合は後ろに前置詞の to を伴う。

★ con (共に) + tribute (貢ぐ、貢物) → 貢献する

> **contribute** to the project （プロジェクトに貢献する）

☑️ We know how much you have **contributed** to our achievements.

（私たちはあなたがどれほど当社の業績に貢献してきたかを知っています）

☑️ This decision might **contribute** to unfavorable market conditions.

（この判断は、好ましくない市況につ

寄稿する / 原因となる / 貢献する / 寄付する

22

多義語

ながる可能性があります)

> **contribute** an article
（記事を寄稿する）

☑ I **contributed** articles to some magazines this month.
（今月いくつかの雑誌に記事を寄稿しました）

application

[ǽplɪkéɪʃən]

名 **C U** ① 応募、申込書　② 応用、用途　**C** ③ アプリケーション
ソフト**（短縮形は app）**

★ a(p)（〜の方に）＋ply（満たす、重ねる）＋cation →〜の方に
身を重ねること→適用、応用、応募

> **application** form　（応募用紙）

> job **application**　（求人応募）

☑ All **applications** are due by February 20.
（全ての応募期限は2月20日です）

☑ We have developed a new **app** that monitors your health
information and daily activity.
（あなたの健康情報と毎日の活動を監
視する新しいアプリを開発しました）

☑ AI technology has many
applications.
（AI技術はさまざまな応用が可能で
す／AI技術にはさまざまな用途があ
ります）

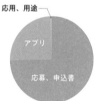

exclusive

[ɪksklúːsɪv]

形 ① 独占的な　② 唯一の　③ **(会員)**限定の　④ 高級な

★ ex（〜の外に）＋clude（閉じる）＋sive →閉じて除外する

> **exclusive** use of the venue　（会場の独占使用）

☑ We're pleased to present an **exclusive** interview with
Hattie Park, the founder of Park Technology Solutions.
（パーク・テクノロジー・ソリューションズの創業者であるハッティー・
パーク氏との独占インタビューをお届けでき
ることを嬉しく思います）

> **exclusive** means　（唯一の手段）

> **exclusive** service
（(会員)限定のサービス）

☑ We decided to offer an **exclusive**

sale for members.
(会員限定のセールを実施することにしました)

> **exclusive** restaurant　(高級レストラン)

available
[əvéɪləbl]

形 ① 利用可能な ② 入手可能な ③ (予定などが)空いている

★ a (〜の方に) + vail (力、価値) + able →〜の方に力を発揮できる状態で

☑ You still have spaces **available** for rent, don't you?
(まだ利用可能なレンタルスペースありますよね?)

☑ Details about the competition are **available** on our Web site.
(コンテストの詳細は、当社のウェブサイトでご覧いただけます)

☑ Please let me know when you're **available**.
(ご都合の良い日を教えてください)

issue
[íʃuː]

名C ① 問題 ② 発行 ③ (雑誌などの)号　動他 ① 〜を発行する ② (声明など)を出す ③ 〜を配布する

💬 名詞は potential/common/environmental/urgent で修飾されたら①の意味、月名 /first/upcoming/next/previous/past/future/latest などで修飾されたら③の意味であることが多い。

☑ The main **issue** has been annoying construction noise.
(一番の問題は迷惑な建設騒音です)

> back **issue**　(既刊号)

☑ The correction will appear in the magazine's next **issue**.
(訂正は本誌の次号に掲載されます)

> **issue** a newsletter　(会報を発行する)

> **issue** a warning　(警告を発する)

> **issue** a statement
(声明を出す)

☑ We **issued** an invitation to the dinner party today.
(本日夕食パーティーへの招待状をお送りしました)

> **issue** a refund　(返金する)

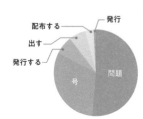

☑ Protective clothing will be **issued** tomorrow.
（防護服は明日配布されます）

order
[ɔ́:rdər]

動自他 ① （〜を）注文する 他 ② （人）に命令する 名C ① (in order to Vのかたちで)〜するために ② 注文 ③ 注文品 ④ 命令 CU ⑤ 順番 U ⑥ 正常な状態

☑ Why don't we **order** the roasted chicken pasta for the welcome dinner?
（歓迎ディナーにローストチキンのパスタを注文しませんか）

☑ Attach your receipts to the expense report in **order** to be reimbursed.
（払い戻しを受けるために、経費報告書に領収書を添付してください）

> place an **order** （注文する）
> put in an **order** （注文する）
> bulk **order** （大口発注、大量注文）
> mail **order** （通信販売）
> **order** confirmation （注文確認）

☑ I'll let you know as soon as your **order** has arrived.
（あなたの注文品が届き次第お知らせいたします）

> in alphabetical **order**
（アルファベット順に）

> in chronological **order**
（年代順に）

> in working **order**
（正常に稼働して）

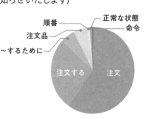

present
[名形 prézənt,
動 prızént]

名C 贈り物 形 ① 出席して、居合わせて ② 現在の 動他 ① 〜を提示する ② 〜を与える、プレゼントする

★ pre（前に）＋ sent（ある）→人の前にある（出す）

☑ We hope all staff will be **present** at the plenary meeting.
（全体会議に全スタッフが出席することを望んでいます）

☑ Someone must be **present** at the office to receive the delivery.
（配達を受け取るには、誰かがオ

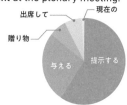

318

フィスにいる必要があります)

> our **present** members
（私たちの現在のメンバー）

☑ You will receive a code to **present** at the store for a discount.
（店舗で提示すると割引が受けられるコードをあなたは受け取ります）

> **present** him with an award　（彼に賞を贈る）

term
[tə:rm]

名 C U ① 期間、任期 ② 観点 ③ 関係 ④ 条件 ⑤ 用語

💬 ②③④の意味で使う場合は通例terms。

> spring **term**　（春学期）

☑ This announcement is good news for our town in **terms** of employment.
（この発表は雇用の観点で私たちの町にとって朗報です）

> (be) on good **terms** with ～　（～と良好な関係で(ある)）

> (be) on speaking **terms** with ～　（～と話す間柄で(ある)）

> negotiate the **terms** of a contract
（契約条件を交渉する）

☑ Visit our Web site for more information, including **terms** and conditions.
（利用規約を含む詳細については、当社のウェブサイトをご覧ください）

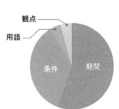

> medical **terms**　（医療用語）

leave
[li:v]

名 U 休暇 動 自 他 ① (～を)去る、辞める 他 ② ～をそのままにしておく ③ (メッセージなど)を残す、置く ④ ～を任せる、委ねる

> sick **leave**　（病欠）

> (be) on medical **leave**　（傷病休暇中で(ある)）

> sabbatical **leave**　（サバティカル休暇）

> **leave** a message with the answering service
（留守番電話にメッセージを残す）

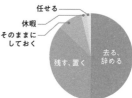

☑ I'll **leave** it up to you.
（あなたにお任せします）

☑ 例文　> コロケーション　★ 語源　💬 補足説明　**319**

screen

[skríːn]

名 ⓒ (テレビやパソコンの)画面、(映画館などの)スクリーン

動 他 ① (荷物など)を検査する ② (候補者など)を選考する
③ (映画など)を上映する ④ ～を隠す

☑ The audience is facing a **screen**.
(聴衆はスクリーンの方を向いています)

☑ Carry-on baggage is **screened** by airport staff at the
security check.
(機内持ち込みの荷物は、手荷物検査場で空港スタッフによって検査
されます)

☑ Applicants are **screened** for the final interview.
(応募者は最終面談に向けて選考されます)

☑ More than 1,500 films have been **screened** at the theater.
(1500本を超える映画がその劇
場で上映されてきました)

☑ A line of trees partially
screens a house from the
street.
(並木が家を通りから部分的に
遮っています)

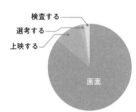

account

[əkáunt]

名 ⓒ ① 口座 ② 取引(情報) ③ 顧客 ④ 説明 ⑤ (コンピュー
ターの)アカウント ⑥ 考慮 動 自 (account for のかたちで)
① (割合)を占める ② ～の説明となる

★ a(c)(～を) + count(考える、数える)→お金を数える→勘定
→口座、報告、説明、(取引口座を持つ)顧客、アカウント

💬 アカウントはもともとお金を数えること。勘定のために必要
なのが口座。口座を持っているのは顧客であり取引先。お金
を数えるのは口座を持つ顧客にお金の出し入れを報告・説
明するため。

➢ open an **account** (口座を開設する)

➢ the Jones **account** (ジョーンズ氏との取引)

☑ Pondress Corporation is one of the largest **accounts**
we've handled.
(ポンドレス・コーポレーションは、私たちが受け持ってきた中で最も
大きな顧客の1つです)

➢ by all **accounts** (皆に聞いた話〔説明〕によると)

☑ My **account** seems to have been locked since this morning.

（今朝から私のアカウントがロックされているようです）

☑ We need to take our customer needs into **account**.

（私たちは顧客のニーズを考慮に入れる必要があります）

☑ The younger generation **accounts** for nearly 50%.

（若い世代が50%近くを占めています）

☑ How do you **account** for the sales increase this quarter?

（あなたは今期の売上増をどのように説明しますか）

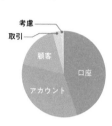

---

sound
[saund]

形 ① 十分な ② しっかりとした ③ 妥当な、正しい
名 C U 音 動 自 〜のように聞こえる

＞ **sound** sleep （十分な睡眠）

☑ The building inspector assured us that the facility is structurally **sound**.

（建物検査官は施設が構造的に健全であることを保証しました）

＞ **sound** business plan （しっかりした事業計画）

＞ **sound** judgment （妥当な判断）

☑ That **sounds** nice. （それはよさそうですね）

☑ How does a 15% discount **sound**?

（15%の値引きでいかがでしょうか）

☑ It **sounds** like there might be something wrong with the projector.

（プロジェクターに何か不具合があるように聞こえます）

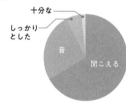

---

otherwise
[ʌ́ðərwàız]

副 ① もしそうしなければ、そうでなければ ② それ以外の点では ③ それ以外のやり方〔方法〕で

★ other（別の）＋wise（やり方、方法で）

☑ Should you have any questions, please let me know. **Otherwise**, I will see you on Monday!

（不明な点があればお知らせください。もしなければ、また月曜日に

22

多義語

お会いしましょう!)

☑ There're still some figures to be updated. **Otherwise,** the report is ready.

(まだいくつか数値の更新が必要です。それを除けば、報告書はできあがっています)

☑ Classes are held at the auditorium unless **otherwise** noted.

(特に断りのない限り、授業は講堂で行われます)

☑ This estimate is valid for three weeks unless **otherwise** specified.

(この見積もりは、特に指定がない限り3週間有効です)

setting

[séṭɪŋ]

名C ① (機械などの)設定 ② (物語などの)設定、背景 ③ 環境 ④ 舞台装置 ⑤ 設置(方法) ⑥ 一式

➢ standard manufacturer **settings** (工場出荷時の標準設定)

☑ Remember, the purpose of this suspension is to check the machine **settings**.

(この一時停止の目的は、機械の設定確認であることを忘れないでおいてください)

☑ It is sometimes important to talk with clients in a relaxed social **setting**.

(時にはリラックスした社交の場で顧客と話すことも大事です)

☑ Dr. Lin focuses on her studies of woodland plants and **settings**.

(リン博士は森林植物とその環境に関する研究に注力しています)

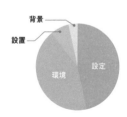

➢ place **setting**

(テーブルへの食器類の設置〔配置〕)

acknowledge

[əknά(:)lɪdʒ]

動他 ① ～を認める、受け入れる ② ～を認識する ③ ～を感謝する ④ ～を知らせる

★ ac(～の方へ)＋knowledge(知識)→知識の方へ→認知の方へ

> **acknowledge** *one's* mistake （誤りを認める）

✍️ Your contribution to the project was very favorably **acknowledged**.
（あなたのプロジェクトへの貢献は非常に好意的に受け止められました）

✍️ We **acknowledge** that your workstyle will be affected by these changes.
（これらの変更により、皆さんのワークスタイルが影響を受けることを私たちは認識しています）

✍️ Ms. Luo **acknowledged** the support from individual sponsors.
（ルオさんは個人のスポンサーからの支援に感謝しました）

✍️ This is to **acknowledge** receipt of your letter dated February 17.
（これは2月17日付の手紙を受領したことを知らせるものです）

---

board

[bɔːrd]

名 C ① 板　② 取締役会、役員会　U ③ 食事　動 自 他 (飛行機や船などに)乗る

★ board（板）→テーブルに並んで座る人→取締役

★ board（板）→テーブルに並べられるもの→食事

★ board（板）→甲板の上に乗る→搭乗する

> job **board** （求人掲示板）

✍️ The bulletin **board** by the window was moved next to the door.
（窓際の掲示板はドアの隣に移動しました）

> review **board** （審査委員会）

> **board** of directors （取締役会、役員会）

✍️ The **board** of directors unanimously approved the merger plan.
（取締役会は全会一致でその合併計画を承認しました）

> pay for room and **board**
（部屋代と食事代を支払う）

> **board** an airplane （飛行機に乗る）

22

多義語

---

unit
[júːnɪt]

名C ① (装置の)一式 ② (住居の)一戸、(部屋の)一室 ③ 単位
④ (組織における単一の)集団、グループ

> air-conditioning unit （空調設備）

☑ This **unit** has a spacious walk-in closet.
（この家には広々としたウォークインクローゼットがあります）

☑ **Units** are available in small, medium, and large sizes to fit your storage needs.
（お客様の収納ニーズに合わせて、小、中、大の部屋サイズをご用意しております）

☑ **Unit** price: \$30 （単価:30ドル）

☑ Ms. Paxton works in the production **unit**.
（パクストンさんは生産部門で働いている）

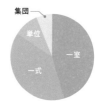

accessible
[əksésəbl]

形 ① アクセス可能な ② 利用可能な ③ 入手可能な ④ 会いやすい、話しやすい ⑤ 理解しやすい

★ a(c)（～の方へ）+cess（行く）+ible→～の方へ行きやすい

☑ The shopping mall is easily **accessible** by public transportation.
（ショッピングモールへは公共交通機関で簡単に行けます）

☑ You should know that the front entrance is not **accessible** today.
（本日正面玄関は利用できないことを知っておいてください）

☑ The video editing software is readily **accessible** from our Web site.
（ビデオ編集ソフトは当社のウェブサイトから簡単に入手いただけます）

☑ Our president is very **accessible**.
（当社の社長はとても身近な存在です）

☑ You can check the findings in an **accessible** format.
（調査結果はわかりやすい構成でご確認いただけます）

cover
[kʌ́vər]

動他 ① ～を覆う、隠す ② ～を取り上げる、扱う、取材する ③ ～を対象にする、含める、まかなう、負担する ④ (一時的に人の仕事など)を引き受ける、代行する 名C ① 覆い ② 表紙

★ co (完全に) + over (覆う)

☑ Clothing that **covers** your legs is necessary to walk through this bush.
(この茂みの中を歩くには、足を覆う服装が必要です)

➢ the topic to **cover** (取り上げるテーマ)

☑ The two-day seminar **covers** everything we'd like to know.
(その2日間のセミナーは、私たちが知りたいことを全て網羅しています)

☑ While Mr. Choi is on vacation, Mr. Laurens will **cover** his work.
(チョイ氏の休暇中はローレンス氏がその仕事を代行します)

➢ **cover** design
(表紙のデザイン)

➢ **cover** price
(表紙に記載されている価格)

➢ **cover** letter (添え状)

➢ read a book from **cover** to **cover**
(本を最初から最後まで読む)

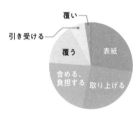

覆い / 引き受ける / 覆う / 表紙 / 含める、負担する / 取り上げる

move
[muːv]

名C ① 動き ② 引っ越し、移転 ③ 異動、転職 ④ 決断
動自他 ① 動く、～を動かす ② 引っ越す、～を移す ③ 異動する、～を異動させる 他 ④ ～を感動させる

☑ This **move** comes as a surprise, given the current market condition.
(現在の市場の状況を考えると、この動きは驚きです)

☑ Do you happen to know why the office **move** was postponed?
(オフィスの移転が延期された理由をご存知ないですか)

➢ report on an employee's career **move**
(従業員の転職に関する報告書)

☑ We believe this merger was a good **move** for both companies.

22

多義語

（この合併は両社にとって良い決断だったと思います）

☑ We will **move** into a new office building in September.

（当社は9月に新しいオフィスビルに移転する予定です）

➤ **move** a company's headquarters

（本社を移転する）

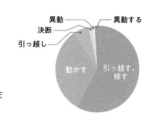

☑ I was deeply **moved** by her performance.

（私は彼女の演技に深く感動しました）

---

case

[keɪs]

图 C ① 例、事例 ② 状況、場合、事実 ③ 理由、論拠 ④ 入れ物、容器 ⑤ 訴訟

☑ In most **cases**, our return call is made within 10 minutes of your call.

（ほとんどの場合、お電話いただいてから 10 分以内に折り返しの電話を差し上げます）

☑ If this is the **case**, please do not hesitate to contact us at 555-4833.

（このような場合には〔もしこれが事実なら〕、お気軽に555-4833までご連絡ください）

➤ make a **case** for the plan

（計画に対して論拠を示す〔賛成する〕）

☑ Thank you for your purchase of 30 **cases** of bottled water from us.

（ボトル入りの水を30ケースご購入いただきありがとうございます）

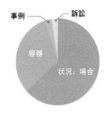

➤ record of a **case** （訴訟の記録）

---

opening

[óʊpənɪŋ]

图 C ① 開店、初日 ② 求人、仕事の空き ③ 日程の空き ④ 冒頭 形 初めの、開会の

➤ much-awaited grand **opening** （待望の新規開店）

➤ job **opening** （仕事の空き、求人）

☑ We recently posted the **openings** online to fill these positions.

（私たちは最近、これらのポジションを埋めるための求人をオンライン

に掲載しました)

☑️ We have an **opening** on
January 14.
(1月14日に日程の空きがあります)

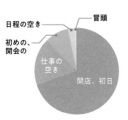

日程の空き　　冒頭
初めの、開会の
仕事の空き
開店、初日

＞ at the **opening** of a meeting
(会議の冒頭で)

＞ **opening** remarks　(開会の挨拶)

spare
[spéər]

動他 ① (時間など)を割いて与える ② (お金など)を取っておく、節約する ③ (手間など)を省く 形 ① 予備の ② 余っている
名C 予備のもの

☑️ Could you possibly **spare** me a few minutes?
(少しお時間を割いていただけないでしょうか)

☑️ We **spared** no expense in making durable yet lightweight
digital cameras.
(丈夫で軽量なデジタルカメラを作るために、私たちは費用を惜しみませんでした)

☑️ It **spared** me the trouble of calling a
hotline.
(ホットラインに電話する手間が省けました)

取っておく
省く　予備の
余っている

☑️ Ms. Lai devotes her **spare** time to
local volunteer activities.
(ライさんは余暇を地元のボランティア活動
に費やしています)

word
[wə́ːrd]

名C ① 単語、言葉 U ② 連絡 ③ 約束 ④ 噂、情報

＞ have a **word** with him　(彼と少し話す、彼と言葉を交わす)

＞ in other **words**　(別の言葉で言うと、つまり)

☑️ I just got **word** from headquarters that inspectors will
visit here next week.
(本社から連絡があって、来週検査官が
ここを訪れるそうです)

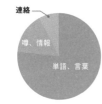

連絡
噂、情報
単語、言葉

＞ by **word** of mouth　(口コミで)

☑️ **Word** has it that Ms. Lim will step
down from CEO next month.
(噂では、リム氏は来月CEOを辞任する

つもりのようです)

call
[kɔːl]

名 C ① 電話 ② 訪問 ③ 要求 ④ 決断 動 自 他 ① (〜に)電話する 自 ② 訪問する ③ 要求する 他 ④ 〜を呼ぶ ⑤ (会議など)を催す

> **call** on him　(彼を訪問する)

☑ Mr. Ortega is out to make a
　call on a client at the
　moment.
　(オルテガ氏は現在、顧客を訪問す
　るために外出しています)

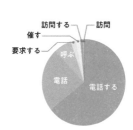

> tough **call** to make
　(辛い決断)

> **call** for technical support
　(技術サポートを求める)

work
[wəːrk]

動 自 他 ① 働く、〜を働かせる ② (機械などが)稼働する 自 ③ うまくいく、役立つ、効果がある ④ (日時などの)都合がつく 名 U ① 仕事 C ② 作品

☑ Now that the program **works** correctly, we can resume
　our work.
　(プログラムが正常に稼働するようになったので、私たちは仕事を再
　開できます)

☑ Sunscreen **works** to protect your skin from direct
　sunlight.
　(日焼け止めには肌を直射日光
　から守る効果があります)

☑ Please let me know if this
　date **works** for you.
　(この日にちで都合がつくかお
　知らせください)

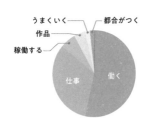

> purchase **works** of art
　(芸術作品を購入する)

run

[rʌn]

動自 ① 走る ② 続く ③ (run out ofのかたちで)〜を使い果たす ④ (run intoのかたちで)〜に直面する ⑤ (run forのかたちで)〜に立候補する **動他** ⑥ (〜を)運行する ⑦ (〜を)稼働する ⑧ (〜を)掲載する **他** ⑨ 〜を経営する、運営する

☑ This seminar **runs** for four hours.

（このセミナーは4時間続きます）

➢ **run** out of toner （トナーを使い果たす）

➢ **run** into a problem （問題に直面する）

☑ She plans to **run** for mayor next year.

（彼女は来年市長に立候補しようとしています）

☑ Due to the storm, all transportation will **run** on reduced frequency.

（嵐のために、全ての交通機関は本数を減らして運行します）

➢ (be) up and **running**

（稼働して、作動して）

➢ **run** an ad in a newspaper

（新聞に広告を掲載する）

➢ **run** a grocery store

（食料雑貨店を経営する）

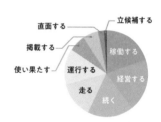

check in

① (ホテルのフロントで)宿泊手続きをする、(空港のカウンターで)搭乗手続きをする、(建物の窓口で)入館手続きをする ② (荷物)を預ける ③ (with 〜) (〜に)連絡する

➢ **check in** at a hotel （ホテルで宿泊手続きをする）

☑ You need to **check in** at the security desk first when arriving at our office.

（弊社にお越しの際は、まず警備デスクで入館手続きが必要です）

☑ **Check in** your bags at the service desk on the second floor. （2階のサービスデスクで荷物をお預けください）

☑ Let me **check in** again around 4:00 P.M.

（午後4時頃にまた連絡させてください）

☑ I wanted to **check in** with you about the updates.

22

多義語

（最新情報についてあなたに連絡したいと思っておりました）

check out　① (ホテルなどで) チェックアウトする、(レジで) 精算する　② 〜をよく確認する　③ (図書館で) (本) を借りる

> check out at noon　（正午にチェックアウトする）

> check out at the register　（レジで精算する）

☑ There's a long line of customers waiting to **check out**.
（会計を待つお客様の長い列ができています）

☑ I made a phone call to **check out** my order.
（自分の注文を確認するために電話をかけました）

☑ You can **check out** five books at a time at our library.
（当図書館では一度に5冊本を借りることができます）

借りる
精算する
確認する
チェックアウトする

make it　① うまくやる、成功する　② 間に合う、到着する　③ 都合をつける、出席する

☑ Our team is going to **make it** to the playoffs.
（私たちのチームはプレーオフに進出するつもりです）

☑ I won't be able to **make it** there by 6:00.
（私は6時までにそこに着くことができません）

☑ I'm sorry I didn't **make it** to the conference yesterday.
（昨日は会議に出席できず申し訳ありません）

うまくやる
間に合う、到着する
出席する

be supposed to　① 〜する予定になっている　② 〜すべきである　③ 〜 (が本当) だと言われている

☑ The meeting **was supposed to** take place on Monday.
（会議は月曜日に行われる予定でした）

☑ Then, we**'re supposed to** leave the hotel by noon.
（そうであれば、私たちは正午までにホテルを出るべきです）

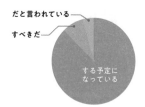

だと言われている

すべきだ

する予定に
なっている

📝 *Blue Train* **is supposed to**
be the best action movie
this year.
(『ブルー・トレイン』は今年一番
のアクション映画だと言われてい
ます)

22

多義語

[1] それぞれ2つの語句が同義語ならS(Synonym)、反意語ならA(Antonym)で答えなさい。

1. issue   give out   (   )
2. sound   poor   (   )
3. move   relocate   (   )
4. accessible   available   (   )
5. make it   miss   (   )

[2] それぞれの語句の説明が正しければT(True)、間違っていればF(False)で答えなさい。

6. **contribute**   to write articles for a publication   (   )
7. **application**   a piece of software that performs a set of tasks

     (   )
8. **acknowledge**   to express gratitude or obligation for   (   )
9. **board**   the meals provided when you pay to stay somewhere

     (   )
10. **spare**   to set aside for a particular purpose   (   )

[3] 以下の文の空所に当てはまる語句を語群の中から選んで答えなさい。

11. This exhibit (   ) contemporary artwork from local artists.
12. A line of trees partially (   ) a house from the street.
13. The younger generation (   ) for nearly 50%.
14. Please let me know if this date (   ) for you.
15. This seminar (   ) for four hours.

a. screens	b. runs	c. works
d. accounts	e. features	

[4] 指定された文字で始まる最も適切な単語で各文の空所を埋めなさい。

16. We decided to offer an (**e**   ) sale for members.
    会員限定のセールを実施することにしました。

17. I wanted to (**c**   ) in with you about the updates.
    最新情報についてあなたに連絡したいと思っておりました。

18. While Mr. Choi is on vacation, Mr. Laurens will (**c**   ) his work.
    チョイ氏の休暇中はローレンス氏がその仕事を代行します。

19. We believe this merger was a good (**m**   ) for both companies.
    この合併は両社にとって良い決断だったと思います。

20. Special thanks are (**d**   ) to Mr. Ito for his dedication to this project.
    本プロジェクトへの貢献に対し、特に伊藤氏に感謝致します。

[5] 括弧内の単語を並べ替えて、各文を完成させなさい。

21. You will (**discount / code / to / a / at / receive / the / store / a / present / for**).
    (   )

22. This estimate is (**three / specified / for / otherwise / valid / unless / weeks**).
    (   )

23. Mr. Ortega (**out / call / moment / a / is / make / at / on / a / to / the / client**).
    (   )

24. (**has / down / that / Ms. Lim / word / CEO / step / it / will / from**) next month.
    (   )

25. You can (**out / library / at / check / at / books / a / our / five / time**).
    (   )

[解答]

1. S 2. A 3. S 4. S 5. A 6. T 7. T 8. T 9. T 10. T 11. e 12. a 13. d 14. c
15. b 16. exclusive 17. check 18. cover 19. move 20. due
21. receive a code to present at the store for a discount 22. valid for three weeks unless
otherwise specified 23. is out to make a call on a client at the moment 24. Word has it
that Ms. Lim will step down from CEO 25. check out five books at a time at our library

Chapter 2

言い換え表現・同義語

この章では、TOEICで役立つさまざまな言い換え表現を学びます。上位語と下位語の関係や、語句の言い換えパターン、同義語などを覚えておくと、問題文と選択肢の間で言い換えられている部分を見抜くことができるようになります。

言い換え表現

TOEICでは、"表現の言い換え"を見抜く力がスコアアップに直結します。このセクションでは、数ある言い換え表現の中から特に押さえておいてほしいものを取り上げます。

☑ 上位語・下位語

物の名称には、上位語（グループの抽象的な名称）と下位語（グループに含まれる具体的な物の名称）の概念が存在します。例えば、次のイラストを見てください。これらは「椅子」、「机」、「本棚」ですが、全て「家具」と呼ぶこともできます。

この場合、「家具」が上位語、「椅子」、「机」、「本棚」が下位語ということになります。TOEICでもPart 1（写真描写問題）、Part 3（会話問題）、Part 4（説明文問題）、Part 7（長文読解問題）を中心に、この「上位語」「下位語」の概念が登場するので、代表的なものをしっかりと押さえておきましょう。

乗り物

vehicles（車両）

| car | truck | bus | train |
| sedan | van | taxi | ... |

public transportation
（公共交通機関）

機器・道具

musical instruments （楽器）

| piano | guitar | drums | ... |

appliances （電化製品）

| washing machine | television | microwave | toaster |
| vacuum cleaner | ... | refrigerator | ... |

kitchen appliances
（台所用電化製品）

utensils （道具、用品）

| knife | cutting board | pen | pencil |
| pan | ... | marker | ... |

cooking utensils （調理器具）　　writing utensils （筆記用具）

equipment (機器)

office equipment (事務用品)
projector　printer

photocopier　...

audio equipment (音響機器)
microphone　speaker

amplifier　...

kitchen equipment (台所用品)
kettle　grater

stove　...

fitness equipment (運動器具)
stationary bike　treadmill

rowing machine　...

protective equipment (防護用具)
gloves　goggles

hard hat　...

lab equipment (実験器具)
test tube　flask

microscope　...

supplies (備品、用品)

office supplies (オフィス用品)
envelope　stapler

toner　...

cleaning supplies (清掃用具)
broom　rake

vacuum cleaner　...

garden supplies (園芸用品)
shovel　hose　...

lab supplies (実験用具)
microscope　beaker　...

tableware（食卓用食器類）

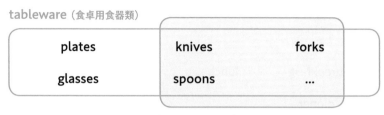

silverware/cutlery（食事用の道具、用品）

家具

furniture（家具）

chair　　　stool　　　table　　　lamp　　　bed

cupboard　　　bookshelf　　　rack　　　...

衣類

headwear（帽子類）

hat　　　　　cap　　　　　helmet　　　...

eyewear（眼鏡類）

glasses　　　sunglasses　　　goggles　　　...

footwear（履物類）

shoes　　　　boots　　　　sandals　　　...

meals（食事、料理）

breakfast	lunch	pasta	pizza
dinner	...	soup	...

dishes（料理）

baked goods（焼いてある食べ物）

bread	cake	pie
cookie	brownie	...

beverages（飲料）

juice	coffee	tea	...

ingredients（食材）

egg	meat	vegetables	corn
dairy products	...	fruits	...

produce（農作物）

periodicals（定期刊行物）

magazine	newspaper	journal	...

340

店舗・施設

facilities（施設、設備）

gym　　　　stadium pool　　　　…	factory　　　job shop assembly line　　…
sports facilities（スポーツ施設）	production facilities（製造施設）
tank　　　wine cellar warehouse　　…	hospital　　　clinic nursing home　　…
storage facilities（保管施設）	medical facilities（医療施設）

establishments（会社、施設、店舗）

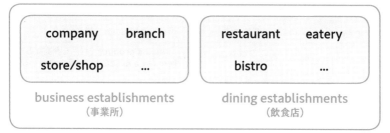

company　　　branch store/shop　　　…	restaurant　　eatery bistro　　　…
business establishments （事業所）	dining establishments （飲食店）

accommodations（宿泊施設）

hotel	inn	lodge
cabin	cottage	…

☑ パラフレーズ（語句の言い換え）

TOEICでは会話や文書の本文に登場する語句が、正解の選択肢で別の語句に言い換えられることがあります。そのような語句の言い換えのことをparaphrase（パラフレーズ）と言います。パラフレーズはPart 3（会話問題）、Part 4（説明文問題）、Part 6（長文穴埋め問題）、Part 7（長文読解問題）を中心に頻出するので、代表的なものをしっかりと押さえておきましょう。

サービス

janitorial **service**　清掃業務	➡ cleaning **service**　清掃業務
electricity　電気	➡ utility　（電気・ガス・水道などの）公共サービス
fix　直す	➡ make a repair　修理する
repair **work**　修理	➡ maintenance **work**　保守作業
shuttle service　シャトルサービス	➡ transportation　交通手段

商品・買い物

merchandise example　商品の例	➡ product sample　製品サンプル
introduce **a product**　製品を売り出す	➡ launch **a product**　製品を発売する release **a product**　製品を発売する
copy of a receipt　領収書のコピー	➡ proof of purchase　購入の証拠

お金・価格

complimentary **meal**　無料の食事	➡ free **meal**　無料の食事
(be) competitively priced　競争力のある価格で	➡ reasonable price　手頃な価格
price reduction　値下げ	➡ discount　値引き
discount **voucher**　割引券	➡ discount **coupon**　割引クーポン
costly **product**　コストのかかる製品、高級品	➡ expensive **product**　高価な製品
deposit　保証金、手付金	➡ advance payment　前払い金

receive a bonus　ボーナスを受け取る	➡	**receive** some extra money　追加のお金を受け取る
quote　見積価格	➡	price estimate　価格の見積もり financial information　金銭的な情報
get a grant　補助金を得る	➡	receive a fund　資金を受け取る
invoice　明細付き請求書	➡	itemized bill　請求明細書
sponsorship　金銭的支援	➡	monetary contribution　金銭的寄付
lucrative **business**　儲かるビジネス	➡	profitable **business**　利益の出るビジネス
earn revenue　収益を得る	➡	**earn** profits　利益を得る
cut costs　費用〔経費〕を削減する	➡	reduce expenses　経費を減らす
reimburse **$100**　100ドル払い戻す	➡	pay back **$100**　100ドル返金する
employee incentives　従業員向けの報奨金	➡	**employee** rewards　従業員向けの謝礼金

注文

buy　買う	➡	make a purchase　購入する
bulk **orders**　大口注文	➡	large **orders**　大量注文

配送・配布

dispatch **a package**　小包を発送する	➡	ship **a package**　小包を配送する
expedited shipping　速達、急送	➡	express delivery　速達、お急ぎ便
distribute **a flyer**　チラシを配布する	➡	hand out **a flyer**　チラシを配る

場所・地域

southern region　南地区	➡	particular area　特定の地域 certain area　ある地域
(be) just ten minutes from the station　駅からたった10分で	➡	**(be)** conveniently located　便利な場所に位置して
across the country　全国で、国中で	➡	nationally　全国的に
wilderness　荒野	➡	undeveloped area　未開発の地域

landmark　歴史的建造物	➡	historic building　歴史的な建物
gym　体育館、スポーツジム	➡	fitness center　フィットネスセンター
office　事務所	➡	business location　事業拠点
medical clinic　診療所	➡	doctor's office　医院、診療所
school　学校	➡	educational institution　教育機関
career center　職業指導センター	➡	employment center　雇用センター
bistro　ビストロ	➡	restaurant　レストラン
cooling equipment　冷房装置	➡	air-conditioning system　空調システム

会社・経営

air carrier　航空運送業者	➡	airline company　航空会社
found a company　会社を起こす、起業する	➡	start a firm　会社を始める、会社を設立する go into business　事業を始める
supervise a project　プロジェクトを監督する	➡	manage a project　プロジェクトを管理する
acquisition　買収	➡	business merger　経営統合、企業合併
start-up (company)　新興企業	➡	recently launched business　最近操業し始めた企業
own three stores　3店舗を経営する	➡	run multiple locations　数多くの店舗を経営する
job duty　職務	➡	job responsibility　職責

求人・人事

placement agency　職業紹介所	➡	employment agency　人材紹介会社 recruiting company　人材あっせん会社 staffing firm　人材派遣会社
job seeker　求職者	➡	prospective employee　採用候補者
job opening　就職口、求人	➡	vacancy　職の空き、欠員
letter of recommendation　推薦状	➡	reference (letter)　身元照会先、推薦状

portfolio　作品集	➡ work sample　作品のサンプル
change companies　働く会社を変える、転職する	➡ make a career move　経歴を変える、転職する

予約・調整

reserve **a table**　席を予約する	➡ book **a table**　席を予約する
put you on the schedule　あなたを予定表に記載する	➡ adjust a schedule　日程を調整する

連絡・通知

get in touch with **him**　彼と連絡をとる	➡ contact **him**　彼に連絡する reach **him**　彼に連絡する
two weeks' **notice**　2週間前までの連絡	➡ advance **notice**　事前連絡

人物・職業

dean (of faculty)　学部長	➡ faculty head　学部長
mayor　市長、町長	➡ local politician　地方の政治家 local government official　地方自治体の役人
financial controller　経理財務部長	➡ accounting manager　経理部長
reporter　記者	➡ journalist　報道記者
alumni　卒業生、同窓生	➡ graduates　卒業生
new employees　新入社員	➡ recently hired staff　最近雇用した職員
lecturer　講演者	➡ speaker　話者、演説者
ask a coworker　同僚に尋ねる	➡ consult a colleague　同僚に相談する
staff with little experience　ほとんど経験のない職員	➡ inexperienced workers　経験の浅い従業員
expand *one's* client base　顧客基盤を広げる	➡ attract new clients　新規顧客を引き付ける
become a chef　料理人になる	➡ enter the cooking profession　料理の専門職に就く
meet a friend　友人と会う	➡ **meet** an acquaintance　知人と会う

能力・評価

(be) critically acclaimed　批評家に称賛された　➡　receive rave reviews　絶賛される
get positive feedback　良い反応を得る

get a high profile　注目を集める　➡　receive publicity　注目を集める、評判になる

expertise　専門技術、専門知識　➡　special skills[knowledge]　特別な技能〔知識〕

interpersonal skill　対人能力　➡　communication ability　コミュニケーション能力

aptitude **for making a speech**　スピーチの才能　➡　ability **to make a speech**　スピーチを行う能力

experience as a manager　マネージャーとしての経験　➡　managerial experience　監督経験

方針・規則

guidelines　指針、ガイドライン　➡　list of instructions　指示の一覧

new regulation　新たな規則　➡　**new** rule　新たな規定

文書・書類

download a form　用紙をダウンロードする　➡　get a document　書類を入手する

submit a request　要望書を提出する　➡　turn in some paperwork　書類を提出する

書籍・出版

read a newsletter　会報〔社内報〕を読む　➡　**read a** bulletin　会報〔社内報〕を読む
read a publication　発行物を読む

comic book　漫画本　➡　graphic novel　漫画本

new book　新刊書　➡　recent publication　最近の出版物

情報・セキュリティー

profile 人物紹介、経歴 ➡️ background 経歴、生い立ち
biography 経歴、略歴
biographical information 経歴、略歴

visitor's badge 訪問者用のバッジ ➡️ identification card 身分証明書、ID カード

inquiry 問い合わせ ➡️ request for information 情報の要求

parking permit 駐車許可証 ➡️ parking pass 駐車許可証

捜索・検索

look up sales figures 売り上げの数字を調べる ➡️ locate some information 情報を見つける

through the Web site ウェブサイトで ➡️ over the Internet インターネットで
online オンラインで

調査・審査

fill out a questionnaire アンケート用紙を埋める ➡️ complete a survey 調査表に記入し終える
provide feedback 意見を返す

follow-up study 追跡調査 ➡️ additional research 追加調査

look over a budget 予算にざっと目を通す ➡️ review a budget 予算を見直す

検討・考慮

go over a report 報告書を見直す、報告について検討する ➡️ go through a report 報告書を初めから終わりまで読む
discuss a report 報告について話し合う

brainstorm 意見を出し合う ➡️ generate new ideas 新しいアイディアを生み出す

表示・提示

demonstrate 実演する ➡️ show how it works どのように動作する〔役立つ〕のか示す

347

make a presentation　プレゼンテーションする	➡	speak at a meeting　会合で話す

宣伝・広告

advertising campaign　広告キャンペーン	➡	promotional effort　宣伝活動
raise public awareness　大衆の認識を高める	➡	gain publicity　注目を集める increase visibility　認知度を高める
logo　意匠文字、ロゴ	➡	graphic design　グラフィックデザイン

イベント・行事

win a raffle　ラッフルくじに当選する	➡	win a lottery　宝くじに当たる win a drawing　くじ引きで当たりが出る
outreach (program)　社会奉仕活動	➡	volunteer activity　ボランティア活動
excursion　小旅行	➡	outing　遠足
trade fair　見本市	➡	exhibition　展示会
photo shoot　写真撮影会	➡	photo session　写真撮影会
ceremony　式典	➡	celebratory event　祝賀行事
concert　コンサート	➡	musical event　音楽イベント
soccer match　サッカーの試合	➡	sporting event　スポーツイベント
next month's party　来月のパーティー	➡	upcoming celebration　近々開催される宴会
live music performances　音楽の生演奏	➡	entertainment　余興、演芸

申込・参加

sign up for an event　イベントに申し込む	➡	apply for an event　イベントに応募する register for an event　イベントに登録する enroll in an event　イベントに登録する
attend a seminar　セミナーに出席する	➡	participate in a seminar　セミナーに参加する

348

期間・頻度・タイミング

every other week　一週おきに、隔週で	➡	every two weeks　二週間に一度
annual(ly)　毎年	➡	once a year　年に一度
biannual(ly)　毎年二回	➡	twice a year　年に二回
biennial(ly)　二年に一度	➡	every other year　一年おきに、隔年で every two years　二年に一度
for over a decade　10年超にわたって	➡	for more than ten years　10年超にわたって
expire at the end of March　3月末で期限が切れる	➡	(be) good until March 31　3月31まで有効で (be) valid through March　3月中は有効で

緩急・遅速

expedite an order　注文を迅速にする	➡	rush an order　注文を急ぐ

食事・料理

culinary class　料理教室	➡	cooking class　料理教室
locally grown vegetables　地元で栽培された野菜	➡	local produce　地元の農作物
café　カフェ	➡	restaurant　レストラン
refreshments　軽食	➡	snacks and drinks　軽食
banquet　晩餐会	➡	dinner party　夕食会

天気

storm　嵐	➡	inclement weather　悪天候

性質・状態

unique restaurant　唯一のレストラン	➡	only restaurant　唯一のレストラン
fragile item　壊れやすい商品	➡	breakable product　壊れやすい製品

viable **plan**　実行可能な計画	➡	feasible **plan**　実現可能な計画	

there aren't any 〜 left　〜は残っていません	➡

(be) sold out　売り切れで
(be) out of stock　在庫切れで
(be) unavailable　入手できない状態で

(be) discontinued　製造中止になって	➡	**(be)** no longer manufactured　もう製造されていない

(be) short on staff　人手不足で	➡	**(be)** understaffed　人手不足で

(be) popular　人気で	➡	attract a lot of attention　多くの注目を集める

last long　長持ちする	➡	(be) durable　耐久性のある

(be) left unoccupied　（建物などが）使用されていないままで	➡	**(be)** abandoned　放棄されて

old-fashioned　古風な、古くさい	➡	outdated　旧式の、時代遅れの

go into effect　効力を持つ、発効する	➡	become effective　有効になる

1

言い換え表現

Section 2 同義語

Part 7（長文読解問題）で出題される同義語問題は、指定された語句の意味を文脈から理解したうえで、選択肢から同義語を選ぶ力が求められます。同義語問題は動詞（句動詞を含む）の出題率が最も高く、以下、名詞、形容詞、副詞、前置詞と続きます。

このセクションでは、コロケーションや例文で言い換えの具体例を示しながら、同義語問題で狙われやすい語句を紹介します。

※グラフは、IIBC（一般財団法人 国際ビジネスコミュニケーション協会）およびYBMが販売している公式教材・問題集に収録されている同義語問題137問のデータを元に、TOEIC指導塾X-GATEが作成。

同義語問題の出題比率（傾向）

前置詞
副詞
形容詞
名詞
動詞

動詞

address 話しかける；演説する、対処する、向ける

同義語 speak to, deal with, direct

address an audience （聴衆に話しかける〔演説する〕）	⇄	speak to an audience
We need to address the problem first. （我々はまずその問題に対応すべきです）	⇄	We need to deal with the problem first.
Any inquiries should be addressed to Mr. Ying. （質問があればインさんにお願いします）	⇄	Any inquiries should be directed to Mr. Ying.

mark 示す；表す、祝う

同義語 indicate; represent, celebrate

This year marks the firm's 5th anniversary. （今年で当社は創立5周年です）	⇄	This year indicates the firm's 5th anniversary.

This will mark the completion of the bridge. （これは橋の完成を記念するものです）	⇄	This will celebrate the completion of the bridge.

raise 上げる、集める、得る

同義語 lift; elevate, increase, collect

The bridge can be raised for ships to pass under it. （船が航行する場合はその橋を跳ね上げることが可能です）	⇄	The bridge can be lifted for ships to pass under it. The bridge can be elevated for ships to pass under it.
He successfully raised his visibility. （彼は上手に自身の認知度を上げました）	⇄	He successfully increased his visibility.
Money raised from the event will be donated. （イベントで集めたお金は寄付されます）	⇄	Money collected from the event will be donated.

acknowledge 認める、受け入れる、認識する、感謝する、知らせる

同義語 admit, accept, recognize, appreciate, confirm

They acknowledged their mistake. （彼らは誤りを認めました）	⇄	They admitted their mistake.
He kindly acknowledged your gratitude. （彼はあなたの感謝の気持ちを快く受け入れました）	⇄	He kindly accepted your gratitude.
We acknowledge that there has been some misunderstanding. （一部で誤解があったことは認識しています）	⇄	We recognize that there has been some misunderstanding.
acknowledge the support from sponsors （スポンサーからの支援に感謝する）	⇄	appreciate the support from sponsors
This is to acknowledge receipt of your letter. （これはあなたの手紙を受領したことを知らせるものです）	⇄	This is to confirm receipt of your letter.

cover 覆う、報じる、含める、まかなう、引き受ける

同義語 protect, report, include, pay for, take over; substitute for

Clothing that covers your legs is necessary. (あなたの足を覆う服装が必要です)	⇄	Clothing that protects your legs is necessary.
choose the topic to cover (取り上げる〔報じる、含める〕テーマを選ぶ)	⇄	choose the topic to report choose the topic to include
raise fares to cover the rising costs of fuel　(燃料費の高騰をまかなうために運賃を上げる)	⇄	raise fares to pay for the rising costs of fuel
Mr. Laurens will cover his work. (ローレンス氏が彼の仕事を引き受けます)	⇄	Mr. Laurens will take over his work. Mr. Laurens will substitute for his work.

assume 推測する、前提とする、引き受ける

同義語 presume, presuppose, accept; take on

We assume that it will need extra attention. (それは特別な注意が必要だと思われます)	⇄	We presume that it will need extra attention.
Some prior experience is assumed. (ある程度の経験があることが前提です)	⇄	Some prior experience is presupposed.
assume responsibilities (責任を負う)	⇄	accept responsibilities take on responsibilities

meet 満たす、達成する、取り組む

同義語 fulfill; satisfy, achieve, deal with

meet customer needs (顧客の要望を満たす)	⇄	fulfill customer needs satisfy customer needs
collaborate to meet the sales target (売上目標を達成するために協力する)	⇄	collaborate to achieve the sales target
meet the challenges of corporate security (企業のセキュリティーの課題に取り組む)	⇄	deal with the challenges of corporate security

follow 後に続く、理解する、従う

同義語 happen after, understand, comply with

A photo shoot will follow his speech. （写真撮影会が彼の演説の後にあります）	⇄	A photo shoot will happen after his speech.
I didn't follow what she was saying. （彼女が話していた内容を理解できませんでした）	⇄	I didn't understand what she was saying.
follow the company policy （会社の方針に従う）	⇄	comply with the company policy

maintain 保つ；維持する、主張する

同義語 continue; keep, insist; claim

maintain our business relationship （私たちの取引関係を維持する）	⇄	continue our business relationship keep our business relationship
maintain that renovation is necessary （改修が必要であると主張する）	⇄	insist that renovation is necessary claim that renovation is necessary

secure 固定する；結び付ける、確保する、保護する

同義語 fix; fasten, obtain, guard; protect

Your bicycle will be secured to the bike rack. （お客様の自転車は自転車ラックに固定されます）	⇄	Your bicycle will be fixed to the bike rack.
secure funding for the project （そのプロジェクトの資金を確保する）	⇄	obtain funding for the project
Electronic gates work to secure the facility. （電子ゲートは施設の保護に役立ちます）	⇄	Electronic gates work to guard the facility.

claim 主張する、要求する

同義語 maintain; insist, request

claim that each product is durable （各製品の耐久性を主張する）	⇄	maintain that each product is durable insist that each product is durable

claim a discount on merchandise （商品の値引きを求める）	⇄	request a discount on merchandise

draw　引いて選ぶ、引き出す；導き出す、引き付ける

同義語 choose; pick, reach; come to, attract

Some cards will be drawn from the box. （箱からカードが何枚か選ばれます）	⇄	Some cards will be chosen from the box. Some cards will be picked from the box.
draw a conclusion from survey results　（調査結果から結論を出す）	⇄	reach a conclusion from survey results come to a conclusion from survey results
The event will draw huge crowds. （その行事は大勢の人を引き付けます）	⇄	The event will attract huge crowds.

retain　持ち続ける、覚えておく、（専門職の人材を）雇う

同義語 keep, remember, employ

retain the copy of a receipt （領収書のコピーを保持する）	⇄	keep the copy of a receipt
pay a competitive salary to retain good staff　（優秀な社員の雇用を維持するために競争力のある給与を払う）	⇄	pay a competitive salary to keep good staff
It is difficult to retain all the details. （全詳細を記憶しておくのは困難です）	⇄	It is difficult to remember all the details.
retain a consultant （コンサルタントを雇う）	⇄	employ a consultant

capture　引き付ける、記録する、読み込む、表現する

同義語 attract; draw, record, read, represent

capture public attention （世間の注目を集める）	⇄	attract public attention draw public attention
The seminar will be captured on a videotape. （そのセミナーはビデオに録画されます）	⇄	The seminar will be recorded on a videotape.

use the data captured by a scanner （スキャナーで読み込んだデータを使う）	⇄	use the data read by a scanner
The picture captures the mood of the town. （その絵は町の雰囲気を表現しています）	⇄	The picture represents the mood of the town.

file　保管する、提出する

同義語　keep; store, submit

All the records are filed alphabetically. （全ての記録はアルファベット順に保管されます）	⇄	All the records are kept alphabetically. All the records are stored alphabetically.
file a written request （要望書を提出する）	⇄	submit a written request

bear　耐える、負う、負担する

同義語　endure, hold; assume, incur; cover

bear the cold in the winter （冬の寒さに耐える）	⇄	endure the cold in the winter
bear responsibility for the project （プロジェクトの責任を負う）	⇄	hold responsibility for the project assume responsibility for the project
expenses borne by the company （会社負担の費用）	⇄	expenses incurred by the company expenses covered by the company

honor　称える、栄誉を授ける、守る；履行する

同義語　praise, present, fulfill; perform

honor residents who volunteered for the event （イベントにボランティアで参加した住民を称える）	⇄	praise residents who volunteered for the event
The team was honored with an award. （そのチームは表彰されました）	⇄	The team was presented with an award.
honor a contract （契約を履行する）	⇄	fulfill a contract perform a contract

screen　検査する、選考する、上映する、隠す

同義語 check, test, show, hide

Carry-on baggage is screened by airport staff. （機内持ち込みの荷物は空港スタッフによって検査されます）	⇄	Carry-on baggage is checked by airport staff.
Applicants are screened for the interview.（応募者は面談に向けて選考されます）	⇄	Applicants are tested for the interview.
A short movie will be screened from now.（短編映画がこれから上映されます）	⇄	A short movie will be shown from now.
Hedges partially screen a house from the street. （生け垣は家を通りから部分的に遮蔽します）	⇄	Hedges partially hide a house from the street.

carry　持ち運ぶ、輸送する、取り扱う

同義語 take, transport, handle; sell

A hotel clerk carried my suitcase to the room. （ホテルの従業員が私のスーツケースを部屋まで運んでくれました）	⇄	A hotel clerk took my suitcase to the room.
This shuttle can carry 30 people at a time. （このシャトルバスは一度に30人を輸送できます）	⇄	This shuttle can transport 30 people at a time.
carry a wide selection of merchandise（幅広い商品を取り扱う〔販売する〕）	⇄	handle a wide selection of merchandise sell a wide selection of merchandise

appreciate　理解する、感謝する、大事〔貴重〕だと思う、評価する、鑑賞する

同義語 understand, recognize, realize; acknowledge; value; praise, admire

We appreciate how much the repair costs. （私たちは修理にどのくらいのお金がかかるのかを理解しています）	⇄	We understand how much the repair costs. We recognize how much the repair costs. We realize how much the repair costs. We acknowledge how much the repair costs.

appreciate the support from sponsors (スポンサーからの支援に感謝する)	⇄	acknowledge the support from sponsors
We appreciate that they participated in the survey since it helps us to improve our service. （当社のサービスの改善に役立つので、彼らが調査に参加してくれたことは貴重なことだと思っています）	⇄	We value that they participated in the survey since it helps us to improve our service.
His expertise is highly appreciated by clients. （彼の専門知識は顧客から高く評価されています）	⇄	His expertise is highly praised by clients. His expertise is highly admired by clients.
appreciate fine works of art (美術品を鑑賞する)	⇄	admire fine works of art

undertake　引き受ける、着手する

同義語　accept; assume, initiate; launch

I'd like you to undertake the task. (あなたにその仕事を引き受けてもらいたいです)	⇄	I'd like you to accept the task. I'd like you to assume the task.
The project was undertaken to improve sales. （そのプロジェクトは売り上げを改善するために着手されました）	⇄	The project was initiated to improve sales. The project was launched to improve sales.

embrace　受け入れる、含む

同義語　accept, include

The board is willing to embrace new ideas. （取締役会は新しい考えを受け入れることに前向きです）	⇄	The board is willing to accept new ideas.
This course embraces an aspect of statistics. (このコースは統計学の側面を含みます)	⇄	This course includes an aspect of statistics.

save 守る、貯金する；取っておく、節約する、保存する、防ぐ

[同義語] protect, deposit; keep; set aside, reduce; cut down on, store; back up, prevent

set up a group to save wildlife (野生生物の保護団体を設立する)	⇄	set up a group to protect wildlife
save money in case of emergency (非常時のためにお金を貯めておく)	⇄	deposit money in case of emergency keep money in case of emergency set aside money in case of emergency
save heating and cooling costs (冷暖房費を節約する)	⇄	reduce heating and cooling costs cut down on heating and cooling costs
Make sure to save the data frequently. （データの保存はこまめに行うようにしてください）	⇄	Make sure to store the data frequently. Make sure to back up the data frequently.
save customers from taking a lot of time to choose (顧客が時間をかけて選ぶのを防ぐ)	⇄	prevent customers from taking a lot of time to choose

settle 解決する、決める、定住する、清算する、沈殿する

[同義語] resolve, decide, move to live, pay, sink

settle the matter as soon as possible (できるだけ早くその件を解決する)	⇄	resolve the matter as soon as possible
Nothing's settled yet. (まだ何も決まっていません)	⇄	Nothing's decided yet.
We opened our shop after settling in London. （私たちはロンドンに移り住んだ後、自分たちのお店を始めました）	⇄	We opened our shop after moving to live in London.
Let me know how you'd like to settle your bill. （どのように精算したいかお知らせください）	⇄	Let me know how you'd like to pay your bill.
check the sediment settled at the bottom (底に堆積した沈殿物を確認する)	⇄	check the sediment sunk at the bottom

draw on 利用する；当てにする

同義語 make use of; take advantage of; depend on; count on

draw on his rich experience （彼の豊富な経験を利用する〔当てにする〕）	⇄	make use of his rich experience take advantage of his rich experience depend on his rich experience count on his rich experience

attend to 対処する、耳を傾ける、応対する

同義語 deal with; take care of, listen to, serve; wait on

We should attend to this matter now. （今すぐこの件に対処すべきです）	⇄	We should deal with this matter now. We should take care of this matter now.
attend to his keynote speech （彼の基調演説に耳を傾ける）	⇄	listen to his keynote speech
It's important to attend to a customer politely. （礼儀正しく接客することが大事です）	⇄	It's important to serve a customer politely. It's important to wait on a customer politely.

名詞

token しるし

同義語 sign, gesture, mark

as a token of appreciation （感謝のしるしとして）	⇄	as a sign of appreciation as a gesture of appreciation as a mark of appreciation

account 顧客、説明、考慮

同義語 customer, explanation; description, consideration

one of the largest accounts （最も大きな顧客の1つ）	⇄	one of the largest customers
give an account of the progress （進捗報告をする）	⇄	give an explanation of the progress

take our customer needs into account （顧客のニーズを考慮に入れる）	⇄	take our customer needs into consideration

appeal　懇願、魅力、人気

同義語　request, attraction, popularity

the appeal to the committee （委員会への嘆願）	⇄	the request to the committee
the appeal of the island　（島の魅力）	⇄	the attraction of the island
This book has great appeal for children.　（この本は子供たちに非常に人気がある）	⇄	This book has great popularity for children.

case　例、場合、事実、論拠、訴訟

同義語　example, situation, truth, argument, lawsuit

This is a typical case of good planning. （これは良い計画立案の典型例です）	⇄	This is a typical example of good planning.
If that is the case, please call us. （もしその場合は〔それが事実なら〕、お電話ください）	⇄	If that is the situation, please call us. If that is the truth, please call us.
make a strong case for the plan （計画に対して強く賛成の論を唱える）	⇄	make a strong argument for the plan
the record of a case　（訴訟の記録）	⇄	the record of a lawsuit

reservation　予約、懸念、禁猟区

同義語　booking, doubt; concern, preserve

make a reservation　（予約する）	⇄	make a booking
I have reservations about her plan. （私は彼女の計画に懸念を抱いています）	⇄	I have doubts about her plan. I have concerns about her plan.
a wildlife reservation （野生動物の保護区）	⇄	a wildlife preserve

term　期間、観点、関係、条件、用語

同義語　period; duration, respect, relation, condition, word

the contract term （契約期間）	⇄	the contract period
for the term of the assignment （任期中）	⇄	for the duration of the assignment
That's good news in terms of safety. （それは安全性という点では朗報です）	⇄	That's good news in respect of safety.
establish good terms with customers （顧客と良好な関係を築く）	⇄	establish good relations with customers
negotiate the terms of a contract （契約条件を交渉する）	⇄	negotiate the conditions of a contract
medical terms （医療用語）	⇄	medical words

voice 表明、意見、代弁者

同義語 expression, opinion, representative

She gave voice to her thoughts. （彼女は自分の考えを表明しました）	⇄	She gave expression to her thoughts.
We need to listen to the voice of the residents. （住人の意見を聞く必要があります）	⇄	We need to listen to the opinion of the residents.
He is the voice of employees here. （彼はここの従業員の代弁者です）	⇄	He is the representative of employees here.

deal 取引、お買い得、量、待遇

同義語 bargain, steal; best buy, quantity, treatment

OK. It's a deal. （了解。それで決まりね）	⇄	OK. It's a bargain.
Really? It's a deal. （本当に? それはお買い得だね）	⇄	Really? It's a bargain. Really? It's a steal. Really? It's a best buy.
It took a great deal of time to finish it. （それを終えるのにかなりの時間がかかりました）	⇄	It took a great quantity of time to finish it.
We ensure that everyone gets a fair deal. （私たちは誰もが公平に扱われるようにいたします）	⇄	We ensure that everyone gets fair treatment.

capacity　容量、能力、役割

同義語 size, ability, position; role

memory capacity　（記憶容量）	⇄	memory size
He has a great capacity to understand others.　（彼は他人（の気持ち）を理解する優れた能力を持っている）	⇄	He has a great ability to understand others.
in my capacity as a project manager（プロジェクトマネージャーの立場で）	⇄	in my position as a project manager in my role as a project manager

party　宴会、団体、当事者

同義語 celebration; reception, group, person

hold a party　（宴会を催す）	⇄	hold a celebration hold a reception
How many people in your party?（何名様のグループですか?）	⇄	How many people in your group?
Both parties will meet again on Friday.（両当事者は金曜日に再度会います）	⇄	Both groups will meet again on Friday. Both persons will meet again on Friday.

manner　方法、習慣、態度

同義語 way; fashion, custom, behavior

in a courteous manner　（礼儀正しく）	⇄	in a courteous way
in a timely manner（適時に、タイムリーに）	⇄	in a timely fashion
read a book about the manners of Native Americans　（アメリカ先住民の風習について書かれた本を読む）	⇄	read a book about the customs of Native Americans
The prospective candidate must have a friendly manner.　（見込みのある候補者は友好的な態度の人〔親しみやすい人柄〕である必要があります）	⇄	The prospective candidate must have friendly behavior.

chance　可能性、機会、偶然、危険

同義語 possibility, opportunity, accident, risk

Is there any chance of a discount for bulk orders? （大量に注文した場合、割引の可能性はありますか?）	⇄	Is there any possibility of a discount for bulk orders?
This is the last chance to participate. （これが参加する最後の機会です）	⇄	This is the last opportunity to participate.
I met her at the seminar by chance. （そのセミナーで偶然彼女に会いました）	⇄	I met her at the seminar by accident.
You don't have to take any chances. （あなたが危険を冒す必要はありません）	⇄	You don't have to take any risks.

function　役割〔機能〕；責任；目的、行事；会合

同義語 role; responsibility; purpose, event; gathering

the main function of the committee （委員会の主な役割〔責任、目的〕）	⇄	the main role of the committee the main responsibility of the committee the main purpose of the committee
participate in a corporate function （会社の行事〔会合〕に参加する）	⇄	participate in a corporate event participate in a corporate gathering

course　講座、計画、時間の経過

同義語 class; program, plan, progression

take a training course online （オンラインで研修講座を受ける）	⇄	take a training class online take a training program online
decide on a course of action （行動方針を決める）	⇄	decide on a plan of action
over the course of history （歴史の中で）	⇄	over the progression of history

move　引っ越し、決断；行動、変更

同義語 relocation, decision; action, change

The office move was postponed suddenly. （事務所の移転は急遽延期されました）	⇄	The office relocation was postponed suddenly.

This merger was a right move for us. （この合併は当社にとって正しい決断でした）	⇄	This merger was a right decision for us. This merger was a right action for us.
make a career move　（転職する）	⇄	make a career change

call　訪問、要求；要望、決断

同義語　visit, request; demand, decision

receive a courtesy call from a client（顧客から表敬訪問される）	⇄	receive a courtesy visit from a client
respond to a call for support（支援の要請に応える）	⇄	respond to a request for support respond to a demand for support
It's your call.　（あなたが決めることです）	⇄	It's your decision.

honor　栄誉、名声、敬意、表彰

同義語　privilege, reputation, respect, recognition

It is my honor to receive this award.（この賞をいただけるとは光栄です）	⇄	It is my privilege to receive this award.
We managed to save our honor.（当社は何とか名声を保つことができました）	⇄	We managed to save our reputation.
show honor to those who succeeded in business（ビジネスで成功した人に敬意を表する）	⇄	show respect to those who succeeded in business
in honor of your service to the company（あなたの会社への奉仕を称えて）	⇄	in recognition of your service to the company

balance　平衡、残額

同義語　stability, remainder; rest; difference

Be careful not to lose your balance on the ladder.　（はしごの上でバランスを崩さないように注意してください）	⇄	Be careful not to lose your stability on the ladder.
Please pay the balance in full today.（本日残りを全額支払ってください）	⇄	Please pay the remainder in full today. Please pay the rest in full today. Please pay the difference in full today.

形容詞

certain 確信して、特定の

同義語 sure, particular

| I know for certain it's in the top drawer.
（確実に一番上の引き出しにあります） | ⇄ | I know for sure it's in the top drawer. |
| use certain equipment
（特定の機器を使用する） | ⇄ | use particular equipment |

accessible アクセス可能な、利用可能な、理解できる

同義語 reachable, available, understandable

The city hall is easily accessible by car. （市役所へは車で簡単に行けます）	⇄	The city hall is easily reachable by car.
The form is accessible online. （用紙はオンラインで入手可能です）	⇄	The form is available online.
Safety guidelines should be accessible to everyone. （安全指針は誰にでも理解しやすいものであるべきです）	⇄	Safety guidelines should be understandable to everyone.

sound 十分な、徹底的な、しっかりした、妥当な、健康な；丈夫な

同義語 enough, thorough, solid, reasonable, sturdy

Sound sleep is essential for good health. （健康には熟睡が必要不可欠です）	⇄	Enough sleep is essential for good health.
have a sound understanding （しっかりと理解する）	⇄	have a thorough understanding
maintain a sound reputation （確固たる評判を維持する）	⇄	maintain a solid reputation
give a sound opinion （妥当な意見を述べる）	⇄	give a reasonable opinion
The bridge is structurally sound. （その橋は構造的に丈夫です）	⇄	The bridge is structurally sturdy.

outstanding　目立った、優れた、未払いの；未処理の

同義語　noticeable, excellent, unpaid; overdue

outstanding progress of robotic technology （ロボット技術の目覚ましい進歩）	⇄	noticeable progress of robotic technology
She has an outstanding negotiation skill. （彼女には卓越した交渉力があります）	⇄	She has an excellent negotiation skill.
pay off an outstanding balance （未払い残高を完済する）	⇄	pay off an unpaid balance

good　上手な、有効な、役立つ、都合の良い

同義語　skillful, valid, useful; helpful, convenient

She is good at repairing equipment. （彼女は機器を修理するのが得意です）	⇄	She is skillful at repairing equipment.
The offer is good for one year. （その提示内容は1年間有効です）	⇄	The offer is valid for one year.
He gave me some good advice.（彼は私に役立つアドバイスをしてくれました）	⇄	He gave me some useful advice. He gave me some helpful advice.
Let me know what time is good for you. （いつが都合が良いかお知らせください）	⇄	Let me know what time is convenient for you.

acute　深刻な、強い、優れた、鋭い

同義語　serious, strong, good, sharp

deal with the acute problem （深刻な問題に対処する）	⇄	deal with the serious problem
suffer from acute anxiety （強い不安に苦しむ）	⇄	suffer from strong anxiety
She has a particularly acute sense of taste. （彼女は特に優れた味覚の持ち主です）	⇄	She has a particularly good sense of taste.
Further acute analysis is necessary. （鋭い分析が更に必要です）	⇄	Further sharp analysis is necessary.

hearty　心のこもった、量が豊富な

同義語 friendly, large

We offer a hearty welcome to everyone. （私たちは皆様を温かく歓迎いたします）	⇄	We offer a friendly welcome to everyone.
I was satisfied with the hearty meal. （ボリュームのある食事に満足しました）	⇄	I was satisfied with the large meal.

critical　大事な；必要不可欠の、批判的な、深刻な

同義語 important; essential, judgmental, serious

It is critical to improve our customer service. （当社の顧客サービスを改善することが大事〔必要不可欠〕です）	⇄	It is important to improve our customer service. It is essential to improve our customer service.
refrain from taking a critical attitude　（批判的な態度を取るのを慎む）	⇄	refrain from taking a judgmental attitude
under a critical situation （深刻な状況下において）	⇄	under a serious situation

solid　固い、しっかりとした；確かな、（予約で）いっぱいの、無地の

同義語 hard, thorough; sound, to capacity, plain

rugged terrain with solid rocks （固い岩のある険しい地形）	⇄	rugged terrain with hard rocks
a solid understanding of the auto industry （自動車産業へのしっかりとした理解）	⇄	a thorough understanding of the auto industry a sound understanding of the auto industry
Our hotel is booked solid this month. （今月当ホテルは予約でいっぱいです）	⇄	Our hotel is booked to capacity this month.
I prefer solid colors to loud patterns. （派手な柄より無地の方が好きです）	⇄	I prefer plain colors to loud patterns.

just　ちょうど、最近、単に

同義語 exactly, recently, only

That is just what I need right now. （それはまさに今私が必要としているものです）	⇄	That is exactly what I need right now.
A new café just opened on Blue Street.　（最近ブルー通りに新しいカフェがオープンしました）	⇄	A new café recently opened on Blue Street.
Could you wait just a few more days? （あと2、3日待っていただけませんか）	⇄	Could you wait only a few more days?

readily　簡単に、快く

同義語 easily, willingly

The app is readily available from our Web site.　（そのアプリは当社のウェブサイトから簡単に入手できます）	⇄	The app is easily available from our Web site.
He readily accepted the job offer. （彼は仕事のオファーを快く受け入れた）	⇄	He willingly accepted the job offer.

concerning　～に関して

同義語 about, regarding; in regard to; with regard to

I'm writing concerning the job you applied for.　（あなたが応募した仕事について書いています）	⇄	I'm writing about the job you applied for. I'm writing regarding the job you applied for. I'm writing in regard to the job you applied for. I'm writing with regard to the job you applied for.

Chapter 3

口語表現

この章では、TOEICの対話やチャットなどでよく出る口語表現をカテゴリ別に学びます。TOEICには直接的な言い方から遠回しな表現まで、たくさんの口語表現が登場します。どの状況でどの表現が使われるかを、しっかり把握しておきましょう。

この章では、会話やチャットなどで頻出の口語表現を紹介します。簡単な単語で構成されているのに意味が取りづらいのが口語表現の特徴です。実際のテストでは前後の文脈から意味を推測できますが、あらかじめ意味を押さえておくと、より文意が取りやすくなります。

同意・賛成

I'd love to.　ぜひしたいです。
相手の誘いを受ける際の決まり文句。I'd like to. よりも I'd love to. の方が"したい気持ち"を強く表すことができる。冗長になるので口語では to より後ろの部分は省略することが多い。I'd be happy to. や I'd be glad to. でも同じ。

　A: Would you like to join us for lunch?　（ランチをご一緒しませんか）
　B: I'd love to.　（ぜひ）

It's a deal.　それでいきましょう。
直訳すると「それは取引ですね」という意味だが、「取引として成立する=交渉成立」なので、相手の提案に合意する際の決まり文句としてよく使われる。また、TOEIC ではあまり出てこないが、It's not a big deal.（大したことはないです）も、deal を使った口語表現として日常会話ではよく耳にする。更に、deal には「お買い得品」の意味もあり、You got a good deal. だと「いい買い物をしましたね」の意味になる。

　A: How about $50 each?　（1個あたり50ドルでどうですか）
　B: All right. It's a deal.　（わかりました。それでいきましょう）

By all means.　ぜひとも。／もちろん。
相手の発言に同意の回答をする場合に使う口語表現。means が「手段、方法」という意味なので「あらゆる手段によって」が直訳で、そこから「どんな手を使っても」→「何としても」→「是が非でも」→「もちろん」となる。ただ、少し硬い表現なので、日常会話では使う場面が限られる。

　A: Are you coming to the banquet tomorrow?　（明日、夕食会に行きますか）
　B: By all means.　（もちろん）

Sure thing.　そうですね。／もちろん。／いいですよ。

相手の発言に同意したり、依頼を受け入れたりする際に使う口語表現。単に Sure. や Of course. と言っても同じ。sure thing を直訳すると「確かなこと」で、確実に起こりそうなことに対して「確かにそうですね」と相手の発言に同意する場合に使うが、相手の依頼に対して「それは確実なことです」→「もちろんいいですよ」と応じる際にも使う。

　A: We'd better go now, or we'll be late.

　　（そろそろ行った方がいいですね、でないと遅れます）

　B: Sure thing.　（確かにそうですね）

　A: Could I use your desk for a while?　（しばらく机を借りてもいいですか）

　B: Sure thing.　（いいですよ）

I don't see why not.　もちろんいいですよ。

相手の誘いを受ける際に使う口語表現。「そうしない理由が私には理解できない」→「もちろんいいですよ」と反語的に解釈する。単に Why not? でも同じ意味を表す。

　A: Could we walk to the venue?　（会場まで徒歩で行ってもいいですか）

　B: I don't see why not.　（いいですよ）

That works.　それでうまくいきます。／大丈夫です。

相手の意見や提案に対して賛同する際に使う口語表現。work は「働く」→「うまく作用する」→「うまくいく」と解釈する。直訳の「それは働きます」ではうまく意味が取れないので注意。逆に、「それではうまくいきません」と言いたい場合は That's not going to work. となる。

　A: I'm not available today. Is tomorrow OK?

　　（今日は都合が悪いです。明日でもいいですか）

　B: Yes, that works.　（はい、大丈夫です）

Sounds good.　いいですね。

相手の提案に対して同意する際の口語表現。That sounds good. の That が省略されたもの。「それは良く聞こえる」→「賛成です」ということ。他の人はどうかわからないけど自分は賛成だと表明する場合は、最後に to me を付けて Sounds good to me.（私は構いません）とする。

　A: Why don't we adjust the presentation tomorrow?

　　（明日プレゼンテーションを調整するのでどうでしょう?）

　B: Sounds good.　（いいですね）

Sounds like a plan.　いい考えですね。／面白そうですね。
相手の考えに賛同する際の口語表現。「1つの計画のように聞こえる」が直訳で、「計画として成立する」→「いい考えだ／面白そうだ」となる。

  A: Let's use social media to promote our products.

    （ソーシャルメディアを活用して私たちの製品を宣伝しましょう）

  B: Sounds like a plan.　（面白そうですね）

You can say that again.　おっしゃる通りです。
直訳では意味が取りづらい口語表現の1つ。「あなたはそれをもう一度言うことができる」ということは、それだけ発言内容に賛同できるということ。他に、Tell me about it. も直訳だと「それについて教えてくれ」だが、文脈と言い方によっては「その通りだね／それよくわかるよ」という共感・同意の表現になる。併せて押さえておくとよい。

  A: It's really cold in here.　（ここは本当に寒いですね）

  B: You can say that again.　（そうですね）

I was going to say that.　同意見です。
「私はそれを言おうとしていた」とは、相手と同じ意見だということ。言い方によっては、相手に先に言われてしまった負け惜しみ感が出る表現になる。

  A: We need to find an experienced chef.

    （経験豊富なシェフを見つける必要があります）

  B: I was going to say that!　（まったく同意見です!）

Same here.　私も同じです。／同じものをお願いします。／まったく同感です。
文脈によって意味が分かれる口語表現。相手の発言を受けて、自分も同じ立場・状況だということを伝える Same here.、仲間が注文したものと同じものを注文する際に使う Same here.、そして、相手の発言に賛同する際に使う Same here. がある。

  A: I don't think I can meet the deadline. How about you?

    （締切りに間に合いそうもありません。そっちは?）

  B: Same here.　（同じく）

  A: I'll have a cup of coffee, please.　（コーヒーを一杯お願いします）

  B: Same here.　（私も同じものを）

  A: I think we should streamline the delivery process.

    （配送プロセスを効率化すべきだと思います）

  B: Same here.　（同感です）

Definitely. もちろん。／当然。／その通り。

definitely は「明確に、はっきりと、間違いなく」という意味で、普通はdefinitely different（明確に異なる）やdefinitely helpful（間違いなく役立つ）のように強調の副詞として使うが、definitely単独で間投詞のように使うこともできる。その場合は、相手の意見に強く賛同する口語表現となる。Yes.の強調版がDefinitely.だと考えるとわかりやすい。

A: Are you looking forward to the new café opening next week?
（来週オープンする新しいカフェを楽しみにしていますか）

B: Definitely. （もちろんです）

I'll say. もちろん。／そうだね。／同感です。

そのまま訳すと「私は言うつもりだ」になるが、実際はsay以下に続く相手の発言内容が省略されているので、「私もあなたと同じことを言うつもりだ」→「同意見だ／同感だ」と解釈する。相手の意見に賛同する際に使う口語表現である。

A: I believe this merger is a huge success. （この合併は大成功だと思う）

B: I'll say. （そうだね）

You're telling me. まさに君の言う通り。

直訳だと「あなたは私に言っている」だが、「私が言いたいことを、あなたはまさに今私に言っている」→「まさに君の言う通りだ」となる。相手の発言に同意する口語表現。

A: I can't believe how expensive the tickets are.
（チケットの高さときたらもう信じられないよ）

B: You're telling me. （まったくその通りだね）

You said it. その通り。

直訳だと「あなたはそれを言った」だが、「私が言いたいことを、あなたはまさに今私に言った」→「その通りだ」となる。You're telling me.同様、相手の発言に同意する口語表現。

A: That was the best movie I've ever seen. （これまでで最高の映画だったよ）

B: You said it. （その通りだね）

That'll do.　それで構いません。

この do は「間に合う、事足りる」という意味。That'll do. で「それで構いません」と了承する口語表現。Either will do.（どちらでも構いません）も併せて押さえておきたい。

　A: I'm not available this afternoon. Is tomorrow morning OK?

　　（今日の午後は都合がつきません。明日の朝でもいいですか）

　B: That'll do.　（構いませんよ）

That's a thought!　それはいい考えだね!

相手の提案に対して同意する際に使う口語表現。「それは1つの考えだね」→「いい考えだね」ということ。That's a thought! ≒ That's a good idea. と押さえておこう。

　A: Why don't you ask Marta? She organized the event last year.

　　（マルタに聞いてみたら?　彼女は昨年そのイベントの準備をしていたよ）

　B: That's a thought!　（それはいい考えだね!）

That's what I thought.　同感です。

相手の考えに共感する際に使う口語表現。「それは私が思っていたことです」→「同感です」ということ。

　A: Why don't we have a meeting online?　（オンラインで打ち合わせませんか）

　B: That's what I thought.　（私もそう思っていました）

I'm for 〜.　私は〜に賛成です。

前置詞の for には「〜を支持して」という意味があり、I'm for 〜. で賛成の意を表すことができる。逆に、反対の意を表す場合は、I'm against 〜.（私は〜に反対です）を使う。

　A: What do you think about her proposal?

　　（彼女の提案についてどう思いますか）

　B: I'm for it.　（私は賛成です）

I'm game.　私はやる気です。／乗った。

この game は「挑戦する気がある、やる気のある」という意味の形容詞。相手の誘いに対して自分が乗り気である（挑戦する意思がある）ことを示す口語表現。「私はゲームです」ではないので注意。

　A: Would you like to go out for lunch, Bill?　（ビル、お昼を食べに外に行かない?）

　B: I'm game.　（いいよ）

I'm sold.　納得しました。／乗った。

相手の意見に納得したり、相手の提案を受け入れたりする際に使う口語表現。「私は売られる」が直訳だが、sellには「（考えなどを人）に納得させる、受け入れさせる」という意味があり、I'm sold.で「（あなたの意見に）納得しました」、「（その提案に）乗った」という口語表現になる。

　　A: This is my proposal. What do you think?
　　　（これが私の提案です。どう思いますか）

　　B: I'm sold. Let's do it.　（いいですね。やりましょう）

質問・疑問

How does that sound?　いかがでしょうか。

こちらが何かを提案したあと、相手に意見や感想を求める際の表現。「それはどのように聞こえますか」→「どのように思いますか」となる。

　　A: I'll deal with it myself. How does that sound?
　　　（私が自ら対応します。それでいかがでしょう）

　　B: That'd be great, thanks!　（それは助かります、ありがとう!）

What's your take on 〜?　〜についてあなたの意見は?

相手に意見を求める際の口語表現。このtakeがopinionと同じ意味であることを知らないと、いったい何を尋ねているのかわかりにくい表現である。同様に、That's my take on 〜.なら「それが〜についての私の見解です」という意味になる。

　　A: What's your take on this problem?　（この問題についてどう思いますか）

　　B: I think we should check error logs first.
　　　（まずエラーに関する記録を確認すべきだと思います）

Does that work?　それでいかがでしょうか。

自分の提案内容で事を進めて大丈夫かを相手に確認する際に使う表現。workは「働く」→「うまく作用する」→「うまくいく」と解釈する。Did it work?なら「うまくいった?」「効き目はあった?」という意味になる。

　　A: I can submit the sales report by tomorrow. Does that work?
　　　（明日までに売上レポートを提出できます。それでいかがでしょうか）

　　B: Thanks! That'd be helpful.　（ありがとう!　助かります）

When are you expecting them? 彼らはいつ到着予定ですか。

顧客や荷物などの到着予定時刻を尋ねる口語表現。直訳だと「あなたはいつ彼ら〔それら〕を期待していますか」だが、expect には「〜の到着を期待して待つ」という意味があるので、到着予定時刻を尋ねている。

A: Our clients will come here today. （本日お客様がここにお見えになります）

B: When are you expecting them? （いつ到着予定ですか）

How did it go? どうでしたか。

イベントや打ち合わせなどの結果や感想を尋ねる口語表現。go には「(物事が) 進む」という意味があるので、「どのようにそれは進みましたか」→「どうでしたか」となる。音声変化により「ハウディディッゴウ」のように聞こえる。

A: I made a presentation at the client's office today.
（今日顧客のオフィスでプレゼンしたよ）

B: How did it go? （どうだった?）

How do you find 〜? 〜についてどう思いますか。

直訳の「あなたは〜をどのように見つけますか」という意味で使うこともあるが、「〜についてどう思いますか〔感じますか〕」のように相手に意見や感想を尋ねる使い方を押さえておきたい。これは find が持つ「考える、感じる」という意味が元になっている。

A: How do you find our company so far?
（これまでのところ、うちの会社はどうですか）

B: The office atmosphere is really good. （オフィスの雰囲気がとてもいいですね）

A: How did you find your interview today? （今日のインタビューはどうでしたか）

B: I was not able to answer some questions well.
（いくつかの質問にうまく答えられなかったよ）

What colors does it come in? それは何色がありますか。

商品などの色の種類を尋ねる表現。come in +〈色〉で「〈色〉の取り揃えがある」という意味。「何色が入荷しますか」などと誤解しないように注意したい。

A: This umbrella is made of waterproof fabric.
（この傘は防水生地でできています）

B: Sounds nice. What colors does it come in?
（良さそうですね。何色があるんですか）

How many people in your party?　何名様ですか。
レストランの案内係が来店したグループ客に尋ねる口語表現。party は「娯楽目的の会合、パーティー」という意味ではなく、「人の集まり〔グループ〕」という意味。くれぐれも「あなたのパーティーにはどのくらいの人が参加しているの?」などと勘違いしないように。

　A: Good evening. How many people in your party?　(こんばんは。何名様ですか)

　B: We are five in total.　(全部で5名です)

依頼・指示

You should look into it.　調べてみてください。／ご検討ください。
look into は「〜の中を覗き込む」という意味で使うこともあるが、物事の内面を覗き込んで「〜を調べる」「〜を検討する」という意味でTOEIC に頻出する。I'd be happy to look into it[that]. であれば「喜んでお調べ〔検討〕いたします」という意味。

　I think we should use biodegradable packaging for our products. Here's a sample. You should look into it.　(製品に使うパッケージには生分解性のものを使うべきだと思うんです。こちらがサンプルです。ご検討ください)

You name it.　その他何でも。／何でも言ってごらん。
name は「〜の名前を挙げる」という意味。いろいろ列挙した後に「その他何でもありだ」「(求めているものを) 何でも言ってごらん」と一言添える口語表現。音声変化で「ユーネイミッ」のように聞こえる。

　A: What products do you carry?　(どんな商品を取り扱っていますか)

　B: Groceries, stationeries, magazines. You name it.
　(食料雑貨、文房具、雑誌。その他何でも)

Count me in.　参加します。
相手から誘いを受けて参加を表明する際に使う口語表現。「私をカウント (頭数) に入れて」→「参加します」ということ。音声変化で「カウンミーイン」のように聞こえる。

　A: We're planning to go for a drink tonight.
　(今夜飲みに行こうかなと思っています)

　B: Count me in!　(参加します!)

Count me out.　不参加でお願いします。

相手から誘いを受けて不参加を表明する際に使う口語表現。「私をカウント（頭数）から外して」→「不参加でお願いします」ということ。音声変化で「カウンミーアウ」のように聞こえる。

　A: Would you like to join us for a drink tonight?

　　（今夜私たちの飲み会に参加しませんか）

　B: You'll have to count me out. I already have a plan.

　　（不参加でお願いします。既に予定があるので）

Text me.　携帯電話にメッセージを送って。

text は「〜の携帯電話にメッセージを送る」という意味。つまり、Text me. = Send me a message on my mobile phone.ということ。E-mail me.（メールしてください）との違いに注意。

　A: We haven't received an estimate yet.　（まだ見積もりは送られて来ていません）

　B: Text me as soon as you get it.　（入手次第、携帯電話にメッセージをください）

Come again?　もう一度言って。

相手が言ったことを聞き返す際に使う口語表現。come again は「また来る、戻ってくる」だが、最後を上げ調子に言うと「もう一度言って」という意味になる。Pardon?やSorry?と言っても同じ。

　A: I couldn't make it to the tech conference.　（技術会議に出席できませんでした）

　B: Come again?　（何て言いました?）

Could you give me a hand?　手伝っていただけますか。

give 〜 a hand は「（人）に手を貸す、（人）を手助けする」という意味。親しい間柄であれば Can you give me a hand?（手伝ってもらえる?）でよい。

　A: I need to hand out these flyers. Could you give me a hand?

　　（これらのチラシを配る必要があるのですが、手伝っていただけますか）

　B: Certainly.　（もちろん）

Please give him a big hand. 彼に盛大な拍手をお願いします。
give 〜 a big hand は「(人) に盛大な拍手を送る」という意味。「(人) に大きな手をあげる」や「(人) を大いに手助けする」という意味ではないので注意。ほとんどの場合、司会がゲストをステージに招き入れる際や、スピーチを終えたゲストへの拍手を聴衆に促す際に使われる。

Today's keynote speaker is Dr. Ashburton. Everyone, please give him a big hand! (本日の基調講演者はアッシュバートン博士です。皆様、彼に盛大な拍手をお願いします!)

I could use a cup of coffee. コーヒーを1杯いただけるとありがたいです。
I could use your help. 手伝っていただけるとありがたいです。
意味を取りづらい口語表現の1つ。通常 use は「〜を使う」という意味なので、could use は「〜を使うことができた」や「〜を使う可能性がある」と解釈できるが、それだと I could use a cup of coffee. や I could use your help. は意味を成さない。そこで押さえておきたいのが、could と共に使うと「〜を必要としている、〜が欲しい」という意味になる use の特殊な使い方。つまり、I could use a cup of coffee. ≒ I need a cup of coffee. であり、I could use your help. ≒ I need your help. である。

A: Is there anything else I can do for you?
(他に何か私にできることはありますか)
B: I could use a cup of coffee. (コーヒーを1杯いただけるとありがたいです)
A: You have a lot of things to do today.
(あなたは今日やらなければならない事がたくさんありますよね)
B: I could use your help. (手伝っていただけるとありがたいです)

Hold on a second. ちょっと待って。
「待つ」という意味の hold on と、「ほんのちょっとの時間」という意味の a second を組み合わせた表現。少し待たせる時間が長くなる Hold on a minute. でもほぼ同じ。くだけた会話では second を sec と短縮して、Hold on a sec. と言うことも多い。

A: When are you available next week? (来週いつなら都合つく?)
B: Hold on a second. Let me check my schedule.
(ちょっと待って。予定を確認させて)

Please help yourself.　ご自由にどうぞ。

help yourselfで「好きに飲み食べしてください」という意味。最後にto +〈飲食物〉を付けて、Please help yourself to a drink.（飲み物をご自由にどうぞ）のように使うことも多い。

A: Please help yourself to anything you like.
　（お好きなものをお召しあがりください）
B: Thanks.　（ありがとう）

Leave it to me.　私に任せてください。

「leave〈事〉to〈人〉」は「〈事〉を〈人〉に任せる」という意味なので、Leave it to me.で「私に任せてください」となる。逆に、相手に「お任せします」と言いたい場合は、I'll leave it (up) to you.やIt's up to you.と言う。

A: We need someone to take care of this issue.
　（この問題に対応する人が必要です）
B: Leave it to me.　（私に任せてください）

許可

Mind if ～?　～してもいいかな?

友人や同僚など親しい関係の相手に気軽に許可を求める表現。「もし～したら気にする?」→「～してもいいかな?」ということ。顧客や目上の人に対して使う場合は、きちんとDo[Would] youを付けてDo[Would] you mind if ～?と尋ねるのがマナー。

A: Mind if I use your phone?　（あなたの電話使わせてもらってもいい?）
B: No problem.　（問題ないよ）

提案・勧誘

Give it a try.　試してみて。

tryは「試み」なので、「それに試みを与えてみて」→「それに挑戦してみて」→「やってみて」という意味になる。日常会話ではtryの代わりにshotを使うこともよくある。また、justを前に付けたJust give it a try.（ちょっと試してみて）も定番。Give it a try.は音声変化によって「ギヴィラトライ」のように聞こえる。丁寧に言う場合はYou might give it[that] a try.（試してみるのもいいかもしれませんよ）とする。

A: I'm considering applying for the job.　（その職への応募を検討しています）
B: Give it a try. Nothing to lose.　（やってみなよ。失うものは何もないよ）

You may want to ～. ～するとよいかもしれません。
相手に控え目な提案をする際の口語表現。「あなたは～することを望んでいるかもしれません」→「～するとよいかもしれません」となる。

A: You may want to take an umbrella. （傘を持っていくとよいかもしれません）
B: Oh, is it going to rain today? （おや、今日は雨が降るんですか）

Why don't you ～? ～したらどうですか。
「なぜあなたは～しないのですか」→「～したらどうですか」と反語的に"相手の行動"を提案する際に使う口語表現。Why didn't you ～?となると「なぜ～しなかったのですか」と相手に理由を聞いている表現になるので注意。

A: I'm sure we could sell more items if we advertised more widely.
（より広域に宣伝すれば商品はもっと多く売れるだろうと確信しています）
B: Then, why don't you share your ideas with others at the meeting tomorrow? （であれば、明日の会議であなたの考えを他のみんなに共有してみたらどうですか）

Why not do? そうしたら?
「なぜそうしないの?」→「そうしたら?」と相手に提案する際に使う口語表現。Why don't you ～?（～したらどうですか）と考え方は同じ。do がない Why not?（もちろん／いいですよ）は同意・賛成の表現なので注意。

A: Maybe I should ask Karen about this.
（この件についてはカレンに聞くべきかも）
B: Why not do? （そうしたら?）

Why don't we ～? ～しませんか。／～しましょう。
「なぜ私たちは～しないのですか」→「～しませんか」と反語的に"自分たちの行動"を提案する際に使う口語表現。Let's ～.やShall we ～?で言い換えることもできるが、Shall we ～?は堅苦しい表現なので実際の会話ではあまり使われない。

A: Why don't we have a meeting at three? （3時に打ち合わせをしませんか）
B: My client arrives at two forty-five. （私の顧客が2時45分に到着します）

How would you like to 〜?　〜しませんか。／〜はどのようにされますか。
直訳すると「〜するのはどのくらいお好きですか」「どのように〜するのがお好みですか」
だが、そこからそれぞれ「〜しませんか」という勧誘の意味と「(支払いなど)はどのように
されますか」という好みを確認する表現になる。

A: How would you like to join the fitness club?
　(フィットネスクラブに入会しませんか)

B: How much is the membership fee?　(会費はいくらですか)

A: How would you like to pay for it?　(お支払いはどのようにされますか)

B: Do you accept credit cards?　(クレジットカードは使えますか)

Would you care to 〜?　〜しませんか。
相手に何かを勧める口語表現。care to V は「〜することに注意を払う」→「〜すること
に気持ちを向ける」→「〜したいと思う」という意味。「〜したいと思いませんか」→「〜
しませんか」ということ。

A: Would you care to join us for a drink?　(一緒に飲みに行きませんか)

B: I'd be happy to.　(喜んで)

Would you care for 〜?　〜はいかがでしょうか。
相手に何かを勧める口語表現。care for 〜は「〜に注意を払う」→「〜に気持ちを向
ける」→「〜を欲する」という意味。日本語の"ケア"に引きずられて「あなたは〜をケ
アしたいですか」で意味を取ると、会話がかみ合わなくなる可能性があるので注意。

A: Would you care for a cup of coffee?　(コーヒー1杯いかがですか)

B: Thanks. That'll be helpful.　(ありがとう。助かります)

Let's say 〜.　例えば〜はどうでしょう。
具体例を挙げて提案する際の口語表現。「〜と言いましょう」が直訳で、そこから「〜と
でも言ってみましょう」→「例えば〜はどうでしょう」となる。

A: Can I reserve a table for two at, let's say, 7 P.M.?
　(例えば午後7時に2名で席を予約できますか)

B: We're totally booked this evening.　(今夜は予約で一杯です)

口語表現

申し出

Why don't I ～? ～しましょうか。

「なぜ私は～しないのですか」→「～しましょうか」と反語的に"自分の行動"を申し出る際に使う口語表現。Shall I ～?で言い換えることもできるが、Shall I ～?は堅苦しい表現なので実際の会話ではあまり使われない。

A: Why don't I drop by your office around three?

（3時頃あなたのオフィスに立ち寄りましょうか）

B: That'd be helpful. （助かります）

I'll keep you posted. 定期的にお知らせします。

「keep〈人〉posted」で「〈人〉に定期的に最新情報を知らせる」という意味。もともと「絶えず手紙を送って情報を伝える」ことを意味するが、伝達手段はメールでも電話でも何でも構わない。Please keep me posted.とすると、絶えず連絡するよう相手に依頼〔指示〕する表現になる。

A: I'll keep you posted on the progress. （進捗の最新情報を伝えるようにします）

B: Thanks. （ありがとう）

挨拶・礼儀

We've been expecting you. お待ちしておりました。

来訪を歓迎していることを顧客に伝える表現。直訳だと「あなたを期待していました」だが、expectには「～の到着を期待して待つ」という意味があるので、「（到着を）お待ちしておりました」になる。

A: I have a reservation under the name of Krause.

（クラウスの名前で予約しています）

B: We've been expecting you, ma'am. This way, please.

（お待ちしておりました。こちらへどうぞ）

Not at all.　どういたしまして。／構いません。

相手の感謝の言葉や依頼に対して応答する際に使う口語表現。「まったく〜ないです」→「全然大したことではありません」→「どういたしまして」「構いません」ということ。早口で言われると「ナッタットー（ル）」のように聞こえる。

A: I really appreciate it.　（本当に感謝しています）

B: Not at all.　（どういたしまして）

A: Would you mind helping me with the survey?
　（調査を手伝っていただけませんか）

B: Not at all.　（構いませんよ）

意見・感想

Typical!　またかよ!

そもそも typical は「いつもの、よくある」という意味。Typical!とうんざりした感じで言うと「悪いことがよく起きるなあ」→「またかよ」という意味の口語表現になる。

A: The system was down this morning.　（今朝システムがダウンしました）

B: Typical!　（またですか!）

Not again!　またかよ!

「同じこと言うのはやめてくれ」というニュアンスで、起きてほしくないことや心配なこと、引き受けたくない依頼などに対して、うんざりしていることを伝える際の口語表現。

A: Mr. Perez has called me to reschedule the meeting.
　（ペレズさんが電話で打ち合わせの変更を依頼してきました）

B: Not again!　（またなの!）

Doesn't ring a bell.　ピンときません。

ring a bell は「鐘を鳴らす」で、相手の発言に対して It[That] doesn't ring a bell. とは「それは私の頭の中で鐘を打ち鳴らさない」→「思い当たることがない」→「ピンとこない」という意味。口語では主語の It や That が省略されて Doesn't ring a bell. となる。反対に心当たりがある場合は It[That] rings a bell. と言う。

A: Do you know a person named Mei Chen?
　（メイ・チェンという方をご存じですか）

B: Doesn't ring a bell.　（心当たりがないです）

You can count on me.　私に任せて。

count は「計算する、勘定に入れる」という意味。count on 〜だと「〜に関して勘定に入れる」→「〜を数のうちに入れる」→「〜を頼れる人として数える」なので、You can count on me. で「私を頼れる人として数えていいよ」→「私に任せて」となる。

A: Can you really restore the data?　（本当にデータを復元できるのですか）

B: No problem. You can count on me.　（大丈夫。私にお任せください）

Take my word for it.　私の言葉を信じて。

「私の言葉をその通りに（そのまま）受け取ってください」ということ。it は直前（まれに直後）の発言内容を指す。頭に You can を付けて You can take my word for it. とも言う。

A: Who do you think is the best server here?
（ここで最高の給仕係は誰だと思いますか）

B: No one serves better than Fred. Take my word for it.　（フレッドほど優れたサービスを提供する人はいませんよ。間違いありません）

It slipped my mind.　うっかり忘れていました。

「それは私の頭（心）から滑り落ちた」が直訳。物が滑り落ちるように覚えていたことが記憶から抜け落ちているということ。日本語の「度忘れ」に近い。it は直前の内容を指す。

A: Why haven't you mailed this out?　（何でこれまだ郵送してくれてないの?）

B: It just slipped my mind.　（ちょっとうっかりしていました）

Not that I know of.　私が知る限り違います。

「そうではないと私は認識しています」が直訳。この not は直前の相手の発言内容を否定している。Not as far as I know. でも同じ。

A: Hasn't the seminar been postponed until next week?
（セミナーは来週に延期されたのではないのですか）

B: Not that I know of.　（私が知る限り延期されていません）

I'll have to take a rain check.　またの機会にさせてください。

相手の誘いを柔らかく断る際の口語表現。rain check は、もともと野球などの試合が雨で中止になった際に渡される順延券のこと。そこから、take a rain check は相手の誘いに対して「次の機会まで参加を延期させてもらう」という意味で使われる。

A: Would you like to have dinner today?　（今日一緒に夕飯をいかがですか）
B: I'm afraid I'll have to take a rain check.
　（残念ですがまたの機会にさせてください）

You can make it.　君ならできるよ。

make it は「それを作る」が直訳で、「その状況を作る」ということから主に「①成功する、②間に合う、③都合をつける」の3つの意味で使われ、ここでは①の意味を表す。You can make it. は、背中を押して相手を勇気づける際の口語表現。

A: I was appointed as the team leader.　（チームリーダーに指名されました）
B: Don't worry. You can make it.　（心配ないよ。あなたならうまくやれるよ）

I'll make it on time.　予定通り間に合います。／時間通りに到着します。

make it は「①成功する、②間に合う、③都合をつける」の3つの意味が大事で、ここでは②の意味を表す。I'll make it on time. で相手に「予定通りに間に合う」「時間通りに到着する」旨を伝える口語表現になる。I didn't make it to the flight. であれば「その（航空）便に間に合わなかった」という意味。

A: I'm running late. How about you?　（遅れます。あなたはどうですか）
B: I'll make it on time.　（時間通りに到着します）

I didn't make it to the event.　そのイベントに出席しませんでした。

make it は「①成功する、②間に合う、③都合をつける」の3つの意味が大事で、ここでは③の意味を表す。I didn't make it to the event. で「私はそのイベントに対して都合をつけませんでした」→「私はそのイベントに出席しませんでした」ということ。

A: How was the trade fair last week?　（先週の見本市はどうでしたか）
B: I'm sorry, I didn't make it to the event.
　（すみません、私はそのイベントに出席しませんでした）

That's a shame. 残念です。

相手の発言に対して残念な気持ちを伝える口語表現。この shame は「恥」ではなく「残念なこと」という意味。It's a shame that SV. や It's a shame to V. も、that 節や to 不定詞以下の内容が残念であることを伝える表現。

A: I will leave this company next month. （私は来月この会社を辞めます）

B: Really? That's a shame. （本当に? それは残念です）

I don't get it. わかりません。／納得できません。

get には「～を理解する」という意味があるので、I don't get it. で「私はそれを理解することができません」→「わかりません」ということ。また、言っている意味はわかるが納得できない場合にも I don't get it. を使うことができる。

A: That's about it. What do you think? （そんなところです。どう思いますか）

B: I don't get it. Could you explain it more easily?
   （よくわかりません。もう少し簡単に説明してもらえますか）

A: The event was canceled without explanation.
   （その行事は説明もなく中止になりました）

B: I don't get it. （納得できませんね）

I'll see to it. 私が取り計らいます。

相手の要望を受けて、そのように取り計らう旨を伝える表現。「私が責任を持って～します」「私が～するよう取り計らいます」という意味の I'll see to it that ～. の that 以下を省略したかたち。

A: Can you set up a meeting with him? （彼との会議を設定してくれますか）

B: I'll see to it. （そのように取り計らいます）

We'll have to see. 様子を見ましょう。

「私たちは見なければならない」→「（今すぐ決めずに）状況を見て判断する必要がある」→「様子を見ましょう」ということ。We'll have to wait and see. とも言う。

A: Would that be okay? （それでいいですか）

B: We'll have to see. （様子を見ましょう）

It can't be helped.　どうしようもないです。

自分たちにできることは何もない旨を相手に伝える口語表現。「それは助からない」→「その状況を変えることはできない」→「どうしようもない」ということ。It couldn't be helped.であれば「どうしようもなかったのです」と、過去のやむを得なかった状況を振り返る表現になる。

　A: Is the merger the best option?　（合併が最善の選択肢なのでしょうか）

　B: It can't be helped.　（やむを得ないのです）

It's your call.　あなたが決めてください。

このcallは「電話」ではなく「決断」という意味。It's your call.で「それはあなたの決断です」→「あなたが決めることです」ということ。

　A: Should we take the train or drive to the venue?

　　（会場まで電車と車のどちらで行くべきですか）

　B: It's your call.　（あなたが決めてください）

I'll leave it (up) to you.　あなたにお任せします。

判断を相手に委ねる際に使う口語表現。「leave〈事〉(up) to〈人〉」で「〈人〉に〈事〉を任せる」という意味。It's up to you.と言っても同じだが、It's up to you.は「どっちでもいいからあなたが決めて」というニュアンスなのに対し、I'll leave it (up) to you.は「あなたのことを信頼しているので、あなたの判断にお任せします」といったニュアンス。

　A: We need to decide which color to use.

　　（どちらの色を使うのか決める必要があります）

　B: I'll leave it up to you.　（あなたの判断にお任せします）

Treat yourself to 〜.　自分に〜のご褒美を。

「treat *oneself* to N」で「〜自身にNを買い与える」という意味。Treat yourself to 〜.で「〜を買ってあなた自身をもてなして」→「自分に〜のご褒美をあげて」ということ。広告などでよく使われる表現。

　Treat yourself to a delicious dinner at Victoria Grill!

　（ヴィクトリア・グリルでおいしいディナーをお楽しみください!）

You're in for a treat!　きっとお楽しみいただけます!
この treat は「楽しみ」という意味。be in for 〜は「〜を経験するだろう」という意味なので、You're in for a treat! で「あなたは楽しみを経験するでしょう」→「きっと楽しんでいただけると思います」ということ。

　If you have never tried rum truffles, you're in for a treat!
　（もしラム酒入りのトリュフチョコレートを食べたことがないのであれば、きっと楽しめるでしょう!）

Not offhand.　すぐには無理です。
相手の要望などに対してすぐには対応できないことを伝える表現。offhand は「即座に、すぐに」という意味。文脈に応じて「すぐにはわかりません」「すぐには思い出せません」「すぐには決められません」「すぐには対応できません」といった意味になる。

　A: Do you remember the details?　（詳細を覚えていますか）
　B: Not offhand. I need to check the minutes.
　　（すぐには思い出せません。議事録を確認する必要があります）

Will do.　そうします。／そうしましょう。
相手の要請に対して「そうします」「そうしましょう」と短く受け答えする際の表現。I will do that.（そうします）のフラグメンテーション（文の一部）と考えることができる。

　A: Please contact the printer immediately.　（印刷会社にすぐ連絡してください）
　B: Will do.　（そうします）

That'll do.　それで大丈夫です。
この do は「受け入れられる、十分である」という意味。That'll do. で「それは受け入れられます」「それで十分事足ります」→「それで大丈夫です」ということ。

　A: I have no cash. Do you accept credit cards?
　　（私は現金を持っていません。クレジットカードは使えますか）
　B: That'll do.　（大丈夫です）

I can't tell.　わかりません。
この tell は「わかる、知っている」という意味。つまり、I can't tell. は、相手の質問に対してわからない旨を伝える表現。逆に、I can tell. であれば「私にはわかります」という意味。

　A: Which do you think is the better option?
　　（どちらがより良い選択肢だと思いますか）
　B: I can't tell.　（私にはわかりません）

I couldn't tell you. わかりかねます。

この tell は他動詞で「〜に伝える」という意味。「私はあなたに伝えられないかもしれません」→「質問にお答えできないかもしれません」→「わかりかねます」ということ。ビジネスシーンで相手の質問に I don't know.（知りません）と返すのはぶっきらぼうなので、could を使って柔らかく応じるこの表現をぜひ押さえておきたい。

  A: Do you think it'll rain tomorrow?　（明日は雨が降ると思いますか）

  B: I couldn't tell you.　（私にはわかりかねます）

I'm telling you, 〜. 〜は本当だって。

「私はあなたに伝えている」→「私はあなたに本当のことを伝えている」→「信じてもらえないかもしれないけど本当だから信じて」と、自分の主張の正しさを強調する表現。I'll tell you, 〜. でも同じ。I told you.（前に言ったよ／だから言ったでしょ）は、自分が伝えたことを忘れていたり忠告を聞き入れなかったりした相手を軽くとがめる表現。

  A: Your suitcase has just arrived.

    （あなたのスーツケースがたった今届きました）

  B: I'm telling you, I've been waiting for it.　（本当にそれを待っていました）

The catch is that 〜. 問題点は〜です。

この catch は「罠、問題点」という意味。That catch is that 〜. は物事の背後に潜む問題点を相手に伝える表現。

  A: The venue you booked looks spacious.

    （予約してくれた会場は広々していますね）

  B: The catch is that it's far from the station.　（問題は駅から遠いことです）

It doesn't matter. 構いません。／気にしないで。

この matter は動詞で「重要である」という意味。It doesn't matter. で「それは重要ではない」→「大したことではない」ということ。例えば、相手から2つの候補のうちどちらがいいか聞かれた際に It doesn't matter. と言えば「どちらでも構いません」、謝っている相手に It doesn't matter. と返せば「（怒ってないので）気にしないで」という意味になる。

  A: Would you like an indoor or outdoor table?

    （屋内と屋外どちらのテーブルがいいですか）

  B: It doesn't matter.　（どちらでも構いません）

口語表現

～ count[matter]. 　～は重要です。

count と matter には「重要である」という動詞の用法があるので、～ count. または ～ matter. で「～が重要です」という意味。主語に応じて count や matter に三単現の s が付く。

A: First impressions really do count. 　（第一印象は本当に大事です）

B: You can say that again. 　（おっしゃる通りです）

I'll walk you through it. 　一通り説明します。

人に手順などを説明（指導）する際に使う口語表現。「walk〈人〉through〈事〉」で「〈事〉を〈人〉に順を追って説明する」という意味。

A: I'm not sure how to use this software.
　（このソフトの使い方がよくわかりません）

B: I'll walk you through it. 　（一通り説明しますね）

You'll be glad you did. 　きっと後悔はしませんよ。

相手に何かを勧めたあと、相手をその気にさせるために添える一言。「あなたはしたことを喜ぶでしょう」→「してよかったと思えるでしょう」→「きっと後悔はしませんよ」ということ。まだこれから行うことなのに you did と過去形になるのは、話者の視点が一瞬未来（相手が行動した後）に飛んで、そこから過去を振り返るように話すため。未来から振り返る未来は、未来のことであっても例外的に過去形で表すことができる。

A: Should I take an umbrella today? 　（今日は傘を持って行くべきですか）

B: You'll be glad you did. 　（持って行ってよかったってきっと思うよ）

This product is lightweight yet durable. You'll be glad you bought it.
（この製品は軽量なのに耐久性があります。きっと買って後悔はしませんよ）

That[This] is not the case. 　そんなことはありません。

この case は「事実（=truth）」または「状況（=situation）」という意味。That[This] is not the case. で「それ〔これ〕は事実ではありません」「それ〔これ〕は状況に当てはまりません〔該当しません〕」となる。

A: I heard the tickets were sold out. 　（チケットは売り切れたと聞きました）

B: That is not the case. 　（そんなことはありません）

I don't think I need to pay the cancellation fee. If this is not the case, please let me know. 　（私はキャンセル料を払う必要がないと思っております。もしこれが正しくなければお知らせください）

I expected my order to arrive within a week, but that was not the case.
（注文品は一週間以内に届くと思っていたのですが、そうではありませんでした）

It's acting up.　正常に動作していないです。

機器などの調子が悪いことを伝える表現。act は「行動する、動く」で、up は「勝手に」というニュアンス。act up で「勝手に動く」→「暴れる」となり、人、動物、機器、天候などを主語に取ることができるが、TOEIC では主に機器について「正常に動作しない」という意味で登場する。

　A: What's wrong with the photocopier?　（コピー機はどうしましたか）

　B: It's acting up. We need to fix it.　（調子が悪いです。修理の必要があります）

I had a word with ～.　～と会話しました。

「have a word with〈人〉」で「〈人〉と言葉を交わす」という意味。「have words with〈人〉」だと、飛び交う言葉の数が多くなるイメージで「～と喧嘩する」になるが、こちらの意味で TOEIC に登場する可能性は極めて低い。

　A: I had a word with Claire this morning.　（今朝クレアと会話しました）

　B: Did she say anything about my proposal?

　　（私の提案について何か言っていましたか）

I'm only halfway through.　まだ半分終えたところです。

自分の作業状況を報告する表現の1つ。through には「（最後まで）終えて」という意味があるので、only halfway（まだ途中の〔道半ばの〕）を付けて only halfway through とすると「まだ半分終えたところで」という意味になる。

　A: How far have you progressed on your report?

　　（レポートはどのくらい進んでいますか）

　B: I'm only halfway through.　（まだ半分終えたところです）

I wanted to check in with you about ～.

～について連絡したいと思っていました。

「check in with〈人〉about〈事〉」で「〈事〉について〈人〉に連絡する」という意味。check in と聞くと真っ先にホテルのチェックインを想像する人が多いので、I wanted to check in with you ... の部分を聞いて「私はあなたと一緒にチェックインしたかったです」と間違って理解すると、会話がかみ合わなくなったり設問に正しく解答できなくなったりするので注意。

　A: Why is the repair work still going on?

　　（なぜまだ修理作業が続いているのですか）

　B: I just wanted to check in with you about it.

　　（それについてちょうど連絡したいと思っておりました）

Chances are ～. もしかしたら～かもしれません。

物事が起きる可能性を相手に伝える際の表現。ここでのchanceは「可能性」という意味。Chances are (that) SV.で「～の可能性があります」→「もしかしたら～かもしれません」ということ。口語ではthatは省略する。

A: I can't find linens returned from the cleaners.
（クリーニング店から戻ってきたリネン類が見当たりません）

B: Chances are they're in the supply closet.
（備品収納庫の中にあるかもしれません）

Let me sleep on it. じっくり考えさせてください。

「その上で眠らせてください」が直訳だが、sleep onには「～についてよく考える」という意味もあるので、Let me sleep on it.で「その件についてよく考えさせてください」となる。ネイティブが早口で言うと「レッミースリーポンニッ」のように聞こえる。

A: This is our final offer. We hope you'll accept it.
（こちらが弊社の最終オファーとなります。お受けいただけますでしょうか）

B: Let me sleep on it. I'll call you tomorrow.
（よく考えさせてください。明日お電話いたします）

You've earned it. あなたにはその資格があります。

直訳すると「あなたはそれを得ました」だが、これは「頑張りや努力によってそれ（ご褒美）を得る資格を手に入れている」ということ。itが実際に何を指すのかは直前の会話内容で決まる。You deserve it.（あなたはそれに値します）と言ってもほぼ同じだが、You've earned it.の方には相手の努力を称えるニュアンスが入る。

A: I'm so happy to have won an award. （受賞できてとっても嬉しいです）

B: Congratulations! You've earned it. （おめでとう！ 頑張ったものね）

感謝・お礼

I owe it to you. 恩に着ます。

相手への恩義を伝える定番表現。「私はそれをあなたのおかげだと思っている」→「恩に着ます」という意味。

A: I can cover your shift tomorrow. （明日あなたのシフトを担当できます）

B: Thank you. I owe it to you. （ありがとう。恩に着ます）

I can't thank you enough. 感謝しきれないくらい感謝しています。

相手に非常に感謝していることを伝える表現。直訳の「私はあなたに十分感謝できない」では、あまり感謝していない感じに受け取れてしまう。正しくは「私はあなたに十分感謝しきれないほどだ」→「感謝しきれないほど感謝している」と反語的に捉える。

A: I can't thank you enough. （感謝しきれないほど感謝しています）
B: It's nothing. （大したことじゃないです）

I wish I could, but ～. そうできたらよいのですが、～。

相手の発言を受けて「それができたらよいのですが」と願望を示しつつ、現実的には難しいという含みを持たせて相手に伝える表現。相手の誘いを断る際に使うことができる。I can't を後ろに付けた I wish I could, but I can't.（そうしたいのはやまやまですが、難しいです〔できません〕）も定番表現。

A: Karen and I are planning to see a play this weekend. Do you want to go with us?

（カレンと私で今週末に演劇を見に行こうと思っているんだけど、一緒に行く?）
B: I wish I could, but I already have a plan.

（できればそうしたいけど、既に予定があるの）

I'd rather you didn't. そうしないでいただけますか。

相手が許可を求めてきたことに対して、そうしないよう柔らかく断る表現。I'd rather ≒ I wish なので、I'd rather +〈仮定法過去〉のかたちと考える。「そうしないでもらえたらなあ」→「できればそうしないでいただけますか」となる。didn't が使われているが、過去のことについて言っているわけではないことに注意。

A: Can I open the window? （窓を開けてもいいですか）
B: I'd rather you didn't. （そうしないでいただけるとありがたいです）

We're open 24/7. 年中無休です。

年中無休で営業していることを伝える口語表現。24/7 は 24 時間かつ週 7 ということ。単に 24 時間営業であることを伝える We're open around the clock. も押さえておくとよい。

A: When is your store closed? （お店のお休みはいつですか）
B: We're open 24/7. （年中無休です）

前置き

Sure enough, 〜.　思った通り〜です。／やはり〜でした。
「十分確かであった通り」→「確実にそうなると思っていたけど」で、前もって予想していたことが実際に起きた時に、"ほらね"というニュアンスで相手に自分の意見や考えの正当性を伝える際に使う、前置きとしての口語表現。

A: Our store manager's innovative idea led to a sales increase.
（店長の斬新なアイディアが売上アップにつながりました）
B: Sure enough, it did work.　（思った通り、効果がありましたね）

Tell you what.　こうしたらどうかな。／じゃあこうしよう。
相手に何かを提案したり妥協案を伝えたりする際の前置きとして使う。頭にI'llを付けたI'll tell you what.のかたちもよく使う。

A: I don't have time to deal with the problem.
（その問題に対処している時間はないです）
B: Tell you what. I'll do it if you buy me a drink.
（じゃあこうしましょう。一杯おごってくれるのであれば私が対応します）

Just so you know, 〜.　念のためお伝えしておきますが、〜。
相手に念のため伝えておくべき情報を伝える際の前置き表現。so that you know 〜（あなたが〜を知っておくために）というso that構文のthatを省略してjustを付けたもの。

A: Just so you know, our factory manager will come here tomorrow.
（念のためお伝えしておくと、明日工場長がここにやって来ます）
B: We need to organize things then.
（それなら物を整理整頓する必要がありますね）

Without further ado, 〜.　前置きはこれくらいにして〜。／早速、〜。
前置きを切り上げて本題に移る際に使う表現。ado は「騒動、面倒」という意味。「これ以上ごちゃごちゃ述べるのは抜きにして」→「前置きはこれくらいにして」ということ。

Without further ado, I'd like to introduce our guest speaker, Professor Patrick Medford.
（前置きはこれくらいにして、ゲストスピーカーのパトリック・メドフォード教授をご紹介します）

I couldn't agree more.　まったく同感です。／大賛成です。
相手の意見に同意する際に使う口語表現。「私はこれ以上同意できないだろう」→「私はこれ以上同意できないほど同意している」→「まったく同感です」ということ。

　A: We should hire more seasonal workers.　（もっと季節労働者を雇うべきです）
　B: I couldn't agree more.　（まったく同感です）

I couldn't agree less.　大反対です。
相手の意見に反対する際に使う口語表現。「私はこれ以下に同意できないだろう」→「私はこれ以下に同意できないほど同意していない」→「私はこれ以上反対できないほど反対している」→「大反対です」ということ。意味が取りにくい口語表現なので、「I couldn't agree more.と反対の意味になる」と覚えておこう。

　A: How about focusing more on telephone sales?
　　（もっと電話での販売に注力するというのはどうでしょうか）
　B: I couldn't agree less.　（大反対です）

I couldn't care less.　まったく気にしません。
「私はこれ以下に気にすることはできないだろう」→「私はこれ以下に気にすることはできないほど気にしない」→「まったく気にしません」ということ。気に障るかもしれないことを尋ねられた際に返答で使う口語表現。

　A: We need to work overtime today.　（今日私たちは残業する必要があります）
　B: I couldn't care less.　（まったく気にしません）

It couldn't be better.　最高です。
「これ以上良くはなり得ないだろう」→「最高だ」ということ。何かの調子や状態を尋ねられた際の返答でよく使われる口語表現。くだけた会話ではItを省略してCouldn't be better.で使うこともある。

　A: How are things going on?　（調子はどうですか）
　B: It couldn't be better!　（最高だよ!）

口語表現

How could you miss this?　この機会をお見逃しなく。
「どうやってあなたはこれを逃すことができますか」→「この機会を逃すことなどできる
はずがありません」→「この機会をお見逃しなく」となる。期間限定のセールなど、お
得な機会を宣伝する際に使う口語表現。

We're holding an annual sale starting this Friday and everything will be off
the regular price! How could you miss this?　（今週の金曜日から毎年恒例の
セールを開催し、全てが通常価格から割引になります！　この機会をお見逃しなく!）

What are you waiting for?　何をもたもたしているの？／お急ぎください。
相手に素早く行動するよう促す際に使う口語表現。「あなたは一体何を待っているので
すか」→「待たずにすぐに行動しないと機会を逃してしまうかもしれませんよ」→「お
急ぎください」ということ。

Green's Gym members can get exclusive offers and enjoy excellent service.
Not a member yet? What are you waiting for?　（グリーンズ・ジム のメンバー
は、会員限定の特典や優れたサービスを受けることができます。まだメンバーでは
ありませんか？　何をためらっているのでしょう?）

I can't emphasize enough the importance of ～.　～がとても大事です。
相手に物事の重要性を伝える際の口語表現。「～の重要性を十分強調することはでき
ない」→「～の重要性をどんなに強調してもし過ぎることはない」→「～がとても大事
だ」ということ。

A: I can't emphasize enough the importance of teamwork.
（チームワークはとても大事です）
B: I couldn't agree more.　（まったくその通りです）

There is fat chance of that.　その可能性は極めて低いです。
fatの「太っている、分厚い」という意味からfat chanceを「大きな可能性」と理解しが
ちだが実際はその逆で、常に「可能性がほとんどない、望みが薄い」という意味を表す。
くだけた日常会話ではFat chance!（そんなのあり得ないよ!）とだけ言う。

A: I hope our client will extend the due date.
（顧客が期日を延ばしてくれるといいのですが）
B: There is fat chance of that.　（その可能性はほとんどないです）

▌熟語

口語表現